江川隆男　アンチ・モラリア

la philosophie
du corps sans organes

a n t i m o r a l i a

〈器官なき身体〉の哲学

Takao Egawa

河出書房新社

アンチ・モラリア　〈器官なき身体〉の哲学　目次

第一平面　唯一の器官なき身体　13

略号表

——ドゥルーズ／ガタリの著作は、以下の略記号を用いて表記する。

ドゥルーズ＝ガタリ

（著作）

AŒ *L'anti-œdipe —— capitalisme et schizophrénie*, Minuit, 1972; éd. augmentée, 1973（『アンチ・オイディプス——資本主義と分裂症』宇野邦一訳、上・下、河出文庫、二〇〇六年）

K *Kafka —— pour une littérature mineure*, Minuit, 1975（『カフカ——マイナー文学のために』宇波彰・岩田行一訳、法政大学出版局、一九七八年）

MP *Mille plateaux —— capitalisme et schizophrénie*, Minuit, 1980（『千のプラトー——資本主義と分裂症』宇野邦一・他訳、上・中・下、河出文庫、二〇一〇年）

QP *Qu'est-ce que la philosophie ?*, Minuit, 1991（『哲学とは何か』財津理訳、河出文庫、二〇一二年）

（論文）

SD La synthèse disjunctive, in *L'Arc n°43*, 1970, pp.54-62（「選言綜合」田中敏彦訳、『ユリイカ』、一九九四年七月号所収、青土社、二二六-二三七頁）

ジル・ドゥルーズ

NP *Nietzsche et la philosophie*, PUF, 1962（『ニーチェと哲学』江川隆男訳、河出文庫、二〇〇八年）

PS *Proust et les signes*, PUF, 1964; éd. augmentée, 1970（『プルーストとシーニュ——文学機械としての『失われた時を求めて』』宇波彰訳、法政大学出版局、一九七四年／増補版、一九七七年）

N　*Nietzsche*, PUF, 1965（『ニーチェ』湯浅博雄訳、ちくま学芸文庫、一九九八年）

DR　*Différence et répétition*, PUF, 1968（『差異と反復』財津理訳、上・下、河出文庫、二〇〇七年）

SPE　*Spinoza et le problème de l'expression*, Minuit, 1968（『スピノザと表現の問題』工藤喜作・他訳、法政大学出版局、一九九一年）

LS　*Logique du sens*, Minuit, 1969（『意味の論理学』小泉義之訳、上・下、河出文庫、二〇〇七年）

D　*Dialogues*（avec Claire Parnet）, Flammarion, 1977; éd. augmentée, 1996（『ディアローグ――ドゥルーズの思想』江川隆男・増田靖彦訳、河出文庫、二〇一一年）

SPP　*Spinoza —— philosophie pratique*, Minuit, 1981（『スピノザ――実践の哲学』鈴木雅大訳、平凡社、一九九四年）

IM　*Cinéma 1 —— L'image-mouvement*, Minuit, 1983（『シネマ1＊運動イメージ』財津理・齋藤範訳、法政大学出版局、二〇〇八年）

IT　*Cinéma 2 —— L'image-temps*, Minuit, 1985（『シネマ2＊時間イメージ』宇野邦一・他訳、法政大学出版局、二〇〇六年）

F　*Foucault*, Minuit, 1986（『フーコー』宇野邦一訳、河出文庫、二〇〇七年）

P　*Le pli —— Leibniz et le baroque*, Minuit, 1988（『襞――ライプニッツとバロック』宇野邦一訳、河出書房新社、一九九八年）

PP　*Pourparlers 1972-1990*, Minuit, 1990（『記号と事件　1972‐1990年の対話』宮林寛訳、河出文庫、二〇〇七年）

CC　*Critique et clinique*, Minuit, 1993（『批評と臨床』守中高明・谷昌親訳、河出文庫、二〇一〇年）

ID　*L'île déserte et autres textes —— textes et entretiens 1953-1974*, Minuit, 2002（『無人島　1953‐1968』前田英樹監修、『無人島　1969‐1974』小泉義之監修、河出書房新社、二〇〇二‐二

〇〇三年）

フェリックス・ガタリ

CS *Cartographies schizoanalytiques*, Galilée, 1989（『分裂分析的地図作成法』宇波彰・吉沢順訳、紀伊國屋書店、一九九八年）

TE *Les trois écologies*, Galilée, 1989（『三つのエコロジー』杉村昌昭訳・解説、大村書店、一九九三年）

C *Chaosmose*, Galilée, 1992（『カオスモーズ』宮林寛・小沢秋広訳、河出書房新社、二〇〇四年）

EAŒ *Ecrits pour L'anti-œdipe*, Textes agencés par Stéphane Nadaud, Lignes & Manifestes, 2004（『アンチ・オイディプス草稿』國分功一郎・千葉雅也訳、みすず書房、二〇一〇年）

——スピノザの著作は、以下の略記号を用いて表記する。

CM *Cogitata metaphysica*（in *Spinoza Opera I*;『デカルトの哲学原理　附形而上学的思想』畠中尚志訳、岩波文庫、一九五九年）

TI *Tractatus de intellectus emendatione*（in *Spinoza Opera II*;『知性改善論』畠中尚志訳、岩波文庫、一九六八年）

Ethica *Ethica, Ordine Geometrico demonstrata*（in *Spinoza Opera II*;『エチカ』畠中尚志訳、上・下、岩波文庫、一九七五年）

TTP *Tractatus theologico-politicus*（in *Spinoza Opera, III*;『神学・政治論』畠中尚志訳、上、岩波文庫、一九四四年）。

EP *Epistolae*（in *Spinoza Opera IV*;『スピノザ往復書簡集』畠中尚志訳、岩波文庫、一九五八年）

（著作以外の略記号について）

def. ＝definitio（定義）; ax. ＝axioma（公理）; post. ＝postulatum（要請）; prop. ＝propositio（定理）; lem. ＝lemma（補助定理）; dem. ＝demonstratio（証明）; corol. ＝corollarium（系）; schol. ＝scholium（備考）; ex. ＝explicatio（説明）; praef. ＝praefatio（序言）; ap. ＝appendix（付録）; cap. ＝caput（章）

＊ ただし、本書の注において、ドゥルーズ＝ガタリの著作以外の略記号の前には、著者名を入れてある。

アンチ・モラリア——〈器官なき身体〉の哲学

本書は、読者が一般的に期待するような存在や出来事についての装飾的な考察は一切ない。あるのは身体の骨と血だけである。つまり、本書は、慰めの書ではない。本書は、二一世紀の〈エチカ〉を目標とする書物である。本書は、哲学をめぐる思考に久しく欠けていた無仮説の原理についての書物である。したがって、本書は、まったくの総合の書物である。というのも、哲学は、人間の総合の力能のうちにしか成立しえないからである。それゆえ、総合の書物は、つねに読み難いものになる。本書は、現実のさまざまな事例的問題に応用可能な、したがって経験的な哲学的議論や経験主義的適用の方法などについては、まったく無関心である。本書の目標は、もっとも批判的で創造的な原理を探求し、その原理からの多様なものの産出を概念化し、その総合的原理を構成することにある。本書は、哲学に蔓延する経験論的発想、言語と記号への形而上学的な経験的欲求、個々の人間や社会の日常過程のすべてを支配する経験主義、実践という名のすべての意見や見解、こういった事柄に対する配慮を欠いている。欠いていないのは、無仮説の原理と、人間の思考と身体であり、また哲学活動そのものをなす総合的思考である。欠いていないのは、多様な宗教や民族を超えた統一ではなく、自然が本性上もつ無神論的総合である。

第一平面　唯一の器官なき身体

I

〈分裂的‐逆行的〉総合

第一章　器官なき身体の哲学

唯一の身体と外の思考

　現代には哲学がない。思想や思弁はあるが、哲学がない。道徳はあるが、倫理がない。科学はあるが、哲学がない。諸科学と添い寝するような一般的な思想は無数にあるが、特異性に言葉と概念を与えるような哲学はほぼ皆無である。自由意志はあるが、観念がない。結局は、精神を改めて独自の原理に据えて思考しているにすぎないような思想が蔓延している。例えば、精神と身体の二元論を考えてみれば、この点は明らかである。身体は、個体化の原理ではなく、特異化の原理である。精神と身体は、差異と同一について並行論を形成している。しかし、それ以上に精神と身体は、二元論ではなく、二つの多様体なのである。身体は、精神のうちに外の思考を発生させる要素である。自然においては、〈精神なき身体〉も存在しなければ、〈身体なき精神〉も存在しない。精神を身体から分離すること、身体から精神を分離すること、これこそが最悪の〈抽象‐捨象〉である。この二つの分離は、身体に対する優越者としての精神が先導するものである。私は、身体をこうした精神に代わって考えようとしているのではない。私が言いたいのは、精神の生成変化において、身体はその生成の発生的要素になるということである。その限りで、身体には或る無仮説の原理が隠されている。身体を無仮説の原理とする思考が哲学としてけっして呼ばれえないような時代が到来している。身体をめぐって、或る総合的過程に入れるような思考がここでは問題になる。革命は、身体を以ってしかありえないような非身体的位相にある。しかし、その身体は、物体的で物理的な身体である以前に、非身体的変形の身体である。〈ポスト〜〉あるいは〈ポスト・ポスト〜〉は、古臭い単なる乗り越え話である。乗り越えた理論や思想が、乗り越えられた理論や思想よりも批判的で創造的であるとはまったく限らない。そうしたことのすべてを、まずは身体と精神の並行論が教えてくれるであろう。それが「哲学的分裂症」だからである。それは、何よりも精神と身体の間に「絶対的深層」が穿たれることである。

器官なき身体は器官なき身体である。器官なき身体は唯一であり、属性など必要としない。器官なき身体は、けっして地層そのものでも地層のなかの有機体でもない。あらゆる地層化は器官なき身体の敵である――「身体は身体である／それは唯一であり／諸器官など必要としない、／身体はけっして有機体ではない／有機体は身体の敵である」（アントナン・アルトー）[1]。器官なき身体にとっては、地層化という敵でさえ自らの一部である。ここには、哲学における或る決定的な可能性がある。それは、物理的可能性とは何の関係もなく、論理的可能性とはまったく無縁の、また有機的生命体のいかなる可能性とも隔絶した、哲学だけが生み出しうる実在的なものである。ここには、言わば他のいかなる支えもなしに立っている身体があり、かつこの身体だけに帰属する思考がある。この思考を構成的に表現する哲学、あるいはこの思考の力能の表現形式となる哲学は、この思考に対応する身体の変様についての諸概念から形成されるだけでなく、この身体に必然的に生起する強度あるいは情動を含んでいる。アルトーの先のテクストは、われわれの思考のうちにこうした身体について思考する活動を発生させるのだ。それこそが、まさに思考上の生殖活動である。というのも、それは、〈形相的‐想念的〉な存在としての観念（スピノザにおける観念）を未だ有していない〈記号‐微粒子〉群状の〈観念‐情動〉をわれわれの精神のうちに産みつけるからである。究極の器官なき身体（言わば、スピノザにおける能産的自然以前の自然）は、有機体とこれを組織する諸器官とに対立するだけでなく、実体についての力動的な器官としてのいかなる属性をも必要としない。これは、無限に多くの属性を否定することではなく、属性さえも発生するものとして考えることである[2]。すなわち、器官なき身体は実体ではなく、器官なき身体は器官なき身体であるということだ。ここでの問題は、既知で既存の或るものを器官なき身体であると再認したり、別の物の規定性を単純に器官なき身体に適用したりすることではない。真の問題は器官なき身体そのものだけを思考し、器官なき身体からすべての物の生と死を理解することである。器官なき身体は、この限りで或る絶対的なものであり、またそうしたものとして考えられなければならない。

　器官なき身体は、実体ではない。それにもかかわらず、われわれは、器官なき身体をスピノザの絶対に無限な実体からしか厳密に考えることができないであろう（ここで言う〈厳密に〉とは、すぐ後で述べるが、〈特性、構成、産出という三つの自然学的な位相概念からの規定を十全に含む限りで〉というような意味である。さらに言うと、この自然学とは反形而上学的な思考によってその対象となるような位相差からなるものである）。しかし、器官なき身体が一度このように考えられたならば、哲学におけるまさに一つの極限的な観念であるスピノザの「神あるいは自然」でさえまったくの相対的なものとして把握されることになるであろう。しかしながら、このことに何の意味があるのだろうか。それは、〈エチカ〉という哲学をこの時代に改めて展開できるということにある。つまり、それは、世界規模でのまったくの神の不在やその反対の神の過剰な存在に対して、あるいは個人の水準でのまったくの神の不在やその反対の神の過剰な存在に対して、最大の価値転換を提起する究極の生の様式のことである。これは、神という必然的に地層化する自然からではなく、器官なき身体という必然的な脱地層化の自然から始まる〈エチカ〉である。器官なき身体は、この意味において或る絶対的な特異体であり、それゆえいかなる根拠づけの原理でもない。器官なき身体上には、あらゆる根拠づけられたものをむしろ不可識別にするような〈流態‐微粒子〉群しか存在しないからである。この身体は、そこにおいていかなる優越的な要素も生起しえないような、まさに非‐アルケーの砂漠なのである。そして、それは何よりも産出の原理である。われわれがもつあらゆる意味での革命的な実験性は、こうした器官なき身体や脱地層化の原理との間でのみ成立するような、身体の自己触発的な変様であると同時に、また精神の価値転換的な理念的出来事でもあるのだ。

器官なき身体とともに思考するならば、多くの相対的なものがほぼ道徳的特質のもとでしか考えられていないということがわかるであろう（例えば、精神と身体の並行論は、この両者についての絶対的な思考である）。習慣、イデア、地域、経済、精神、生物、社会、言語、人類、政治、宗教、すべての神……、あるいは人間にとってそうした神と同じように機能するすべての根拠、貨幣、真理、善、等々——こうした物を対象として取り扱う諸学に依拠した哲学的営為は、その対象がもつ特性と構成をそれら諸学から借りてくる以上、産出に関してつねに二次的となり、したがって非生産的である。われわれに必要なのは、こうした物やそれについての偏執的で下劣な非生産的思考に陥ることのないような生活法である。生活法と習慣は、どちらも現在の反復にかかわるが、しかしけっして混同されてはならないだろう[3]。習慣は、内部と外部との間に形成された記憶回路のなかを知覚が流れる度に、つねに新たな差異をそこから抜き取ることでその反復を維持し続ける。これに対して生活法は、反記憶として機能する限りでの欲望の絶対的な力能のもとで構成される現在の反復にかかわる。つまり、生活法は、それが新たな切断と結合をともなう限りで現在を規定するという意味で、個物の本性を表示しうるものである。スピノザは、〈エチカ〉の「生活法」に関する最後の項目で次のように述べている。すなわち、「われわれは必然的なもの以外の何ものも欲望することができない」、と。器官なき身体を、不可能なものでも偶然的なものでもなく、ただ必然的なものとして、すなわち絶対的な脱地層化の平面として欲望すること——この欲望が哲学そのものとなる瞬間があるのだ。というのは、哲学だけが意識をともなった唯一の〈外の思考〉——一つの思考——でありうるからであり、むしろそれを哲学と呼ばなければならないだろう。また、必然性以外の様相のすべては、地層化された内部での自由意志が分泌した特性であり、かつこうした自由意志に還元されるような擬人化された様相概念（可能性、現実性、不可能性、潜在性、現働性、等々）だからである。

自由意志と自由活動とを区別する必要があるだろう。自由意志を肯定することは、つねに精神あるいは主観性を実体化することであり、したがって、自然界から、言い換えると因果性から自立し、かつその自然界に対してまったく異なる原理を有した第一原因として関係することができると夢想することである。このようにして、身体の諸活動の支配者としての精神の自由意志あるいは自由決意を肯定し信じる者は、「目を開けながら夢を見ている」人間たちである。自由意志の所有は、人間の顔化である。人間が自由意志をもつと信じることは、目を開けた限りで見ることのできる夢に、つまり覚醒した意識だけが見ることのできる夢にすぎないのだ。心身並行論を考慮しない思考は、精神に自由意志を認めることになるであろう。自由意志は、精神の決意（命令）を身体の決定から切り離して、無条件的に自存化させるだけでなく、身体に基づいて形成されたのではない意識を自らのトポスとし続けるのである。では、これに対して自由活動とは何でありうるのか。それは、何よりも自由意志の完全な否定である。したがって、それは、いかなる心身の相互作用論を前提も帰結もしないような、心身の生成並行論的な活動、あるいは生成する心身の並行論そのもののことである。自由活動は、或る種の絶対性を含んでいる。「その程度や度合にかかわらず、速度は労働の場合には相対的であり、自由活動（永久運動体の観念）の場合には絶対的である」[4]。労働のもっとも内向的な働きは、自由意志によって与えられることがわかるだろう。つまり、自由意志は、何よりも自己の身体を支配することによって最初の労働のモデルを与えるのである。自由活動は、自由意志を否定するが、しかし、単にこの否定を介して考えられるものではない。自由活動は、むしろ、〈自分は自由意志をもつ〉という考え方を排除する観念をつねに欠かないような思考をともなっているということである。

哲学とは何か。それは、道徳とこれを完全に支持する擬人化の思考（自由意志）とにつねに対立し、また他者による管理も自己による自主管理も不可能な或る自由活動を投射するような倫理をいつでもどこからでもつねに再開できるような諸概念を産出する活動のことである（自由活動それ自体は、自由意志の働きとは何の関係もない。何故なら、それは、身体が従う自然法則をともなった仕方での欲望による、あらゆる物の結びつきの切断と結合とに関してのみ定義されるからである）。われわれは、こうした自由意志を国家装置的と呼び、自由活動を戦争機械状と言うべきであろう[5]。もし哲学のこの還元不可能な機能を見失ったり無視したり過小評価したりするとすれば、哲学とは今日いったい何であろうか。一つだけ確かなことがある。それは、数学や言語によってのみ哲学的問題を構成できると思っている者たちから、〈哲学には何らかの責任がある〉と言う者たちから、あるいは国家装置のおこぼれで辛うじて哲学している者たちから、哲学が発せられるのを聞いたことなど一度もないということである。そこにあるのは、哲学ではなく、もっぱら諸言語と諸学の単なる記号運用法であり、外国語に転換されただけの諸見解であり、積極的にであれ消極的にであれ、他の諸学の痕跡（成果）と混合する限りでの実は道徳哲学であり、形容詞の厳密な学であり、速度を欠いた思考における等価なものの交換会である。しかし、これに対する哲学の非経験的な使命とは何であろうか（ここで言う「非経験的」とは、既存の価値意識に依拠しないという意味である）。それは、言語が依存するいくつかの〈記号の体制〉を暴きだすこと、自由意志を満足させる〈感情の体制〉を解体すること、自分自身の言語（母国語）そのものにおいてこそ吃り躓くこと、新たな概念あるいは新たな欲望の仕方を産出すること、革命的なものに生成すること、要するに〈外の思考〉を働かせることである。非地層的なものについての思考、つまり外の思考を備給する〈欲望‐情動（アフェクト）〉は、単に喜びの増大と悲しみの減少とのうちに捕らわれた受動的な〈欲求‐情感（サンチマン）〉などではない。こうした〈欲望‐情動〉の哲学――〈哲学‐エチカ〉――が、いかなる表象もなしに無際限なものを無限なものへと、あるいは相対的なものを絶対的なものへともたらすことができるのである[6]。それは、こうした〈哲学‐エチカ〉における絶対的な脱地層化における無限運動と、相対的な有限運動における絶対速度とから形成される思考である。

特性・構成・産出

思考や精神は、唯一の身体にいかにして介入するのか。これが問題となる。そのために本書を構成するすべてのパラグラフは、概念の非命題的な形態であり、「言表作用の集団状作動配列」として機能するものとして書かれている。これはドゥルーズ＝ガタリが用いた言葉である。言表作用とは、人間主体の自律的で能動的な働きによるものでも、あるいは人間主体を通して発せられる他者＝構造の潜在的作用によるものでもない。言表作用は非物体的変形を、すなわち〈表現されるもの〉（＝出来事）をつねに身体に向けて投射するような作用である。言い換えると、それは、身体と非身体的なものとの間の脱領土的な移動を形成する。集団状とは、単に集合的であることとはまったく異なる。それは、ア・プリオリに与えられる関係（ラポール）＝比さえも変形することでしかまとまることのできないものの属性である。集団状とは人格以前の人間本性を形成する情動の複数の流れのことであり、作動配列とはそれらの流れの切断・結合のことである。最後にパラグラフとは、身体の切片へと移動し、その切片を増大したり・減少したりする非物体的な〈表現されるもの〉の変形を含んだ言表のことである。パラグラフとは、単に改行によって規定されるようなものではなく、一つの非物体的変形を表現する単位なのである。したがって、それは、情動や感情にまで伝わる意味や価値の変形を、つまり非物体的変形を含むような実践上の最小の単位のことである。本書は、スピノザとドゥルーズ＝ガタリの諸々の言表作用を一つの身体に向けて、こうした非物体的変形を含むような仕方で集団状作動配列として存立させようとする企図を有している。

さて、「器官なき身体」の哲学は、方法論と理論とにおいて、それぞれ三つの側面から論じられることになるだろう（ただし、一方の側面から論じている場合でも、必然的に他方の側面にかかわることになる）。ここでは、まず方法論上の観点から区別されるべき三側面を取り上げることにする。それらの側面とは、第一に〈特性〉（propre）あるいは〈特徴性〉（trait）、第二に〈構成〉（constitution）

あるいは〈組成〉(composition)、第三に〈産出〉(production)、すなわち〈変様〉(affection) あるいは〈情動〉(affect) である。(1) まず、特性とは何か。それは、その物の本性を構成するものではなく、その物の本性の性質である。正確に言うと、特性とは、その物の本質を構成するものの性質のことである。例えば、スピノザにおいては、実体(=神)の本性あるいは本質について言われる「無限」「永遠」「原因」「必然」「自由」等々は、すべてこうした意味での特性以外の何ものでもない。つまり、スピノザにおける特性は、けっして属性ではないということである[7]。特性とは、実体の本質を構成する属性がもつ特性であり、言い換えると、この属性によって形質化されるあるいは構成される限りでの実体について言われる性質だということである。この〈形質化される〉とは、属性によってそれらの特性を〈分有される〉という意味である。したがって、属性は、それゆえ力動的な〈分有するもの〉なのである。ここから、実体は属性によって形質化される〈質料=素材〉であるということが帰結される。特性は属性ではないのだ。(2) これに対して、構成とは何か。それは、構成される物の本性をより表現的に、すなわちより実在的に形成することである。ここから、こうした表現的構成に先立っては、いかなる物も(実体も含めて)けっして存在しえないということが帰結される。何故なら、存在とは、より表現的にあるいはより実在的に構成されることだからである。言い換えると、存在は、或る度合あるいは或る強度である。したがって、構成においては、その表現的要素がきわめて重要なものとなる。スピノザにおいては、まさに実体の本性あるいは本質そのものを構成するものは、「属性」であると考えられた。一般的に、その物がより多くの実在性を有するとすれば、それだけその物の本性はより多くの属性(ア・プリオリな表現的多様性)から、つまり実在的に区別される属性(対立なき肯定的区別)から絶対的に構成されることになるからである(哲学の〈構成-表現〉主義）[8]。このように、表現的属性と非表現的特性とはけっして混同されてはならない。属性は特性ではないのだ。しかし、構成の水準においてこうした特性が失われることはけっしてない。というのは、特性は、哲学的平面の創建に不可欠な特徴性だからである。これに対して構成とは、創建される平面をまさに概念によって組成することである。

（3）さらに、特性や構成とは別の側面が物の本性のうちにはある。それが物の変様、つまり産出である――すなわち、特性と構成の論理学から産出と変様の自然学への移行。「無からの創造」を考えるのでない限り、現実に存在する物は、必然的に或る先行する物の変様であるだろう。スピノザにおいて、変様は二種類しかない。第一は、その本質に存在が含まれる実体の様態的変様、あるいはこの実体の本質を構成する属性の変様であり、これは能動的変様あるいは自己変様である。第二は、この第一の変様の結果としてその本質も存在も産出される様態それ自身における変様である。それは、つねに外部の別の様態からの触発によって引き起こされる変化であり、受動的変様あるいは異他変様である。このようにして、二種類の変様は、属性によって構成された〈実体の変様〉と、それゆえ属性によって構成されるのではなく、その属性を単に含むだけの〈様態の変様〉とに区別されなければならない。実体の唯一の変様である自己変様は、無限に多くの仕方（属性）で、無限に多くの度合（様態）を産出するのである。言い換えると、属性は実体の存在の仕方、つまり存在の表現であり、様態はその存在の仕方の度合、存在の表現の強度である。変様の第一の意味は、要するに実体による様態の産出それ自体のことである。実体である限り真の自己変様は、そのためのいかなる外部の原因も必要としない。幾何学的方法の場合、原因は虚構されたもの、人工的なものであってもかまわない。真の自己変様とは、本性を異にする物――能産性とは区別される所産性――への言わば脱本性的な変様なのである。すなわちそれは、一つの自然＝本性のうちにとどまりながらも、その本質に存在が含まれるものが、その本質に存在が含まれないものに変様すること、つまり様態を産出することである。ここには、たしかに幾何学的方法を超えた能産的自然の自己展開がある。言い換えると、こうした意味での産出は、構成と特性の問題圏から決定的に区別されるべき、総合的方法に関する真に哲学的な問題があるであろう。したがって、スピノザにおいては、特性の問題から産出の問題までの必然性が、一つの方法論上の革新性を示しているのである。

実体の〈本性の系譜〉と〈産出の秩序〉に関するこうした特性と構成と産出は、『エチカ』におけるまさに自然学上の三つの根本的な観点、その方法論上の諸側面である。ドゥルーズの表現の問題に倣って、とりあえず言語学的な文法の言葉で言い換えると、実体の本性の特性とはその形容詞であり、実体の本性の構成はその動詞の不定詞であり、実体の本性の変様はその動詞の分詞ということになる。しかし、これは直ちに次のような、まったくの非言説的な力能によってさらに言い直される必要があるだろう。すなわち、(1) 実体の本性の特性は、神の二つの絶対的力能――存在する力能（形相的原理）と思惟する力能（想念的原理）――の様相であり、(2) これに対して実体の本性の構成は、その二つの力能の絶対的反復――〈実在的‐形相的〉な存在論的反復と〈想念的‐形相的〉な認識論的反復――からなり、(3) さらに実体の本性の変様は、その二つの力能の絶対的な産出の仕方――能産的自然による形相的産出と神の観念による想念的産出――として生起する。

さて、その内容も表現もかなり異なるが、われわれは、器官なき身体についてこれらと同様の三側面から論じることができる。(1) 器官なき身体における特性あるいは特徴性について。第一に、スピノザにおける唯一の絶対に無限な実体のあらゆる特性は、非地層的な唯一の器官なき身体の地層化

——属性によって形質化された実体——が有する諸特徴性として考えられる。逆に言うと、属性による実体の形質化は、器官なき身体を地層化することになるのだ。しかし、ここで指摘されるべき点は、器官なき身体それ自体の特徴性は、何よりもその〈非地層性〉あるいは〈脱地層性〉にあるということである。つまり、第二に、器官なき身体の特徴性は、つねにスピノザにおける無限実体が有するあらゆる地層的特性からの脱化の無限運動のうちに考えられるであろう。いずれにせよ、ドゥルーズ＝ガタリが、例えば、内在平面は「思考のイマージュ」であり、「無限運動」であると言う場合、それは、完全にこうした特性の側面から論じられていることを理解する必要があるだろう[9]。すでに述べたように、スピノザにおいては、特性は実体の本性を構成するものが有する性質であると考えられている。実際に表現的で力動的な属性による実体の本質の構成がまず考えられ、その後で実体あるいはその属性の変様＝産出が考えられるのである（ただし、これがもっぱら思考上の順序であることに注意されたい）。たしかに特性は実体の本性を構成するもの（属性）の性質であるが、しかし器官なき身体においては、こうした構成するものそれ自体が一つの傾向性のように発生したものとして考えられることになる。つまり、構成するものは、むしろ無限に多くの産出されるものの一群の傾向性として発生し成立した形相であることになる。延長性や思惟性は、産出されるものの傾向性なのである。構成に先立つこうした産出の第一次性は、実体の自己原因に代わる特性が器官なき身体の絶対的な欲望であることを示している。欲望は、属性を異にして実在的に区別される諸様態を切断・結合する流れの様相として形容されるだけでなく、何よりも器官なき身体という〈産出の原理〉の特性なのである。この様相が〈機械状（マシニック）〉と言われるものである。欲望が機械状であるというのはこうした意味においてである。

（2）器官なき身体における組成（構成）の平面について。スピノザにおいては、唯一の絶対に無限な実体は、無限に多くの属性によってその本性が構成される。言い換えると、属性は、実体の本質と存在を表現的に構成するア・プリオリな条件である。属性の間に成立する実在的区別という対立なき差異の論理は、それ自体が構成の論理となる。こうした実体は、器官なき身体の地層化のうちに存在する。器官なき身体上のこの実体は、言わば実在的に区別される諸属性によって構成された一つの欲望機械なのである。いずれにせよ、ここでの重要な論点は、第一にスピノザにおける構成は、つねに実在的区別の論理学的構成と、これに産出の秩序を含めた自然学的構成という二つの構成からなるということ、第二に器官なき身体における構成あるいは組成は、その必然的な地層化（スピノザ的構成）と、同様に必然的な脱地層化（脱属性的平面＝存立平面の組成）という二つの側面のもとで考えられなければならないということである。器官なき身体は、属性によって地層化された諸層へと必然的に向かうが、それと同時に属性によって形質化される以前――「神あるいは自然」以前――の非地層的な〈素材＝質料（マチエール）〉である。要するに、属性は器官なき身体の癌化の端緒なのである。属性が実体における形相上のア・プリオリな条件であるのは、実は属性が器官なき身体の地層化の絶対的な端緒になるということと同一の事態である。しかし、器官なき身体は、単に〈非地層的なもの〉であるだけでなく、それ自体が脱地層化の〈流態‐微粒子〉群からなる器官なき充実身体である。これは、とくに次の産出の位相によってまさにそのようなものとして考えられるのである。

（3）器官なき身体における産出、すなわち変様あるいは情動について。器官なき身体は、特性と構成を発生させるような産出からなる。器官なき身体における属性は、むしろこの産出の傾向性であり、特性はこうしたあらゆる傾向性に共通の性質にほかならない。言い換えると、器官なき身体それ自体は、本性上脱地層化の原理である。とりわけ自然の一義的な内在平面を非地層的なものから地層的なものへという地層化の只中で理解するとすれば、この脱地層化の原理はスピノザの能産性の原理を超える脱属性化の原理としてより的確に把握されることになるだろう。何故なら、スピノザにおいては、たとえそれが思考上の順序であっても、実体の本性の構成から様態の産出の秩序への移行は反転不可能な方向性だからである。しかし、器官なき身体は、いかなる特性や構成にも先立って産出するものと考えられる。というのは、器官なき身体、それはその本質が産出を含むもの、あるいはその本性が産出するとしか考えられないものだからである。だが、この言い方はまだ十全ではない。何故なら、この問題は、まさに本質や存在に先立って思考しうるような、〈産出〉概念を要求しているからである。この困難さゆえに、実は器官なき身体は、まさに〈砂漠（サハラ）〉のようであると言われるのだ。この身体は、最初から脱地層的で脱属性的な身体以外の何ものでもないのだ。器官なき身体という砂漠（サハラ）は〈流態-微粒子〉群からなる平面であり、そのうえにさまざまな特性と構成からなる諸地層が形成されるのである。一般的に言われる否定的な意味での砂漠化は、むしろ地球上の地層化の進展による不幸な地質学的遭遇の結果以外の何ものでもないだろう。そこでわれわれは、特性も構成もなしに、あるいは原因も属性もなしに、その限りで絶対的と言われるような産出の水準を考察することが必要となるのだ。

産出の原理としての〈強度＝0〉——器官なき身体の第一の規定

器官なき身体とは、特性と構成に先立つ産出の身体のことである。器官なき身体は、唯一の無限実体ではなく、唯一の無限身体である。より詳しく言えば、器官なき身体は、無限に多くの属性によって形質化された唯一の絶対に無限な実体ではなく、けっして形質化されえない唯一の絶対的な充実身体である。すでに述べたが、それは、何よりも産出の原理であり、脱属性化の産出運動によって充たされた身体である。この産出の原理は、その絶対的特性を原因としてではなく、欲望として有する。しかしながら、ここには、現実に存在する人間の有限身体からの類推が入り込むような余地はけっしてない。何故なら、すぐ後で述べるように、無限実体における〈自己原因＝作用原因〉――原因の一義性――と同様、器官なき身体における欲望は、われわれにとって反道徳主義の一つの強烈な意識である脱擬人化のもとでしか思考されることのできないものだからである。器官なき身体は産出の原理そのものであり、その特性は原因ではなく、むしろ欲望である。それゆえ、この欲望も、われわれの欲望‐欲求という複合形態からの類推によって捉えられるものではない。自然における〈自己原因＝作用原因〉は、その本性を構成するもの（属性）のとりわけ能産的特性であったが、器官なき身体における欲望は、あくまでも産出の原理であるもの――〈強度＝0〉――の組成的特性、つまり属性に代わる組成の平面に固有の特性である。すなわち、器官なき身体それ自体はまさに産出の原理であるが、この身体と欲望とが同じものとして把握されるのは、存立平面という組成の平面においてである。器官なき身体は、産出の原理であって、それ自体は構成も組成もされえない。したがって、ここで器官なき身体と存立平面が区別されることになるのだ（『千のプラトー』における器官なき身体と存立平面との同一性と差異性の問題）。

　ここでは、こうした論点をより明確にするために、まずドゥルーズ＝ガタリのテクストから器官なき身体に関する二つの根本的と思われる規定を取り上げることにしよう。器官なき身体の第一の規定――「器官なき身体は〈卵〉である。しかし、卵は退行的ではない。反対に、それはすぐれて同時的であり、ひとは自己とともにつねに卵を自分自身の実験場として、自分の連結された場として奪取している。卵は純粋強度の場であり、外延空間ではなく、強度空間であり、産出の原理としての強度〈零〉である」[10]。器官なき身体は、第一に産出の原理であり、あらゆる強度を産出する〈強度＝0〉である。器官なき身体におけるこの産出は、特性と構成とに絶対的に先立つ原理である。器官なき身体は、〈退行的〉ではなく、むしろ〈同時的〉あるいは〈逆行的〉である。逆行とは、系譜学的な価値転換を含んだ遡及的過程のことである。すなわち、逆行の〈卵〉。器官なき身体は、われわれの有機的な身体〈以前〉の身体ではなく、むしろわれわれの現在の個別的な現働的身体につねに現前する特異な非有機的身体である。さらにこの身体は、経験の蓄積を可能にするような生得的で領土的な変様態能力をもった身体としてではなく、むしろ一つの生をつねに実験へともたらすような、その意味で脱地層的な〈質料-素材（マチエール）〉として捉えられるべきである。父であれ、母であれ、子であれ、すべての者たちの実験は、つねにこの脱地層化した〈質料-素材（マチエール）〉の絶対的な現前によってのみ可能となるのだ。

　器官なき身体は、産出の原理であるが、すなわち無限に多くの強度（本質）あるいは強度の差異（存在）を産出する原理であるが、それ自体は純粋強度あるいは〈強度＝0〉である。器官なき身体には、本質も存在もない。ここには平面も属性もないのだ。そこで、スピノザにおける自然がもつ原因という特性から器官なき身体を考えてみよう。何故なら、ドゥルーズ＝ガタリは器官なき身体を唯一の内在的実体として考える場合があるが、そのとき器官なき身体はたしかに「自己原因」（causa sui）として存在するものとなるからである。つまり、実体としての器官なき身体は、けっして別の身体を原因とした一つの結果であったり、別の身体から産出されたりするようなものではない。しかしながら、器官なき身体における自己原因は、スピノザが定義するような無限実体の特性としての自己原因ではないだろう。というのは、無限実体における自己原因は、ただ無限に多くのものの「作用原因」(causa efficiens)——つまり、〈実現の原因〉——と同じ意味で(必然的に)言われるにすぎないからである。これに対して、器官なき身体は、単に作用原因であるだけでなく、言わば〈反‐作用原因〉(causa contra-efficiens)——つまり、〈反‐実現の原因〉——と同じ意味で(必然的に)言われる自己原因である。スピノザにおける絶対に無限な存在である実体は、属性を発生的要素として実在的に定義されるが、様態をそうした発生的要素とすることはけっしてない。しかし、器官なき身体は、様態を発生的要素として実在的に定義されるものでさえある。その場合には、様態は、反‐実現の働きを有するものでなければならない。反‐実現とは、端的に言えば、自己自身を実験場にしたときの働きである。したがって、自己原因と作用原因を同じ意味で言うだけでは、根拠化の思考を脱してはいないことがわかる。実体あるいは能産的自然は、依然として様態あるいは所産的自然に対する根拠であり続けるからである。つまり、〈自己原因＝作用原因〉は、それと同じ意味で所産的自然それ自体が脱‐所産化するような原因、つまり反‐実現の原因であると言われなければならないであろう。すなわち、器官なき身体が改めて自己原因であると言われるならば、それは、この身体の変身の力能がこうした三つの原因(自己原因、作用原因、反‐実現の原因)の一義性によって概念的に確証される必要がある。しかしながら、器官なき身体は、原因も欲望もなしに産出すると考える必要がある。反‐実現の作用は、精神分析的な昇華の象徴運動でないどころか、潜在的なものの実現や現働化を単に逆向きにしたものでもない。反‐実現は、逆行の過程そのものである。実現が産出的、演繹的、前進的な総合であるとすれば、反‐実現は、言わば必然的に反産出的、反復的、逆行的な総合を含むことになるだろう。つまり、反‐実現とは、器官なき身体という〈強度＝0〉への漸近的な落下のパトスのことである。距離のパトスとは〈強度＝0〉に対する距離の感覚のことである。このことを含めて、器官なき身体は、まさに構成と特性に先立つ絶対的な産出の原理である。

組成の原理としての欲望――器官なき身体の第二の規定

器官なき身体の第二の規定――「器官なき身体は欲望であり、ひとは器官なき身体を欲望し、またこれによって欲望するのだ。器官なき身体は、存立平面あるいは欲望の内在野であるだけでなく、粗暴な脱地層化の空虚に陥っても、あるいは癌化した地層の増殖に陥っても、まだ欲望であり続ける。欲望は、自分自身の消滅を欲望したり、消滅させる力能を有するものを欲望したりするところまでいく」[11]。実体の特性が「原因」であるように、器官なき身体の特性は「欲望」である。器官なき身体は、〈組成の平面〉によって構成される。そして、この平面の特性が欲望なのである。〈組成の平面〉の原理としての欲望は、〈組織の平面〉においてもその特性として考えられる。しかしそれは、例えば、脱地層化を退行的な超越として意志するもののようであり、あるいは地層のなかでの無際限な欲求としてある。器官なき身体における欲望は、組織の平面においてはこうした意志や欲求になる。欲望は、それ自体が欲望の内在性であるだけでなく、器官なき身体の必然的な地層化においては、次第にこうした超越への欲望――超越的原因（消滅させる力能）への欲望――へと変化していく。スピノザにおける無限に多くの属性から構成される実体、すなわち非地層的、非有機的、非擬人的な神は、自己自身を消滅させることさえできる力能とは無関係である。何故なら、それは、どこまでも神の力能の必然的な内在野にあるからである。しかし、癌化した地層（＝道徳）の増殖のもとでは、〈存在することができるだけでなく、存在しないこともできる〉というように、自らの存在を決定できることが最大の力能だと考えられるようになる。ここにあるのは、あらゆる類の超越を欲望することと以外の何ものでもない。スピノザはこの点を完全に理解していた。それゆえ、彼は端的に次のように言うことができたのだ。「存在しないことができることは〈無力能（インポテンチア）〉であり、またこれに反して存在することができることは〈力能（ポテンチア）〉である（それ自体で明らかなように）」[12]、と。あらゆる〈逆行〉の非地層的で創造的な系譜学的過程に対して、つねに「退化」あるいは「進化」（évolution）の過程が沈澱していく。しかし、欲望そのものはけっして退化も進化もしない。欲望は、それが器官なき身体にある限り、「逆化」（involution）の過程そのものを作動させる特性だからである。欲望とは何か。それは、〈結びつきの不在のもとでの結合〉のことである。ここには二つの絶対性（あるいは肯定性）が含まれている。正確に言うと、欲望とは、結びつきの絶対的不在のもとでの絶対的結合のことである。欲望は、結びつきの不在を、物の連結を切断することによって実現すると同時に、その不在において物の結合を実現するのである。切断される関係あるいは連結は、考えられる限りの関係性であるが、とりわけ原因と結果の関係（ラポール）＝比あるいは連結であり、それらの間にある様態的区別である。

　属性は、実体についての反復の単位である。一つの実体を中心として属性によって地層化の平面が形成される。しかし、一方でこの実体の本性の構成は神の絶対的力能による構成であるが、他方でその構成する絶対的要素としての属性はこの力能の形相的原理である。実体の本性は属性からなるが、換言すれば、属性の間にある実在的区別によって構成されるとも言えるだろう。つまり、実体の本性は差異からなっているのだ。あるいは実在的区別は、結びつきの不在を意味する以上、実体は結びつきの不在によって構成された一つの多様体だと言い換えられる。しかし、原因性という特性が唯一の関係として物の間に定立される。産出の秩序あるいは物の連結は、原因と結果の秩序であり、それらの関係＝比の連結である。結びつきの不在は認識の欠如と見なされ、そこでの結合は偶然や虚偽の認識と理解される。しかし、器官なき身体によるまさに実体の本性の脱構築は、原因からの認識を目標にするのではなく、それを手段としてさらに原因と結果の関係＝比（ラポール）の変形あるいは切断を遂行する。このことが器官なき身体によって欲望されるのである。何故なら、欲望は脱地層化的だからである。〈原因と結果〉という関係＝比（ラポール）の概念は、欲望という、器官なき身体の特性のもとで変形されるだけでなく、完全に無化されるのである（ただ、蜘蛛だけがこれをまったく別の実在的なものとして用いることができる[13]）。ここから、一つの決定的な結論が与えられるだろう。すなわち、関係＝比（ラポール）は存在しない。というのも、そこに存立するのは、関係＝比ではなく、関係や連関の絶対的な不在を示すような区別、すなわち実在的区別だけだからである。親と子の関係＝比（ラポール）は欲望によって切断され、かつ親と子は欲望によってこの関係＝比（ラポール）の不在のなかで結合されるのである。この親と子は機械状である。これが組成の平面の様態である。さて、ここから次の問いが意味をもつようになる。すなわち、内在的原因と内在平面とはどのように異なるのか。あるいは、それらはどのような関係に存するのか。「神はあらゆるものの内在的原因であって、超越的原因ではない」[14]。これについては次のように言うべきだろう。内在的原因は、様態を実体そのものの発生的要素あるいは最近原因として定立するような内在性と一つのものではない、と。何故なら、スピノザの実体あるいは神は、属性を発生的要素としてのみ実在的に定義され構成されるような内在的原因だからである。これに対して器官なき身体の存立平面は、たしかにスピノザにおける属性の一義性と原因の一義性を内含しているが[15]、しかしより本質的には、これらの一義性のそれぞれに対応した、つまり属性の一義性に対する脱属性化の速度と、原因の一義性に対する非有機性の欲望とによって成立する内在平面である。器官なき身体は、より大きな実在性にもより小さな実在性にも移行することがない。というのも、それらは、地層における実在性の運動だからである。器官なき身体においては、より大きな実在性への移行とは脱地層化の運動の強度の問題であり、より小さな実在性への移行とは領土化あるいは癌化の運動の進捗の問題である。このような移行は、産出された様態が有する実在的移行あるいは内包的運動である。実体は、こうした実在性の移行をもたない。こうした移行は受動性に相関した特性であり、実体には、この実体を触発するようないかなる外部の原因も存在しないからである。その限りでは、実体は、実在的であるが、しかし非現働的な仕方で表現的に構成されるのだ。それが強度の度合を有するのは、様態の産出においてである。特性化され属性化される限りで、実体は産出するのである。しかし、器官なき身体は実体ではない。何故なら、それは、特性も構成もなしに無限に多くの強度あるいは強度の差異を産出するからである。それは、産出の原理としての〈強度＝0〉である。このことは、器官なき身体は、実在性のあるいは完全性の増大・減少という度合ではなく、それらの無限に多くの実在性の変化の度合それ自体を、すなわち強度を産出するということである。これが特性と構成に先立つ産出である。したがって、強度は、量と質に先立つだけでなく、形相にも思惟にも、あらゆる様相にも先立っている。器官なき身体は、第一に〈強度の母胎〉であり、それゆえ第二に延長のあるいは地層化の母胎でもある。このように、器官なき身体は〈充実化〉と〈空虚化〉という二つの絶対的運動をもつが、しかしそれらはともにこの身体上での唯一同一の必然性をなしている。言い換えると、器官なき身体は、つねに二つの多様体を発生させるのだ。ここでの私の論述のすべてが混乱しているなどと速断したり、あるいはそのように解したりしないようにしていただきたい。

無限実体から無限身体へ——三つの実質的移行

スピノザにおいては、絶対に無限な実体の本質を構成する属性は、実体の存在根拠である。この場合の存在根拠は「構成する諸要素」である。重要な論点は、こうした属性から実体への上昇などけっしてありえないということだ。無限な実体の発生的要素あるいは構成する要素としての属性は、絶対的なア・プリオリ性を有した、実体の存在の条件だからである。したがって、属性から実体へと上昇することなどありえない。それどころか、属性は、実体の本質の系譜学の中心をなす形相的原理である。言い換えると、属性は形相的実体である。こうした属性は〈自然〉を構成する。「自然」という言葉を聞いて人々は何を思い浮かべるであろう。原生林、山脈、火山の噴火、果てしなく続く海原、草花、昆虫や動物、星空、雲や霧、雨や雷、台風や青空、あるいは原子や分子、細胞や遺伝子、等々。こうしたものは、すべて所産的な自然物である。しかし、自然とは何よりも能産的自然のことである。したがって、この能産的自然は、いかなる所産的自然のなかの個々の自然物の表象像によっても捉えることができないのだ。というのも、「〈自然〉とは、絶対に無限な実有(エンス)、言い換えれば、その各々が永遠・無限の本質を表現する無限に多くの属性から成り立つ実体である、と解される」からである[16]。こうした〈自然〉は、われわれの経験的世界のうちには現前しない。しかし、それは存在しないからではなく、われわれが経験可能な物、すなわち様態とは存在の仕方を絶対的に異にしているからである。一方はその本質に存在が含まれる仕方で存在するものであり、他方は、その本質に存在が含まれない仕方で存在するものである。これは一つの絶対的差異である。器官なき身体は、こうした差異そのものを産出させるのである。無限実体から器官なき身体へと移行することは、単なる説明原理の優劣を競った分析的過程とはまったく関係ない行為である。この移行は、原理に関する価値転換を含んだ系譜学的逆行である。そして、それは、特性・構成・産出の三つの側面における根本的で変質的な移行をともなっているのだ。この移行は、とりわけスピノザの『エチカ』第一部と第二部を読むことによって、「図表的(ディアグラマティク)な無限運動」がわれわれの思考のうちに描き出されることに依拠している。スピノザにおける属性による実体の構成は、その特性とともに一つの論理的構成として理解することができるが、しかし産出の秩序を含めることによって思考可能になるのは今度はもう一つの総合的構成、すなわち自然学的構成である。内在平面の存立は、唯一の絶対に無限な実有、自然における能産性、属性によって構成される実体を意味している。しかしながら、器官なき身体は、唯一の絶対に無限な実体ではなく、唯一の絶対に無限な身体である。以下にこの三つの側面を移行の側から簡単に整理しておこう。

(1)原因から欲望へ。スピノザは、原因と結果の〈関係(ラポール)=比〉概念を非物体的に変形したと言える。スピノザは、第一に自己原因の定義によってそれを、第二にこの自己原因を作用原因と同じものと規定することによってそれを為したのだ。「本質」(essentia)と「存在」(existentia)との間の思考上の区別によって自己原因は定義される。すなわち、「私は、自己原因とは、その本質が存在を含むもの、あるいはその本性が存在するとしか考えられないものである、と解する」[17]。自己原因とは、自己という原因が自己という結果を産出することではない。その本質のうちに存在が含まれること、これが自己原因なのである。言い換えると、ここには原因と結果の〈関係(ラポール)=比〉は不在である。〈自己原因〉概念には、原因も結果も、その間の関係性もないのだ。つまり、自己原因とは、原因と結果の間の〈関係(ラポール)=比〉の積極的な無化であり、その〈関係(ラポール)=比〉からの実在的な脱化の運動を含んでいる。

そして、〈自己原因〉概念は、まさに〈関係＝比（ラポール）〉概念の非物体的変形そのものである。さらにスピノザは、この自己原因が作用原因と同じであると言うのだ。「一言で言えば、神が自己原因と言われるその意味において、神はまたすべてのものの原因であると言われなければならない」[18]。この「すべてのものの原因」とは、作用原因のことである。つまり、自己原因は、第一に因果性がもつ〈関係＝比（ラポール）〉の論理学的な無化であり、第二に、それと同時に作用原因であると言われる限りで、つまり今度はまったく本性を異にする様態を産出する原因になるという意味で、自然学的な脱本性化である。いずれにしても、原因と結果は、スピノザにおける必然的な〈関係＝比（ラポール）〉を表現している。原因は、絶対に無限な実体の根本的な特性である。しかし、器官なき身体においては、原因に代わって欲望がその特性となる。ただし、この場合の〈欲望‐特性〉には二つの側面がある。一方でこうした地層化の端緒となる属性の特性に向けられているが、その場合に欲望は、原因と結果の関係＝比からあらゆる物の連関まで、そのすべてを変形し切断するだけでなく、それらを結合するのである。欲望とは、一般的に〈結びつきの不在の実現〉と〈この不在のなかでの結びつきの実現〉なのである。したがって、欲望によるこうした切断と結合は、機械状と称されるが、これが抽象的であることがわかるだろう。すなわち、欲望とは抽象的で機械状に作動するもののことである。他方で欲望は、こうした作動の非形式的な機能と図表的な無限運動とを脱領土化の先端において実現しようとする。すなわち、それは、脱属性的な諸様態の切断・結合に関係するのである。スピノザの自己原因は、しかしながらこうした欲望によって完全に無化されるわけではない。それは、むしろ産出の原理によって可能になる構成の特性である。これに対して、欲望は、あくまでも産出の特性である。「器官なき身体、それは、欲望の内在性の領野であり、欲望に固有の存立平面である（そこでの欲望は、あくまでも生産の過程として定義されるのであって、この欲望を穿ちにくるだろう欠如、この欲望を満たしにくるだろう快楽といった、いかなる外在的審級にも準拠しない）」[19]。

（2）属性から平面へ。スピノザにおいては、実体の本性は、相互に質的に異なる無限に多くの属性によって構成される。属性は、実体の本質の系譜学における差異的な要素である。したがって、この限りでそれは、真に価値転換的な要素でもある。属性は、一つの実体をまさに一つの多様体として発生させるものである。属性は、現象学的な〈地平〉概念ではなく、たしかに系譜学的な〈平面〉への移行を含んだ概念なのである。属性は、このような価値転換の要素であり、実体を構成する平面である。しかしながら、属性は、同時に地層化の平面を、つまり条理化された実体を形成するものでもあるだろう。そのなかで各々の属性は、完全に領土化された領野を示している。すなわち、こうした各領土の特性たる条理化に対して、脱領土化の運動からなる第二の平面は、すなわち〈脱〉化の運動からなる「組成の平面」は、平滑化を必然的にともなっている。脱領土化は、原因にとって代わる欲望と不可分な運動である。さて、もっとも重要なことは、これについての観念を問題化したときである。それは、まず神の二つの絶対的な力能——存在する力能と思惟する力能——を対等な力能として非対称的に把握することからはじまる。後に詳しく論じることになるので、ここでは簡単な指摘にとどめておく。存在論的並行論は、形相面のみから理解される諸属性の対等性であり、存在する力能がかかわっている。これに対して認識論的並行論は、こうした形相面ともう一つの想念面から理解される神の二つの力能の対等性であり、存在する力能と思惟する力能がかかわっている。スピノザの有名な心身並行論は、この神の二つの力能の対等性の構成を基礎にしているのである。存在論的並行論は、言い換えると、唯一の無限実体の形相上の存在の仕方（＝属性）と仕方の度合（＝様態）とを表現していると言える。したがって、こうした構成と産出を絶対的に認識する観念がある。それは思惟属性において存立する観念であり、この観念は想念的存在としての様態である。しかし、個々の観念を形相上の様態として産出するのは、存在する力能であり、その原理は属性であるが、この観念に想念的という認識し思惟する力能を与えるのは、まさに神の思惟する力能であり、その想念的原理としての〈神の観念〉である。この二つの力能と原理を包摂することによって、認識論的並行論が成立することになる。存在論的並行論におけるよりも、こうした認識論的並行論においてこそ、われわれの内在平面の観念はよりよく形成されるであろう。ドゥルーズ＝ガタリは、こうした並行論をよく理解している。「内在平面は、〈思考〉と〈自然〉、あるいは〈自然(ピュシス)〉と〈精神(ヌース)〉という二つの面を有している。それゆえ、一方の回帰が瞬間的に他方を投げ返す限り、一方が他方のうちに取り込まれ、一方が他方のうちに折り畳まれるような多くの無限運動がつねに存在するのであり、その結果、内在平面は絶えず織り上げられる、巨大な杼のようである」[20]。重要なことは、無限に多くの属性は、二つの属性のタイプのもとで思考可能になり、それと同時に或る無限身体の観念が形成されるということである。認識論的並行論は、思惟属性とそれ以外の属性との間に成立する無限に多くの並行論であり、われわれ人間は、そのうちの一つである精神と身体の並行論のもとにある。われわれの精神が無限知性の一部であるように、人間身体は無限身体の一部である（**図A**）。

（3）構成から産出へ、すなわち属性以前の〈自然〉へ。属性によってその本性が構成される実体に対応する〈神の観念〉ではなく、脱属性化する無限身体に対応する観念あるいは無限知性とは何であろうか。あるいは、並行論の観点から、この無限知性が帰属する無限身体とはいかなるものであるか。この無限知性は、第一に完全に分裂症化している、あるいは分裂的総合を有している。つまり、この

図A

存在論的並行論

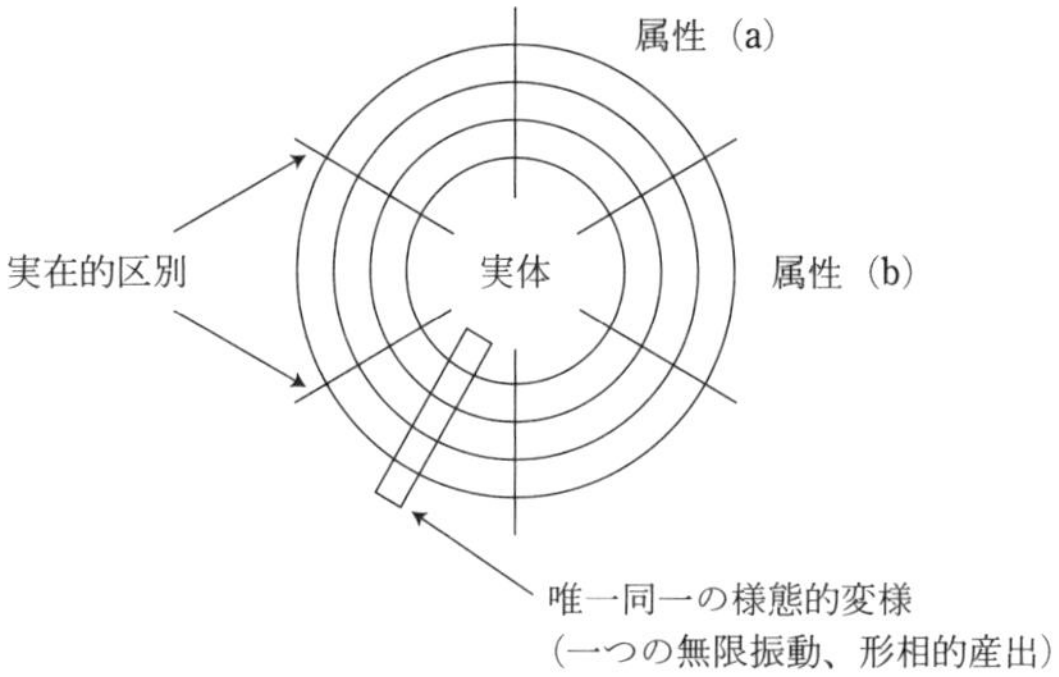

認識論的並行論

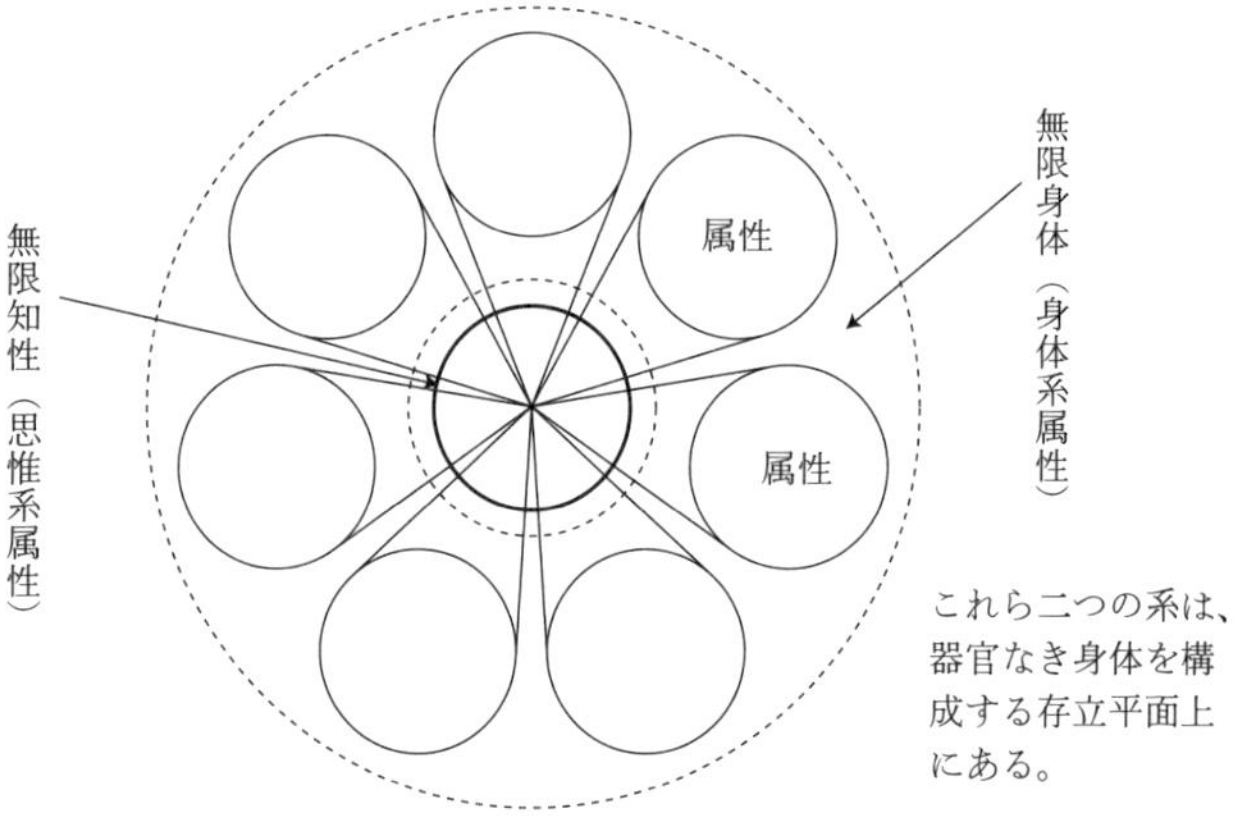

＊身体系属性における諸属性の間の、あるいは属性を異にする諸様態の間の区別は、〈実在的 - 形相的〉区別である。これに対して、身体系属性において属性を異にする諸様態についての観念は、思惟系属性における無限知性のうちでは、〈想念的 - 形相的〉区別となる。

分裂症は、脱属性化する諸様態についての観念からなるからである。脱属性化の運動は、器官なき身体を構成する存立平面において生起する。存立平面とは、条理化した各属性のうちでの諸様態の有機的な接合に対して、脱属性化のもとで革命的な身体と非身体との存立へと導く平滑化の平面のことである。平滑化と条理化は、けっして外延を異にする二つの空間のタイプ（二元論）などではない。それらは、二つの多様体である。これについても、後に詳しく論じることになる。さらに重要なことは、スピノザにおける所産的自然に属する無限知性ではなく、能産的自然に属すべき想念的原理としての〈神の観念〉は、器官なき身体のもとではどうなるであろうか、ということである。自然は神の身体であり、神の観念はこの自然についての観念以外のものではない。たしかに、スピノザにおいては「神あるいは自然」ではあるが、しかし、自然と神との間に、思考上の区別以上の興味深い区別がスピノザに見出されるように思われる。「例えば、自然のなかに存在する円と、同様に神のなかにあるこの存在する円の観念とは同じ物であり、それが異なった属性によって説明されるのである」[21]。〈自然のなかに存在する円〉とは、形相的に構成された自然のうちに産出された円のことである。これに対して、〈神のなかにあるこの存在する円の観念〉は、神の観念から想念的に産出された観念である。神の観念は、自らの本性が実在的に区別される無限に多くの属性の知覚と、無限に多くの産出された様態の観念からなる。「無限知性は、神の属性とその変様以外の何ものも把握しない」[22]。神の観念は、実在的区別と様態的区別からなる差異の観念である。しかし、その観念の能産性は、属性による実体の構成に対応した領土性を前提としている。あらゆる観念が各属性のうちでの様態についての観念であり、観念の観念は原因性の系列を辿る限りでの思惟の様態なのである。脱属性化の運動あるいは脱因果性の思考が生起するのは、分裂症化した無限知性においてである。言い換えると、この限りでの無限知性は、抽象機械における非形式的機能を表現する存在である。これに対応して、脱属性化する諸様態からなる無限身体は、抽象機械における形相化されない物質の機械状運動からなる。神の観念から器官なき身体の〈記号‐微粒子〉群へ。スピノザにおいては、実体は、無限に多くの属性によってその本性が構成されるものである。属性は、実体の本性を分有する性質ではなく、その反対に実体の本性を構成する形相的原理である。属性は、実体の本質の系譜学における究極の形相であり、神の発生的要素でさえある。しかし、器官なき身体そのものは、属性（＝実体）以前の自然である。何故なら、それは、特性も構成もなしに産出するような、自然以前の、自然あるいは大地だからである。したがって、〈特性→構成→産出〉は、あくまでもスピノザにおける〈実体の本質の系譜学〉と〈様態の産出の秩序〉とに則した思考の順序であり、器官なき身体においてこの順序は成立しない。この系列のなかに器官なき身体の観念、すなわち〈記号‐微粒子〉群は、けっして存在しない。まさに産出を第一としてこの系列を逆行することが必要なのである――つまり、〈産出→構成→特性〉といったように。思考は、この順序を退行的に経巡るのではなく、無仮説の原理から逆行すると言ってよいだろう。器官なき身体には強度の産出しかない。そこには、平面も属性もない。欲望機械は、たしかに原因を排除し様相を減算するが、しかしもっぱら平面の特性である。これに対して、抽象機械は、器官なき身体という〈強度＝0〉から産出される強度から、形式化されない質料（系統流）と非形式的な機能（図表）を抽出することで、平面を構成しつつ器官なき身体を組成するのである（欲望機械から抽象機械へ、これが『アンチ・オイディプス』と『千のプラトー』の最大の差異であるように思われる）。神の観念から出発した系譜学的で価値転換的な分析的過程を通して、器官なき身体の〈記号‐微粒子〉群に到達し、そこから器官なき身体がどのように抽象機械のもとで総合的に構成されるのかが示されるのである。

アンチ・モラリアについての備考（1）——擬人化する動物の問題

アンチ・モラリア——これは、人間そのものをあらゆる擬人化から解放することである。ここからモラルを次のように定義することができる。モラルとは、何よりも人間自身による人間そのものの擬人化のことであり、またそこから発生するすべてのもののことである。人間が自分たち以外のものを擬人化して理解する場合、そこにはすでに人間自身が擬人化されていなければならないのだ。アンチ・モラリアには、そのように発生したすべてのものの価値と意味についての積極的な無知を肯定すると同時に、それを生み出すもっとも根源的な病巣としての自由意志とそれへの信仰を批判することが含まれている。人間は、あらゆる物——神、動植物、無生物、大気現象、山河、星座、太陽や月、等々——を擬人化してきた。擬人化とは、一般的には人間がもつ諸特性を人間以外の物に投影すること、典型化された人間の性質や行動を人間以外の物に適用することによって、その物を理解する仕方のことである。科学的観点から観れば、人間の歴史は、人間以外の物についての擬人化する知性を克服する過程のようにも思える。しかし、擬人化作用の克服は、科学的知性では不可能である。擬人化は、人間が自分たちについてとくに覚醒時に意識する自由意志あるいは自由決意を絶対化することを以って最高点に達する。自由意志の絶対化、これが人間中心主義やあらゆる物象化の原因である。そして、人間が自分たち自身を擬人化して理解すること、これが自由意志の発生的要素である。人間は自己を維持するために道徳の地層を形成したが、しかしその地層そのものが表面破砕や深層溶解を起こすまでに至っている。人間が自分自身について定義するとき、道徳が実質的に再生産されるのである。何故なら、そこで定義される人間はすべての個人の目的となって、それに到達すべき言説はすべて道徳となるからである。

反道徳（アンチ・モラリア）は、根拠や端緒なしの〈無‐底〉の大地（非有機的身体）、目的論なしの脱根拠化の大気（外の思考）を見出そうとする試みである。そして、地球はまさにこれら大地と大気の偉大な総合であり、それ自体がまったくの〈アルケーなき自然〉である。器官なき身体とは、こうした〈アルケーなき自然〉なのである。したがって、アナーキズムとは、この自然がもつ無数のアナーキーの線を増幅するための結合・切断する働きの総称でなければならないだろう[23]。この反道徳主義は、完全に積極的な倫理学（エチカ）である。〈なし〉や〈無〉や〈反〉や〈非〉や〈外〉といった表現のすべては、完結させるためではなく、開くための働きをもつものとして使用されているのだ。反道徳主義的哲学としてのエチカだけが、人間の本質と存在とが本性的に擬人化されていることを問題化し告発できるのである。それでも、何故モラルなのかと問われるならば、端的にこう答えよう。モラルは〈人間‐動物〉以外の様態の問題ではないからだ、と。何故なら、人間とは、もはや役に立たない認識や、もはや行使されない権力を自分たちが保存していない場合でも、「もはや信じていない諸々の道徳には奉仕し続ける」ような動物だからである[24]。ところが、諸々の道徳があるだけではない。それ以上に、実はこれらの道徳に従おうとする道徳が根本的に存在するのである。したがって、アンチ・モラリアは、単に諸々の道徳に反対するのではなく、諸々の道徳に従う道徳という意味でのこの〈道徳の必然性〉を批判することに向けられている——まさにニーチェが言うような、能動的破壊としての、すなわち脱領土化の線としての、あるいはあらゆる価値の価値転換としての。この能動的破壊は、ファシズム的な自己破壊あるいは自滅をつねに回避するものでなければならない。能動的破壊は、ニヒリズムにおける受動的消滅との間に成立する情動である。この差異を、すなわち方向性をもったこの差異をツァラトゥストラは愛する。ファシズムには、ニヒリズムにおける受動的消滅への意志が含まれている。「つまり、ファシズムの場合、国家は全体主義的というよりも、はるかに自滅的だということ。ファシズムには実在化した一つのニヒリズムがある。全体主義的国家が可能なあらゆる逃走線を塞ごうとするのに対して、ファシズムは一つの強度的な逃走線上において構成され、この逃走線を純粋な破壊と破滅の線に変えてしまうからである」[25]。ここで言われているニヒリズムとは何であろうか。おそらくそれは、受動的ニヒリズムと呼ばれているものであり、自らの死滅や破滅を意志することによって規定される。ファシズムには、こうした受動的消滅と能動的破壊との間の差異を愛する意識があるのではないか。だとすれば、それは、ツァラトゥストラの愛と何が違うのか。ファシズムは、全体主義的な国家の問題である前に、分子状の身体の問題である、とドゥルーズ＝ガタリは述べている。しかし、その身体は癌化した身体である。そこにも、無数の器官なき身体が存在する――複数の充実した器官なき身体、複数の空虚な器官なき身体、複数の癌化した器官なき身体。逃走線は、脱領土化の線であり、危険な線である。しかし、この線や運動は、単に〈複数〉であるだけでなく、〈多数多様〉でなければならない。能動的破壊は、多数多様な多様体の運動のもとでなされる。というのも、能動的破壊は、マジョリティの意識化された既存の価値と意味をともなってなされるものではなく、マイノリティの身体に帰属する未知の衝動をともなってなされるものだからである。これは実は、ファシズムにおける分子状の体制と同じでもある。しかし、ファシストとツァラトゥストラとの間には重要な差異がある。それは、現実の存在の破壊の点を目的とすることと、現実の存在を用いたその本性の変形の線を目標とすることとは、まったく別の事柄である。何故なら、自滅的であるとは、自らの破壊の条件が創造の条件とはまったく別のところにあることを示しているからである。

さて、道徳は、感情から発生したものであろうか。たしかに人間が道徳的であるのは、人間が道徳感情を有していることに依拠しているように思われる。あるいは、道徳は、むしろ言語から発生したものではないのか。たしかに人間が道徳的であるのは、言語の道徳性（言語の習得）を有しているからである。あるいは、道徳は、人間身体から発生したものではないのか。たしかに身体の有効な振舞いのなかには、或る道徳性が隠されているからである。感情は、非身体的な観念である。言語は、身体の変様に基づく記号化の結果である。身体は、観念を身体自らの変様の観念として成立させる意識の発生的要素である。スピノザに従えば、言語の使用と理解は、ほとんど身体の変様の習慣化あるいはコード化にほかならない。言い換えると、それらは、身体の変様の記憶であり、身体に刻まれた秩序以外の何ものでもないのだ。ということは、身体の変様は、言語が本質的に依存している記号の諸体制と相互に深くかかわり合っている。言葉は、身体の変様のうちでとくに記号化された部分としての「身体的運動」に完全に依拠したものである。観念（＝精神の概念）と言葉あるいは表象像とは、明確に区別されなければならない。「何故なら、言葉と表象像の本質は、思惟の概念をまったく含まない身体的運動から構成されているからである」[26]。スピノザは、身体と非身体的なものとの間の区別を明確に把握している。言葉としての母国語は、実は最初の外国語である。それは、観念あるいは思考の概念とはまったく関係のない延長的で身体的なものの概念を含んだものである。人間の言語能力（ランガージュ）も、或る最初の外国語の能力である。しかし、これによってスピノザは、身体を貶めようとしているわけではない。逆である。身体は、精神の夢としての自律性を獲得するような自由意志とは何の関係もないことを肯定したいのだ。言い換えると、身体とは、言語以前がつねに現在的でありうる存在である。身体のうちに虚偽の認識はない。何故なら、身体は「虚偽の〈認識の〉絶対的欠如」だからである。というのも、誤るとか欺かれるということは、唯一精神にのみ固有の事柄だからである[27]。それゆえ、例えば、現象学的な〈精神としての身体〉といった考え方などはまったくの欺瞞であろう。意識化される精神と意識化されえない精神との間には、一つの本性上の差異がある。それは、身体をそうした精神と相即の関係として捉えているかいないかの差異である。身体は絶対的な〈無意識〉であり、観念はこの意味において絶対的な〈無言語〉あるいは〈無表象〉である。

しかし、この積極的な課題に先立って、より消極的な課題が一つある。それは、自由意志との関係で、本質的に擬人化する動物である人間を破壊するという課題である。アンチ・モラリアには、つねにこの二つの側面がある。人間は本質的に自己‐擬人化する動物である。しかし、これは、一つの表象上の定義である。動物とは何か。人間における非擬人的な動物とは何か。それは、人間にとっては知覚可能な動物であるが、知覚されることしかできない動物性を有している。〈人間‐動物〉は、類種の関係をまったくもたない。〈人間‐動物〉は、むしろ或る〈結果‐原因〉の関係にあると言うべきだろう。それは、ニーチェが、人間はいかに超人の祖先になることができるかという問いに完全に対応した関係性をもっている。世界の擬人化は、減少するどころか、今でも世界のうちで刻々と拡大し続けているように思われる。しかし、重要なことは、人間という形態を慈しむことも憎むこともなく、ただその形態が一つの〈生成‐動物〉に回帰するような線を見出すことである。というのも、進化よりも、はるかに重要なのが生成だからである。人間は、最初から擬人化された存在である。言い換えると、人間は、最初から〈人間的な、あまりに人間的な〉ものとして存在するのだ。人間とは、最初から過剰な動物としてしか生きられず、また存在しえないものなのであろう。「人間は、波打ちぎわの表情のように消滅するであろう」。フーコーのこの有名な言葉は、ここでは狭義の擬人化する人間の死、つまり擬人化を完成させた人間の死を意味している。こうした意味での「人間」の出現は一九世紀のことである。消滅するのは、この狭義の擬人化する人間である。広義の擬人化とは、他者‐擬人化のことである。人間は、自分たちの歴史を見出した。しかしそれは、まさに擬人化する人間の完成を意味しているのだ。擬人化の完成とは、人間が自己‐擬人化にまで至ったことを示している。フーコーにおける人間の有限性の問題は、どのようにして人間は自分たちを擬人化するのかという問題に歴史的規定を与えるものとなる。人間が自分たちのものではない別の諸力を課せられ、かつ自分たちの諸力とその外部の諸力とを有限性のもとで合成するとき、人間は人間になるのだ。つまり、人間は、最初から擬人的なものとして構成されるのである。第一に、無限なものの類比として表象された有限な人間の諸力は、それによって無限なもの（無限な完全性）へと連続的に上昇可能であると考えられた（古典主義時代）。つまり、人間の力は、あくまでも無限な完全性の秩序のなかでのみ表象されるものである。その限りでは人間はまだ〈人間‐合成物〉として規定されることはできない。しかし、〈人間‐合成物〉が誕生するのは、労働、生命、言語という新たな力と人間の力とが関係し、この歴史のもとで人間が構成され根拠づけられることによってである。人間それ自体が一つの深層であったが、労働、生命、言語がそこへと下降していくことで、この深層が人間そのものの有限性になるのである[28]。人間の身体的運動が、こうした有限性の道徳的表面を形成するのである。人間身体は、たしかに新たな諸力に対する脱領土化の運動を有しているが、それと同時に、自らの動物性のすべてを一つの道徳的有限性のうちに囲い込むべき表面をも生み出すのである。

出来事の二大類型、あるいは一つの類型と一つの非類型

器官なき身体は、平面によって構成されるものである。この平面、存立平面には無数の強度が存在する――此性、出来事、非物体的変形、遊牧的本質、強度の連続体、生成変化、平滑空間、等々。重要なことは、これらのすべてが、一つの器官なき身体によって産出されたものであり、この身体の絶対的な効果だということである。人間身体が効果として出来事を産出することができるのは、存立平面による器官なき身体の構成があるからである。器官なき身体においては脱地層化が地層に先立っているように、この身体の直接的効果としての非物体的変形は、非物体的な出来事や意味や価値に先立っている。ここでは、まず出来事という存在の位相について考えることからはじめてみよう。出来事は、身体を原因とする結果＝効果である。身体の効果である出来事は、絶対的な結果である。何故なら、ここで言う〈絶対的〉とは、或る出来事はけっして別の出来事の作用原因にならないという意味だからである。基本的な論点は次の二つである。第一に出来事は非物体的であり、第二に出来事の原因は一般的には身体あるいは物の状態である。しかし、或る出来事がその身体だけに直接に対応するということではない。或る身体が別の身体から働きを受けることによって、その身体に、あるいはこの場合は、二つの身体の間に出来事が効果として生起するのである。「すなわち、ストア派の人々は、あらゆる原因は物体＝身体であり、物体＝身体にとって何らかの非物体的なものの原因となると言っている」[29]。あらゆる身体は、それが別の身体によって変様を受けるとき、その別の身体に対して非物体的なもの、つまり出来事の原因となるのだ。こうした出来事の存立性は、原因との関係で次のように言われる。「お互いの原因になることはけっしてないが、お互いにとって原因であることはある」[30]。つまり、医者のメス（物体）は、患者の肉（身体）にとって〈切られること〉という出来事の原因で

あり、また患者の肉（身体）はメス（物体）にとって〈切ること〉という出来事の原因である。他の身体との接触や遭遇によるこうした身体の変様と、これを原因とする〈出来事‐効果〉とは、スピノザにおける身体の変様とその変様の観念との関係と同じものである。ただし、スピノザの場合、延長属性の様態である身体と思惟属性の様態である観念との間に実在的因果性はけっして成立しないが、しかしながら身体の変様とこの変様の〈非身体的なもの‐観念〉との無関係な対応関係（並行論）は、身体の変様とその〈出来事‐効果〉との間の関係と同じである。というのも、物体（身体）は、原因としての別の物体（身体）にしかかかわらないからである。

重要なことは、身体を発生的要素とする出来事は二つに大別されるということである。第一の類型は、現行の意味や価値以外の何ものでもない出来事（実在的出来事と超越的な理念的出来事）と、こうした非物体的なものを〈準‐原因〉（quasi-cause）として含むような出来事である。準‐原因としての出来事の成立は、不可避的に真の作用原因としての身体からの分離を同時に示している。言い換えると、準‐原因は、身体の真の諸効果からなる非物体的な領域の間に偽の因果関係を導入すると同時に、出来事の身体からの分離を可能にするのだ。すなわち、身体の効果としての諸結果は、これによってまったく言語‐記号における、理由に対する帰結という身分しかもたなくなるのだ。つまり、身体を原因とする非物体的結果は、身体を非原因的な発生的要素とするという意味での〈結果‐効果〉の位相と、原因から分離された、言い換えると、この意味で自律性を獲得した〈結果‐帰結〉の系列とに分けられるということである。この後者の表面は、つねに不幸な帰結としてしか理解されないような、準‐原因としての出来事によって占有されることになる。これに対して第二の類型は、単なる非物体的なものではなく、第一の類型における非物体的なものの変形を含む出来事だけでなく、それ以上にこうした非物体的なものの成立以前の非物体的変形としての出来事そのものである。この第二の類型は、第一の類型を前提とした非物体的なものの変形を含む出来事である限りでは、一つの類型であるが、それ成立以前の非物体的変形の領域――これがガタリにおける「非物体的領界（U）」でなければならない――である限りでは、まさに非類型である。ここには、いかなる意味でも準‐原因が成立するような場所――構造論上の位置――はない。そこには、非物体的変形の流れがあるだけである。この類型の原因も、やはり身体にある。ただし、ここではまだこのように「原因」と言っておこう。そうだとしても、こうした非物体的変形の原因たる身体は、もはや第一の類型の原因として考えられたような〈物の状態〉としての身体ではないだろう。では、この第二の類型の出来事は、いかなる身体を原因としてもつのであろうか。それは、有機的身体とは別の仕方で非物体的なものを発生させる身体、器官なき身体である。器官なき身体は、非物体的なものの領域の原因ではない。正確にいうと、器官なき身体は原因を知らない。器官なき身体は欲望である。欲望は、身体に関して言えば、原因以前であり、たとえ因果性が成立していたとしても、その非物体的な諸関係を切断したり、因果性が絶対に関係づけられえないものを結合したりする身体の特性である。あらゆる非物体的変形が含む出来事、それは、言わば〈あらゆる価値を価値転換すること〉という内在的な理念的出来事である。つまり、出来事そのものとしての永遠回帰。それは、同一性という曖昧な概念を排除するような、差異の脱中心化した時間の線を描いて進む永遠回帰である。これまで述べてきた意味で、この〈永遠回帰‐理念的出来事〉には、発生的要素としての身体が考えられる。この〈永遠回帰‐理念的出来事〉は、単にすべての実在的出来事に対する一義的な出来事それ自体であるというだけでなく、それらすべての実在的出来事の本性である非物体性の変形の領野でもある。そして、これを発生させるのは、器官なき身体である。しかし、永遠回帰は、器官なき身体を構成する平面の一つである。永遠回帰の身体という場合、それは永遠回帰の運動は系譜学的な〈逆行〉の速度しかもたないということを言いたいのだ。反道徳主義の価値転換を含んだ、系譜学的な遡及方法、それが逆行である。したがって、例えば、潜在的なものの現働化に対する反‐実現の作用は、必然的に逆行を含んでいることになる。永遠回帰の〈身体‐平面〉は、同一物の回帰を退行的にするものでもなければ、自力で自転する車輪をひたすら前進させるものでもなく、また選択的な思考と存在を進化させるものでもない。永遠回帰の言わば身体が器官なき身体である限り、ツァラトゥストラもディオニュソスもアリアドネも、器官なき身体を空虚にしたり癌化させたりする平面における概念的な人物化ではなく、まさに器官なき身体を充実させる平面における速度と情動の特質にほかならない。さて、一方で臨床的あるいは経験論的に考えられた非物体的なものの変形があるが、その発生的要素はまさに器官なき身体という別の身体への移行を実現する人間身体であるが、他方で非臨床的あるいは経験不可能的に考えられた非物体的変形そのものの領域においては、脱地層化の原理としての器官なき身体がその発生的要素として考えられる。出来事の二つの類型は、実はそれらがそれぞれに帰属する平面の問題へとつながっている。出来事における二つの類型は、その原因の差異によって区別されるというよりも、身体における物の状態と別の身体への移行とによって、さらには臨床論的な多様な器官なき身体と原理論的な一つの器官なき身体とによって区別されるべき事柄である。これらは、単に表面から深層への移行を対象としているのではない。そうではなく、それは、表面であれ深層であれ、これらが非物体的な脱領土化の過程にあるかどうか、別の身体への脱地層的な運動を実現しているかどうかにかかわっているのだ。

出来事の身体への価値転換的な逆行と機械状の潜り込み

「身体が何をなしうるのか」をひとは知らない。このスピノザの問いかけは、きわめて過激である。スピノザは、現代的な言い方をすれば、近世以降の意識中心主義を批判しようとしているのだ。身体は、何よりも別の身体によって変様されたり、別の身体を変様させたりする。身体の力能を認識し解釈すること、身体の力能を出来事から理解すること、これは本質的に哲学の仕事である。したがって、身体を考慮せずに出来事を扱うことは、道徳的な記号の先験性のもとで、精神の徴候だけを思考していることになるであろう。われわれは、先に出来事の非物体性について考察した。ここで考えていきたいのは、身体から出来事への表面効果ではなく、出来事から身体への或る苛酷な移行である。それは、果たして単なる原因への遡行なのか、あるいは身体への介入なのか、あるいは物の状態の新たな発見なのか。おそらく、どれも違うように思われる。出来事から身体への移行は、出来事が身体と混合することでもなければ、出来事が身体に介入したり身体において非物体的変形を実現したりすることではない。それは、出来事が身体に潜り込んで、出来事それ自身によって自らの身体を見出すことである。出来事を二つの類型に区別して、それらを理解することだけでは、その原因へと出来事が折り込まれること、あるいはその身体へと出来事が潜り込むことに必ずしもつながっていない。物体の表面に生起する出来事から、どのようにしてその出来事の身体へと潜り込むことができるのであろうか。物の状態から身体へ、あるいは有機的身体から別の身体へ。しかも、そこで見出されるべき身体が、単に数的に区別されるような、事物の状態でも、物体でもないとすれば、この潜り込みはいかにして完成するのだろうか。この問いによって、物の状態としての、あるいは有機的な身体は排除される。したがって、残る身体は次の二つである。もしその身体が唯一存在するものであるとすれば、それは、その諸属性が実在的に区別されるような唯一の実体であり、もしその身体が多数多様に存在するとすれば、それら諸身体の間が唯一の実体変容のうちで実在的に区別されるような無数の器官なき身体である。しかし、三番目の身体には、出来事は届かない。出来事のこの潜り込みは、唯一の器官なき身体にはけっして届かない。というのも、この器官なき身体は、出来事の成立する平面や属性をもたないからである。しかし、出来事の非物体的変形の諸総合を構成することは、器官なき身体の属性としての平面の構成と一つのことである。諸々の出来事の連絡――何よりもそれらの離接的総合――を考えることによって、器官なき身体への生物学的な退行や分析的な遡行ならざる、価値転換的な逆行あるいは機械状の潜り込みが達成されるであろう。何故なら、器官なき身体が自己原因という特性をけっしてもたない以上、われわれは、或る結果から原因へと遡るようにしてこの身体へと到達することは絶対にできないからである。

第二章　出来事の諸総合――〈離接的‐分裂的〉総合の実現

分裂的総合について

人間は地層のうちに存在する。地層は、自然のなかの諸階層であり、また人間の習慣や歴史や社会、意味や価値や記憶の秩序でもある。出来事はつねに平面においてしか生起しないが、そうだとしても、地層と平面とがともに一つの自然のうちに存在していることに変わりはない。しかし、こうした地層に沿って存在する平面とは別の平面を辿ることもできるのだ。この後者の平面が存立平面である。たとえ単なる抵抗であったとしても、そこに若干の創造的な実験がおこなわれるのは、つねにこの平面においてである。単に与えられる実在的出来事ではなく、批判と臨床の問題を含んだ非物体的な出来事を生起させること。これが器官なき身体を充実したものにする組成の平面である。そこでまず、われわれは、直ちに一つの特異な総合の考察から始めることにしよう。それは、組成の平面を織り成すような〈分裂的総合〉とでも称すべき総合である。この総合は、いかなる非物体的変形の唯物論的革命を含んでいるのであろうか。第一に、本性＝自然（natura）とは、その物の本質（essentia）と存在（existentia）との総合性のことである。第二に、ここで〈分裂する〉と言われるのは、永遠のもとであれ持続上のもとであれ、物のこうした本質と存在であり、また〈総合される〉と言われるのはその物の〈存在の仕方〉とそれによるその物の〈本質の変形〉である。したがって、分裂的総合とは、積極的に分裂するものの受動的な総合のことである。第三に、分裂的総合は、それゆえ自己の存在と本質について徹底的な異和の感覚に内在しつつ、その〈存在の仕方〉と〈本質の変形〉とを総合しようとする努力である。これらに名を与えるならば、それは、積極的な意味のもとで〈本性同一性障害〉と称されるべきであろう。この総合は、全体化、総体化、排除といった操作によって成立するようなものではない。ドゥルーズ＝ガタリにおける離接的総合は、こうした分裂的総合の意義を有している。

ドゥルーズ＝ガタリの哲学は未だわれわれに知られていない。それは、おそらく真に〈未来〉の哲学だからであろう。では、未来とは何であろうか。端的に言おう。未来とは生成のことである。スピノザにおける「永遠」とは、倫理的な意味では真の未来のことである。しかし、未来とは、むしろ過去でも現在でもありうるような時間の様態のことでもある。したがって、未来によって、現在も過去も生成しうることになる。未来とは、未来なき現在に対して開かれるべき時間、未来なき過去のために現前すべき時間のことである。さて、生成とは、それ自体で肯定されているものである。それゆえ、この生成としての現在や過去に固有の未来それ自体を考えることができる。それは、今度は〈肯定の肯定〉ということになるだろう。つまり、未来とは、生成に存在を刻印する時間のことである。言い換えると、生成とは真夜中から正午までの時間であり、存在とは正午から真夜中までの時間である。未来は単なる〈将来〉ではない。未来とは、単なる来るべき現在、つまり過ぎ去るべく到来するような現在のことではまったくない。ここで言う未来とは、第一にはかつて一度も現在であったことのない過去のことであり（言い換えると、過去の諸層間に非共可能性をもち込むような、例えば、歴史解釈の諸系列——ここで私は〈過去の諸層に矛盾するような歴史解釈〉とはけっして言わない、この点にとくに注意されたい）、第二には、その生成した過去が現働化しうる現在——この現在は、けっして過ぎ去ることのない現在——のことである（例えば、その歴史解釈のみに固有の情動の現前）。これによって、かつて一度も現在であったことのない純粋過去は、過去の或る層（あるいは水準）を構成する一度は現在であった過去となるが、それは、すべての層に対して非共可能的な時間様態としてそうなるのである。かつて一度も現在であったことのない純粋過去は、けっして過ぎ去ることのない現在そのものになるのだ。それは、すべての過去の地層化した諸水準に対して、非共可能的な仕方で存在するのである。これは、過去それ自体による脱根拠化である。言い換えると、これは、ニヒリズムのもとでの矛盾の超克として達成されるのではなく、ニヒリズムそれ自体によって達成された、非共可能的で能動的な自己破壊である。これは、過去による反時代的なものの制作である。

　しかし、こうした未来としての過去と現在（肯定）に対して、やはり第三の時間としての〈未来である限りの未来〉（肯定の肯定）が考えられなければならないだろう。すなわち、現在における圧倒的な現実的諸条件がその特性として有している固着した過去性を変質させると同時に、この二つの時間を総合するような、反歴史性としての未来——こうした過去と現在の未来——がこれらに付け加わるのである。過去の諸層のうちに非共可能性を発生させる遠近法主義的な解釈と、この〈解釈‐遠近法〉だけがもちうるような或る種の情動の現前とは、どのように考えられようとも、観念集合体としての精神に属している事柄である。つまり、この知性の解釈と感情の現前とは、実際に自らの身体をいくつかの仕方で（例えば、有機体として、暗い底として、屈折として、侵犯行為の〈肉‐主体〉として……）所有・包摂しているが、やはり非物体的な出来事とその諸系列とに特権的にかかわり続けるものである。要するに、未来は、これら二つの時間様態を直接に引き継ぐような時間ではない。未来は、むしろ過去と現在に対応するそれらの身体を「別の身体」へと変質させる力能をもつような時間形式である。それは、まさに未来という身体、墓場に葬られない身体、つまり「別の身体」（非有機的身体）そのもののことでさえある[31]。この身体に並行する観念集合体としての精神こそ、一つにはドゥルーズによって論究された、超越論的経験論における諸能力の不調和的一致——端的に言うと、諸能力が相互にその力を制限し合ったり否定し合ったりしない関係、あるいはそうした諸能力の発生——という考え方である[32]（これに対応する実在性の概念が〈結びつきの不在による絶対的結合〉としての欲望機械でもある）。こうした意味での未来の身体の究極の実在性は、実はドゥルーズ＝ガタリによって不確定なかたちではあるが、すでにその表現が獲得されはじめているように思われる（例えば、複数の器官なき身体とそれらの総体としての唯一の存立平面といったように）。ここで新たな仕方で述べられた三つの時間は、次のような仕方で、諸概念のもとで再表現されうるであろう。すなわち、第一の時間は共可能性／非共可能性、第二の時間は発散／離接的総合、第三の時間は生成／存立平面のもとでそれぞれ十全に規定されるだろう（問題表現〈a〉）。誤解を畏れずに、さらに意味と価値を以ってこれらを言い換えるならば、第一の時間は、ライプニッツにおける共可能性の論理が有する「進歩の道徳」という問題として、第二の時間は、発散する諸系列によってのみ構成されうるような、非歴史的な世界とその言語表現の問題として、第三の時間は、身体における実在的区別と、器官なき身体の血と骨——キリストの肉と血ではなく——についての「実体変容」との問題として、それぞれが構成されるであろう（問題表現〈b〉）。

しかし、注意しなければならない。これら三つの時間は、けっして相互に数的に区別されるような〈項〉としてあるのではない。そこにはただ本性上異なった二つの運動の線だけが、すなわち第一の時間から第二の時間への移行と、第二の時間から第三の時間への移行だけがある。言い換えると、前者の移行は気象から気候への移行であり、後者の移行はこうした大気から大地への移行である。前者の移行はもっぱら特権的に出来事にかかわり続けるが、これに対して後者の運動は、とりわけ「別の身体」（スピノザあるいはアルトー）への変化なしには考えられないような思考の速度——言わば、脱‐準原因化の思考——を有している（後で述べるが、未来とは〈外の思考〉であり、その意味では〈外の時間〉である[33]。そして、この外の時間とは永遠と持続に対する外のことである）。いずれにせよ、時間様態上のこの二つの変質過程そのものを実現しうるのは、第三の時間を使命とする問題領域だけである。ここでのわれわれに課された論題は、それゆえこの二つの移行に従って二つあることになる。一つは、ライプニッツにおける共可能性の道徳的思考を消尽して、クロソウスキー的な相互に分岐・発散する非共可能な諸系列の総合によって唯一同一の不道徳な世界（永遠回帰）を定立すること、もう一つは、スピノザにおいて唯一の実体に帰せられる無限に多くの属性を、一つの類型としての身体系属性のうちに、すなわち唯一の反道徳的な自然——無限知性でさえそのうえに完全に折り畳まれるような無限身体（それゆえ、この無限知性は自然それ自体において分裂症化している）——においで実現することである（問題表現〈c〉）。言い換えると、前者は「離接的総合」（synthèse disjonctive）という精神の〈非‐真理〉を生の条件にすることに、後者は「実在的区別」（distinction réelle）についての新たな原理を〈非‐有機性〉の充実身体のもとで定立することに対応する。この二つの問題領域の不可分性を提起するような立場、つまり、新たな観点から考察された非共可能性と実在的区別との内的な総合をここではとくに〈分裂的総合〉として論じることにする[34]。要するに、ここでの課題は、無数の非共可能なものによって構成された世界を実現すること、それは同時に、有限実体なしに無数の実在的区別を、無限身体を構成する身体系属性——むしろこの限りでの絶対に無限な自然——のうちに解放することである（問題表現〈d〉）。ここにドゥルーズ＝ガタリの哲学が到達しつつある、新たな諸原理に基づく〈エチカ〉があるのだ。

諸総合の内在的使用について

人間は、出来事の動物である。人間精神は、諸々の出来事からなる動物的魂である。人間の強度的部分としての超人は、批判と臨床の動物的作用そのもののことである。さて、出来事が一般的な適用の秩序にとどまっている限り、身体の内包的な活動力能は、この出来事を自らの効果‐属性としない。出来事は、非物質的なものであり、したがってそれによって物理的実在としての物体が規定されるようないかなる性質も有していない。出来事は、非物体的なものである。それは、身体（＝物体）を原因とする真の効果（＝結果）である。或る出来事がいつ・どこで始まり、またいつ・どこで終わるのかを時空内の点として規定することはできない。つまり、出来事は、類型的であれ非類型的であれ、数的に区別されないということである。これに対して物の状態である限りの身体は相互に数的に区別されうるだろう。しかし、別の身体への移行過程における或る身体の効果としての出来事、つまり非類型的な出来事は、こうした身体の変化の観念であり、情動である。こうした場合の身体は、たとえ一つの身体であっても、他の身体から数的に区別されないのだ。というのも、第一にこの身体は、単なる物の状態ではなく、すでに別の身体への変様過程に存在している〈内容〉であり、第二に出来事の方も、一つの身体の効果というよりも、こうした多様な身体の本性上の変様過程の〈表現〉だからである[35]。非物体的変形を本性上含んでいるこうした非類型的な出来事が、どのような内在的総合を形成しているのか、あるいは内在平面——無意識——を構成しているのかを考えなければならない。こうした身体を意識することではじめて、諸々の出来事はどのように関係し合うのかという問題に問うべき意義を与えることができるのである。しかし、単に多様な出来事が相互に外在的に関係づけられるのではなく、われわれは、内在性の様相をともなった仕方で、つまり非物体的変形の強度が出来事として存立する仕方で出来事の連絡を取り扱わなければならない。

初期ストア派の人々はおよそ七種類の複合判断を提起した。そのなかでドゥルーズ＝ガタリが「受動的総合」として用いるのは、仮言命題・結合的総合（「もし…ならば」、例：「もし昼であるならば、光がある」）、連言命題・連接的総合（「かつ」、例：「昼であり、かつ光がある」）、選言命題・離接的総合（「あるいは」、例：「昼であるか、あるいは夜であるか」）の三つである[36]。出来事に関してこれら諸総合の本質的で積極的な使用は、二度、特異な仕方で現われる——最初は、ドゥルーズにおいて出来事とその系列に関して肯定的に、二度目は、ドゥルーズ＝ガタリにおいて産出的無意識の法則として内在的に。最初の場合に、『意味の論理学』において、出来事の系列の分岐・発散とその永遠回帰という考え方に関して諸総合が積極的に用いられることは、離接的総合という第三の総合がまさに他の二つの総合の真理であり、それゆえ他の総合の目標となることと一つである[37]。換言すれば、これは、離接がもつ言わば統制的分析の性質——この場合、ストア派の人々が考えたように、離接は連接に還元され、また連接は結合に還元されることになる——ではなく、まさに離接そのものの統制的・構成的総合を樹立することである。したがって、第一の場合では離接的総合だけが、真にその超越的使用（「あれか、これか」（ou bien）という排他的・制限的使用）と内在的使用（「あれであれ、これであれ」（soit... soit...）という包含的・無制限的使用）という二つの使用を有するのである――後者の使用例、神について：〈超越的原因であれ、内在的原因であれ〉、宗教問題について：〈イスラム教であれ、キリスト教であれ〉、等々。これは、われわれがその実践的能力によってこの世界により多く内在し直すこと――それゆえ、世界の側もそれ以前とはより多く異なるものになること――のすべてに適用されるべき事柄である。

二度目にこうした総合が積極的に用いられるのは、無意識の生産中心主義とその諸規準の内在性を論じる『アンチ・オイディプス』においてである。そこではこれらの総合の順序が入れ代わり、離接的総合は第二の総合に位置することになる。では、この総合は、もはや他の総合の真理でも目標でもなくなったのだろうか。たしかに、産出概念を中心に考えるならば、経済学的カテゴリーの一つの秩序に従って、結合（生産の生産）、離接（分配の生産）、連接（消費の生産）という順序になるだろう。しかし、ここでも実は離接的総合が、生産（結合的総合）と消費（連接的総合）そのものの分配（あるいは登録）として、スピノザにおける属性やカントにおける図式と同様、第三の、もっとも重要かつ困難な総合であることに変わりはない。まさにこうした分配の内在性において生産と消費が考えられるのである。つまり、われわれにとって分配は、生産と消費そのものを配分するものでなければならないのだ。その限りで分配の欲望は、生産＝消費に関する欲望とはまったく異なった本性に属していると考えられるのである。生産と消費は、分配の内在的使用によってのみその各々に特有の内在的使用を獲得するということである（これに対して、すべての総合の超越的使用は、他者の欲望の模倣としての経験的使用あるいは借用にほかならない——超越と経験との共軛関係)。すなわち、離接の統制的・構成的総合だけが、結合的総合の超越的使用(包括的・特殊的使用)に取って代わるその内在的使用(部分的・非特殊的使用)を実現し、また連接的総合の超越的使用(分離的・一義対応的使用)に対するその内在的使用(遊牧的・複義的使用)を準備するのである[38]。

《内在的使用についての注》——カントは、人間の諸能力の使用を超越的と内在的という二つに分けたはじめての哲学者である。しかしながら、スピノザは、すでに真理の内在的使用を提起していたし[39]、ニーチェもその系譜学的原理のもとに、意志の二つの使用を認めていたと言えるだろう——すなわち、その超越的使用としての〈自由意志〉と内在的使用としての〈力能の意志〉である。ドゥルーズ゠ガタリは、無意識の内在的な諸総合を、あるいは内在平面そのものの諸総合を規定した。『アンチ・オイディプス』において、各総合の内在的使用を定立するためにとくに生じたと思われる、それら総合の形式上の変更点についてここで少し述べておきたい。ストア派の自然学によれば、原因は原因だけにかかわり、それゆえ原因による結果の産出という場合、原因(゠物体)によるその産出は、その結果、すなわち効果(゠非物体的なもの)との間に本性の差異を含むことなしにはありえないものとして考えられた。つまり、この原因が別の原因にかかわるのではなく、真の結果゠効果を産出するのは、それと同時にこの結果゠効果との間に〈本性の差異〉を産出する限りにおいてである。さて、原因は、それが原因(とくに作用原因)と呼ばれる限り、結果を生じないということはありえない。原因は、それが別の原因に送り返される限り、度合の差異における連結のなかにあるが、それと同時に効果としての脱本性的な非物体的なものを発生させる限り、本性の差異における関係゠比のもとに存することになる。したがって、原因と効果は、つねに〈存在する〉（exister）と〈成立する〉（insister）という本性を異にした仕方で、しかし共に〈存立する〉（consister）――言い換えると、共に自然上の身分を有する――のである。この本性の差異に沿って「結合的総合」における原理と帰結を分離するならば、原理の側では、仮言命題がもっていた「元の原因性」のもとで、部分対象という部分的で非特殊的な諸器官の結合が〈――と――と〉という連接の形態として現われる。これは、例えば、一つの人格と一つの性から構成された人物たちが「堂々めぐり」を繰り返し続けるような〈婚姻体制〉に代わって樹立される、身体の属性としての〈器官‐部分対象〉の横断的な結合として現実化される。次の「連接的総合」の方はどうなるのかと言うと、それは、ここでは帰結や結果（残滓）の水準での無意識における強度の消費（あるいはマイナーな志向性の作用）を表示した総合の有り様――「だから、これは……である」、例：「だから、私は外部の人間であり、脱タイプ化されている」――として捉えられることになる。物体の表面とは何か。それは、まさにこうした生産の消費のことである。消費は、つねに物体の表面で起きているのだ。こうした意味において離接的総合は、その内在的使用によって生産と消費に対する〈分配‐内在性〉を定立するのである。離接的総合の内在的使用は、分裂的総合の本性を構成する。すなわち、それは、器官なき身体の強度状の有り様を構成する「平面域」である。それは、地層の形成に先立つ平面である。注意しておくが、ここで言われる三つの生産――生産の生産、分配の生産、消費の生産――は、あくまでも総合について言われる生産であって、器官なき身体における絶対的産出には、いかなる総合も構成も必要ないということであり、このことはすでに述べた。

或る反時代的なアダムのために

さて、出来事についての包含的な離接的総合を具体的に考察することから始めよう。非共可能性という様相をもつ肯定的な内在的世界（カオスモス）を構成するために、まずは、世界と出来事との排除関係、そしてその調和的な解決がどのようなものであるかに焦点を絞って考えてみる。ライプニッツにおいて、〈可能的なもの〉から生じるのは、単に〈不可能なもの〉ではなく、〈共立不可能なもの〉、すなわち〈非共可能的なもの〉である。共可能的なものとは、「(1) 世界を構成する、収束的で延長可能な諸系列の総体、(2) 同じ世界を表現する諸モナドの総体（罪人アダム、皇帝シーザー、救世主キリスト……）」である。また非共可能的なものとは、「(1) 発散し、それゆえ二つの可能世界に属する諸系列、(2) その各々が他とは異なる世界を表現する諸モナド（皇帝シーザーと罪人でないアダム）」である[40]。共可能性に従えば、アダムが罪を犯す世界は、シーザーがルビコン河を渡る世界であり、キリストが救世主として現われる世界であり……、要するに、それは、これら無数のモナドにとっての唯一同一の世界、神によって選択された最善の世界である。つまり、事実上この世界を構成的に表象するような、出来事の無数の諸系列の間には、共可能性という根本様相が考えられるということである。では、この共可能性において、否定的な意味での排除の関係はどこに現われるのか。例えば、アダムが罪を犯すこの世界と、罪を犯さないあのアダムとの間には、矛盾(contra-diction)——とは異なった関係が、すなわち矛盾概念がむしろそこに由来するような、或る種の排除関係があることになるだろう。それが、出来事の非共可能性——「副言」(vice-diction)——と呼ばれるものである[41]。たしかに〈罪を犯すアダム〉と〈罪を犯さないアダム〉という対立する二つのものの間には論理的矛盾があるが、しかし、それは単なる帰結の水準での言語表現にすぎない。問題は、この場合の帰結の否定形である〈罪を犯さないアダム〉と原理としての〈アダムが罪を犯す世界〉との間に成立する共立不可能な関係の方である[42]。〈罪を犯さない世界〉それ自体は矛盾ではないが、しかし、この可能的アダムは〈アダムが罪を犯さない世界〉を自らが包摂する限りでこの可能世界と共可能的である、と言われなければならないのだ。というのは、〈罪を犯さないアダム〉は、〈アダムが罪を犯す世界〉から排除されるが、しかし、それと同時に〈非 - 罪人〉として他の述語——この〈非 - 存在〉を下位で支える、つまり肯定形で再表現されるべき出来事——へと無際限に開かれることにもなるからである。まさに〈アダムが罪を犯す世界〉から排除されるべき非 - 罪人アダムという非共可能的なものが、可能的アダムという可能的なものから生じるのである。実はこうした発想の根底には、〈出来事の矛盾〉は、水準を異にする〈出来事の非共可能性〉に由来するという初期ストア哲学以来の考え方があるのだ[43]。

「〈緑になること〉は、その近傍で樹木が構成されるところの〈特異性 - 出来事〉を示している。あるいはまた、〈罪を犯すこと〉は、その近傍でアダムが構成されるところの〈特異性 - 出来事〉を示している」[44]。アダムは、出来事としてのいくつかの特異性を有する。あるいは、いくつかの或る始原的な出来事、つまり「始原的な述語」が、他の凡庸な事柄とともにアダムを構成的に定義するのである。特異性とは、つねに動詞の不定法によって表現される出来事のことである。例えば、アダムにおいて明晰に表現される出来事の一系列を、「最初の人間であること」、「楽園に住むこと」、「自分の肋骨から生まれた女をもつこと」、「罪を犯すこと」という四つの特異性によって構成することができる。つまり、このような一連の出来事が収束する系列を〈罪を犯すアダム〉系列——可能的アダムの一つ——と考えることができる。神による個体的実体の創造とは、こうした前 - 個体的な出来事の個体的な魂への「現働化」（actualisation）であり、またこのことによって知覚されたものの具体的な受肉でもある。さて、問題はここからである。この〈罪を犯すアダム〉系列は、例えば、「誘惑に抵抗すること」という第五の特異性にまで延長されうるだろう[45]。しかし、ドゥルーズは、ここで次のように言う。問題は、この特異性によって、「罪を犯すこと」（第四の特異性）との間に単に対立関係が作られることではなく、選択の問題がこの二つの特異性の間で生じるということである、と。しかし、この選択は、単なる選定ではない。それは、単に二つの項のどちらかを可能性のうちで選べるということではなく、アダムの実存の様式そのものによって一つの解のない問題として、原理に向かって世界のうちに投射される事柄なのである。この罪を犯さず、その誘惑に抵抗するアダムは、〈アダムが罪を犯す世界〉とは完全に共立不可能な関係に立ち、したがってそこでの共可能的な諸系列から分岐・発散することになる――このときのアダムに生起する感情、つまりこの世界に対する距離のパトスとは、一体どのようなものであろうか。しかしながら、ライプニッツにおいて重要なことは、そうした不調和は直ちに調和へと解消されるという点にある。何故なら、この分岐・発散する系列には、これを「等しいもの」とする〈アダムが誘惑に抵抗する世界〉を表現する諸々のモナドの総体が直ちに配分されるからである。この可能世界には今度は〈罪を犯すアダム〉を包摂するような他のモナドは一つも存在しない以上、この可能世界でアダムが樹の実を食べる（＝罪を犯す）という共可能性は完全に尽きている。このように発散の戯れ、分岐・発散する系列は、それと共立可能な諸系列の総体としての可能世界が直ちに配分され、これによってそこでの安定した収束と延長が保証されるのである。最善の世界のうちで共可能性の帯域をより明晰に、より拡大的に照らし出すことと、共立不可能な出来事の排除の徹底化とは、完全に表裏一体の関係にある。ここにわれわれの「進歩の道徳」のすべてがあるのだ[46]。

視点から遠近法へ

それでもわれわれは、この真なるものの条件のなかで発揮されるような「偽なるものの力能」を考えることができる。それが離接的総合である。問題は、分岐・発散する諸系列のそれぞれに共可能的な世界を配分することではなく、第一にそれら発散する諸系列そのものからこの世界が構成されていると認識することであり、第二にその限りで世界をそのまま一つの離接的多様体にすること、すなわち非共可能的なものの屈折と包摂から一つの世界を構成することである。この意味において、〈罪を犯さないアダム〉はまさに或る実在的生成を示しているのである。それは、アダムが有から無へと移行することでも、現実世界から可能世界へと追放されることでもない。「アダムは罪を犯す」の副言(この出来事に対して肯定形で表わされる非共可能的な出来事)を考えると、その一つは、先に挙げた「アダムは誘惑に抵抗する」である。アダムはもはや樹の実を食べるという罪を犯さない。また彼は、別の可能世界へと排除されることなく、創世記の世界のなかで誘惑に抵抗し続ける一人の放浪者となるのである。しかし、この場合の非共可能的なもののより根源的な構成的方法は、例えば、アダムにおける非物体的なものの変形として実現されるだろう。こうした非物体的なものの変形は、アダムに生起する出来事の現働性に回収されないそれ以上の反‐現働性(反‐実現)を含んでいる。それは、ライプニッツにおける神・世界・個体に関する意味と価値との神学的で地層的な体系に、実は深刻な亀裂と破壊をもたらすようなものである。つまり、アダムは、樹の実を食べる、しかし、〈罪を犯す〉という出来事は、アダムにけっして生起しないということである。これは、固有の遠近法を獲得した——また、これによって「遠近法主義」それ自体をも動的に発生させうるような——或るアダムへの変身である。具体的に何が破壊されたのであろうか。一つは、〈樹の実を食べる〉ことによるアダムと樹の実との身体的混合と、〈善悪を知る〉という精神的事柄との間の神学的な並行論が成立しなくなったのである。たしかに、人類の子供時代でさえあるようなアダムの無知（＝知能）は、神の言葉を啓示としてではなく、罰を含む道徳的な禁止命令として受けとった。これに対して、ここでの或るアダムは、もはや被造物としての知能を用いるのではなく、自然における様態としての衝動と想像力、感性と知性を用いるのだ。道徳的命令は、反対に不道徳な衝動と倒錯を刺激し誘発するのである。しかしながら、ここには神の啓示をむしろ道徳的禁令として受け止めることの或る積極的な使用法が隠されているのではないだろうか。神は、「災いの生起の必然性」を啓示したのではなく、「その樹の実を食べる場合に必然的に生じるであろう災い」——その樹の実がアダムの身体にとっては毒となること——を啓示したのであるが[47]、ここではこの〈災い〉そのものが非物体的変形によって無化されるのである。その樹の実は、実際にはアダムの身体にとって毒にはならない。それが〈毒になる〉のは、〈アダムが罪を犯す世界〉を創造するような神的システム、すなわちこの共可能性に関する意味と価値の非物体的な体系においてだけだからである（しかしながら、おそらくアダムよりもイヴの方がこの変形を端的に生きるであろう）。不道徳者（インモラリスト）アダム＝クロソウスキーは、ライプニッツにおける神の調和的なシステム構造を、変調的なアフォリズムの切片機械にする。遠近法と遠近法主義は、意味と価値という非物体的なものを変形する操作である。何故なら、それらは、まさに意味と価値を以って思考することとの人間における唯一の力能だからである。樹の実を食べるという物体的・身体的な水準ではまったく同じ混合であるにもかかわらず、そこにおいて発散の誠実さに疲労したアダムは、まったく別の衝動によってのみ与えられるような妄想や倒錯、破格なものへの回帰の意識を用いるのである[48]。これが、クロソウスキーの言いたいことである。それは、クロソウスキーが考える身体と精神（＝言語）のなかで相互に反映され続ける侵犯活動という圧倒的な現在であり、端的に言うと、このアダムの高揚した感情、「高揚した気分」である[49]。これは、ライプニッツがけっして知りえないようなパトスである。

帰結に関する〈反‐実現〉

〈反時代性〉は、一つの厳密な概念である。というのは、それは、（1）共立可能な諸系列が実現される世界に対して、共立不可能な関係にある諸系列の分岐・発散の概念であり、（2）それと同時に、この世界へのそれら諸系列の回帰・踏破によって獲得される概念だからである――世界からカオスモスへ。〈分岐‐偶然〉の瞬間を意志するならば、あるいは〈発散‐生成〉の衝動を意識するならば、それだけでその系列全体の回帰は必然となるであろう。何故なら、偶然の運命や生成の宿命のもとでしか存在しえないものの存在の仕方を構成するのが〈回帰〉だからである。こうした瞬間を意志することと衝動を意識することは、一つの欲望なのである。そして、この欲望それ自体が、まさに永遠回帰の啓示である。この回帰は、反復として永遠に回帰する（＝存在する）のである。言い換えると、分岐・発散する系列にまったく別の啓示、この永遠回帰の啓示が与えられることによって、その系列は反時代的なものとなるのだ。クロソウスキーは、この点を次のように述べている。「事実、〈永遠回帰〉の突然の啓示が私を襲った瞬間に、私はもはや存在しない。この啓示が意味をもつためには、私が私自身についての意識を失う必要があり、また、私の諸々の可能性の系列全体を踏破することの必然性が私に啓示された瞬間を回帰の円環運動によって私のところに戻すまで、この円環運動が私の無意識と混合する必要がある。したがって、私は、先行するこれら可能性の結果としての私自身でも、数限りない可能性のなかの実在化の一つとしての私自身でもなく、偶然の瞬間としての私自身を再び意志しさえすればよいのだ。その偶然性そのものが、系列全体の完全な回帰の必然性を含んでいるのだから」[50]。偶然を肯定する必然、真夜中を肯定する正午、それらは、生成と存在、すなわち差異と反復の最接近である。何故、世界は、非共可能的なものの集合であるのか。それは、世界が神学的な意味において最悪だからではなく、自然学的にもっとも実在的だからであり、また存在論的に一義的だからである。ドゥルーズは、永遠回帰によって離接的総合の新たな意味が表現されると言う。永遠回帰は、存在の一義性を最強度に肯定するような思考と存在との様式（選択的）を示している。〈存在〉は、〈在る〉あるいは〈存在する〉と言われるすべてのものについて、つまりあらゆる存在者について唯一同一の意味で言われる、というのが存在の一義性の名目的定義である。そして、この定義は、存在の多義性につながるあらゆる思想――否定性の優越的思考――に抵抗するための最初のものである。存在者は相互に差異的であるが、しかし、〈存在者の存在〉と言う場合の、この〈存在〉の意味はそれら相互に異なったあらゆる存在者について「唯一同一のもの」である。したがって、差異（生成）は、それ自体で肯定されるだけでなく、こうした一義的存在（反復）による肯定の対象でもある。離接的総合は、ニヒリズムの歴史におけるこうした存在者に存在の多義性を吹き込むような同一性そのものを諸系列の〈離接‐生成〉によって破壊するだけでなく、系列全体の〈踏破‐変身〉によって〈自己の差異〉を肯定するのである。つまり、存在者は相互に差異的であるというだけでなく、その各個の存在者そのものがこの〈自己の差異〉であり、したがって、それらは〈自己における存在〉を表現するだけでなく、この存在を〈自己における差異〉へと変容させるのである[51]。自然とは、そういうものである。存在の一義性として定義された永遠回帰とは、そういうものである――「存在の一義性は、離接的総合の積極的使用、最高の肯定と混じり合う。すなわち、永遠回帰そのもの、あるいは（……）一回での偶然の肯定、あらゆる一擲にとっての唯一の投擲、あらゆる形態と回数にとっての唯一の〈存在〉、あらゆる存在するものにとっての唯一の成立、あらゆる生き物にとっての唯一の幻影、海のあらゆるざわめきと飛沫にとっての唯一の声」[52]。永遠回帰は、出来事の側面から内在平面を一義的に構成するのである。

　無意識は、本質的に離接的に総合されている。無意識は、言語のように構造化されたものではない。無意識は、言葉の言語活動ではなく、観念の思考活動そのものである。スピノザがとりわけ観念について言いたかったのは、まさにこのことである。無意識は、こうした言語活動を単に積分したものではない。無意識は、観念という〈思考 - 強度〉からなるのである。したがって、発散あるいは離接は、けっして意識の単なる思弁的要素などではない。離接の肯定的差異あるいは積極的距離は、無意識のなかの遠近法主義的な諸要素であろう。それは、また同時に価値転換的な要素でもある。さらに言うと、すでに述べたように、そこにはつねに何らかの抵抗性が含まれている。つまり、発散する系列の生起には、必ず何らかの自然学的な〈抵抗の要素〉が示されているのである。この抵抗性の系列が現働化するためには、予定調和的に想定された出来事が受肉するような、精神と身体の合一体と縁を切ることである。しかし、抵抗する系列は、最善の世界の共可能的な諸系列あるいは諸モナドによって、つまり「等しいもの」の諸系列を包摂しているすべてのモナドによってつねに排除される傾向にある。モナドあるいはモナドの表象には、出来事の相互排除という固有の暴力があるのだ。ところで、罪を犯すアダムの系列が実現されると、罪を犯さないアダムの系列が可能世界（アダムが罪を犯さない世界）において他の諸系列とともに共可能的に表象される。しかし、可能世界でのこうした表現は、けっしてこの現実世界での実現あるいは現働化そのものに対する「反 - 実現」（contre-effectuation）ではない。何故なら、反 - 実現は、実現や現働化の、あるいは原理そのものの変様の力能でなければならないからである。あるいはそれは、器官なき身体の産出性である〈強度 = 0〉への強度的落下を反 - 実現することである。

しかしながら、非共可能的なものの形成、すなわち帰結に関する反 - 実現は、平面の地層化に寄与する作用なのではないだろうか。言い換えると、そこでは依然として形而上学的な鏡が破壊されるどころか、最大限に機能しているということである。「したがって、問題は、いかにして個体が自己の形態を超えて、また一つの世界との統辞論的な結びつきを超えて、出来事の普遍的交流へ、言い換えると、論理的矛盾の彼方だけでなく、非論理的共立不可能性の彼方においてさえも、離接的総合の肯定へ到達できるのかを知ることである。個体が、それ自身を出来事として把握する必要があるだろう。また、個体が、自らにおいて実現される出来事を、自己に接ぎ木される別の個体としても把握する必要があるだろう。その際に、個体が当の出来事を理解し意志し表象するなら、別のすべての出来事を個体として理解し意志するし、別のすべての個体を出来事として表象するだろう。各個体は、諸特異性の凝縮のための鏡のようになるだろうし、各世界は、その鏡のなかの距離のようになるだろう。これこそが、反 - 実現の究極の意味である」[53]。反 - 実現は、この鏡のなかにとどまっている。それは、プラトン以来の形而上学的な鏡を前提にしているのではないのか。しかし、反 - 実現は、この鏡を破壊することができるだろうか。例えば、「ニーチェは、そこにおいてやはり自分がニーチェという名をもつような、そういった世界と縁を切ったのである」[54]。或るニーチェは、ニーチェという名をもつ世界と非共可能的になるが、しかし、この世界と縁を切った或るニーチェは、言わば〈等しさの装置〉として振り分けられた可能世界において調和的に安らぐことなく、離接の網状組織で精神を構成し、そのことによってしか生じえないような変様と情動のうちで自己を規定するのである。そうでなければ、反‐実現は、容易に可能世界での調和的解決（＝共可能的表象）に還元されてしまうだろう。したがって、一つの実現がどれほど偶然性の様相を示し続けるとしても、反‐実現は、つねにその偶然を用いて必然性の様相でその実現を裏打ちするのである。したがって、反‐実現は、正午の時を告げる技芸である。実現の世界の只中で分岐・発散する諸系列を経巡ること、これが反‐実現の最初の行使である。しかしそれは、未だに「出来事の科学としての精神分析」に奉仕する使用しかもたず、依然として「昇華と象徴化」の技法であり続けている。言い換えると、非共可能性は、本質的に個体化の一つの特性そのものにならなければならないということである。

進歩の道徳と悪魔的原理

進歩の道徳。進歩は、おそらくわれわれの習慣を変える力とはならない。というのは、進歩は、習慣からしか出てこないからである。正確に言うと、進歩は、むしろその都度の前進が達成されたときの、その〈習慣‐背景〉を固定化し強化するからである。習慣の形態はまさにチックタック・チックタックであり、これを単に速めるだけの意味しかもたないのが「進歩」という反復である。進歩に結びついた努力の観念も同様である。それは、習慣をけっして批判せず、それどころか、習慣を強化するのにもっぱら役立つだけである。ライプニッツにおける神の選択は、おそらく神のこうした習慣によっておこなわれたのだ。神の選択、それは神の習慣である。神人同型同性説の神は、人間の信仰習慣上の、あるいは思考習慣上の神、表象上の無限であり、また人間がそこへと上昇可能であると考えられる限りでの無限の神である。それゆえ、こうした神学的原理は、他の原理にとって代わられなければならない——すなわち、非習慣のあるいは無信仰の「悪魔的原理」に[55]。神の習慣に反する思考とは、可能世界を排除する思考、離接的総合の思考である。人間が可能世界を考えるのは、ニヒリズムにおいて神にとって代わった〈人間 - 神〉がもつ習慣である。最善の世界は、これとはまったく異なる排除の関係によって成立する。最善の世界、それは、非共可能的なものの排除が完成した結果の世界のことである。何故なら、最善の世界とは、諸系列の最大限の収束（連続性）という条件のもとで、最大限の特異性と関係＝比を含む世界だからである。

実際に人間が明晰な真理の帯域を拡大しようと努力できるのは、この排除の機構に全面的に依拠した限りでのことである。こうした意味においてのみ、世界は最善になるのである。これに対して、離接的総合は、相互に分岐・発散する諸系列の共存、すなわちそれらの距離あるいは差異を積極的に肯定するような〈非 - 真理〉を定立する。そのためにも、あるいはわれわれの課題から言っても、次のように問う必要がある。永遠回帰の発生的要素は何か。遠近法主義の最近原因は何か、と。力能の意志（あるいは強度的な遠近法）、これがその答えである。そして、力能の意志とはパトスのことである。したがって、単に共立不可能なものとして分岐・発散する系列を考えるだけでは、諸系列の間の距離あるいは差異を肯定する離接的総合に到っているとは言えない。そのためには、その系列あるいはその個体化の過程——或る特異性から別の特異性への移行（例えば、アダムにおける〈罪を犯すこと〉から〈誘惑に抵抗すること〉への移行）——のうちにもたらされるべき変様、情動、気分、パトスが必要となるのだ。パトス、それは、他の共可能的な諸系列とともに収束しつつあるような或る系列に随伴する受動感情などではけっしてない。われわれは、受動感情の特性として次の四つをまず考えることができるだろう[56]。(1)その模倣性あるいは感染性(もらい泣き……)、(2)それゆえの過剰性(同一の感情に捕らわれ続けること……)、つまり無際限性、(3)動揺性(疑惑……)、つまり同じ対象に対して相反する感情に刺激されること、(4)反転可能性(可愛さ余って憎さ百倍……)。さて、目的論のうちにある可能世界に向けての努力ではなく、非共可能性を受動し受苦しうるような特異な感性の変様(超人の感性)こそが人間の問いにならなければならない。これがここでの私の関心である。こうした感性しかもちえない受動的総合における触発、すなわち離接的総合そのものにおける触発、それがここで言うパトスである。過去の存在化した事実に対して非共可能的な系列を経巡るということは、この系列が実際にそれに固有の新たなパトスをともなった強度的遠近法——あるいはマイナー志向性——であることと完全に不可分である。それが形式面での非共可能性についての真の内容面としての情動である。離接的総合に対応する身体が出現するのはもうすぐである。これは、「道化師」(bouffon)の帰結に関する単に相反する事柄についての論理的操作ではなく、実は原理に対する「擬態の身体」(mime)に生起する出来事の反-実現なのである[57]。したがって、問題は、もはや出来事が現働化する個体的な魂ではなく、相互に非共可能的な諸系列を感覚し、その観念(=情動)をもちうるような身体なのである。哲学において身体を見出すことは、これほどまでに困難なことなのかもしれない。このように、出来事の共可能性と非共可能性から離接的総合に移行することは、身体が必然的に問題になると同時に、出来事の相互排除の系譜が明らかになることでもあるのだ。それはまた、神の選択とはまったく異なる問題、すなわち永遠回帰における選択の問題へと思考も存在も実質的に移行することである。永遠回帰においては、各々の出来事の反‐実現がもつパトスが分配されることと、まさに諸系列の間の距離が離接的な差異として肯定されることとは、完全に一つの事柄である。例えば、分岐・発散的な線、すなわち可能性を消尽するような逃走の線を積極的に生み出すような実質的な発生の条件、あるいは或る反時代的なアダムの生成に関する、単なる形式的だけではないような実質的な原理、それが永遠回帰である。あらゆる不等なものの生成について唯一同一の意味で言われる等しいもの、それが一義的存在としての永遠回帰である。n個の不等なものについて唯一同一の等しいもの、それが永遠回帰である。つまり、永遠回帰とは、生成についてのみ唯一同一の意味で言われる一義的存在という非物体的な理念的出来事そのもののことである。しかしながら、永遠回帰に対応する身体がなければ、それはニヒリズムに貢献する思想でしかないだろう。永遠回帰は、それが身体に向けられている限りで、真に脱根拠的な思考の実現という使命を終えて、脱地層化という精神や主体、意識や主観に収束していた問題を無意味にするような身体の発見へとわれわれを導いていくのではないだろうか。

不道徳の身体（身体をもつこと）と反道徳の身体（別の身体へ）

いかにして世界を〈非共可能的なものの集合〉として認識するかという問題設定は、ドゥルーズにおいては、究極の「幻想」としての永遠回帰において最高の表現を見出すことになった。永遠回帰は、あらゆる不等なものの生成を肯定し、それらに存在を刻印する力能の意志にかかわる。しかしわれわれは、まったく別の本性に属するもう一つの重要な課題を有している。それは、どのようにしてこの世界は実在的に区別されるものの群れとなるのか、というような表現の仕方をもつ問題である――

〈非共可能的なものの集合〉と〈実在的区別の群れ〉。それらは、一体いかなる関係にあるのか。言い換えると、非共可能的に分岐する無限に多くの出来事（不等なもの）を一つの世界に折り込むことと、スピノザ的な意味での、実在的区別である限りの実在的区別からこの世界を構成することとは、現実にいかなる関係をもちうるのか。〈非共可能的なものの集合〉、それは、カオスモスという世界である[58]。これに対して、〈実在的区別の群れ〉は、どのように称されるべきであろうか。この〈実在的区別の群れ〉を実質的に思考可能にするためには、まさに〈器官なき身体〉という実体でも様態でもないような或る身体、あるいは或る絶対的な〈質料＝素材〉を考えなければならない。多義性や優越性で構成されたような自我や個体においてさえ出来事が現働化するとしても、そうした出来事の現働化は、単に天上界から自我や個体のうえに降り注いでくるわけではない。そうではなく、むしろ事態はまったく逆であろう。出来事は、つねに身体を原因とする結果＝効果である。ここでは、或る非物体的な出来事が他の非物体的な出来事の原因になるという事態、すなわち「準‐原因」を考える必要はない。何故なら、出来事の原因が身体にあるのは事実であるが、出来事の現働化を破壊するような出来事は、身体を原因とするのではなく、身体を自らの系譜学的な要素にするのである。必要なのは、出来事の科学ではなく、出来事の系譜学である。この限りで出来事の問題は、つねに身体そのものに、あるいは身体のいくつかのタイプに送り返される必要があるのだ。

　では、進歩の道徳に関する身体、共可能的なものの身体はどのように考えられていただろうか。ライプニッツにおける身体について言うと、モナドは、単に「一つの身体をもつ」あるいは「身体をもたなければならない」と言われるような、自己の有機的な身体部分（諸器官）にしかかかわらない。逆に言うと、この身体は、魂による世界のより明晰な帯域の拡張のなかで、最後には「一つの身体をもつ」(avoir un corps)という出来事に還元されるだけだろう。つまり、あの非論理的で共立不可能な抵抗の系列は、けっしてこうした身体からは生起しないということである。何故なら、モナドの身体とは、そのモナドがもつ無数の共可能的な微小知覚と、それらのなかから選択された明晰判明な知覚とに対応した身体以外の何ものでもないからである[59]。それにもかかわらず、提起されるような非共可能的なものは、単に事実の帰結としての表象的言語と歴史解釈に、つまり真なるものの諸形態と過去の諸真実に基づくだけである[60]。このように、最善の世界と進歩の道徳とを際立たせるための非共可能的なものとその可能世界は、言わば〈モラル・フィクション〉の産物である。現代の人間こそ、こうした観念に完全に捕獲された動物たちである。われわれは二度、言わなければならない——「(……)われわれはライプニッツ主義者にとどまる。(……)われわれはライプニッツ主義者にとどまる」[61]、と。これに対して、われわれは、まさに離接的総合に関する身体を考えなければならないのだ。道徳的要請によって「身体をもつ」というだけでは、おそらくひとは「身体を信じること」はできないのだ[62]。そもそもわれわれが身体をもつのは、道徳的要請などによってであろうか。言い換えると、身体は、つねにモナドが明晰な表現の帯域を獲得するためだけに存在するのだろうか——例えば、濡れる身体をもつから、或る精神的なモナドはルビコン河を渡ることを明晰に表現するのだろうか——ということである。しかしながら、問題は、これに対して身体に固有の活動力能を強調することなどではない。そうではなく、その道徳によって身体は、奇妙な非物体的変形を被ることに、つまり精神の倒錯や幻想を生み出すことになるということである。それは、第一に道徳の境界線を維持することと、それを踏み超えること(監視あるいは逃走)との間を離接の積極的な距離にすることであり、第二に大人の身体を、一般的なカテゴリーの網の目ではなく、こうした距離の網状組織で被覆することである。これによって、実は新たな並行論が成立することになる。それは、身体による「侵犯」(transgression)という出来事――例えば、顔のかたちを歪めること、人間の本質を笑い続ける動物に変形すること、等々――の精神のうちへの現働化であり、また言語によるその同じ「侵犯」の身体における実現である(先に述べたライプニッツにおけるアダムの神学的な心身並行論に対する、クロソウスキーにおける不道徳な身体と言語との並行論)[63]。

欲望に関する〈反 - 実現〉

永遠回帰と離接的総合とのこうした関係は、ドゥルーズによって存在の一義性の思想のもとで表現されたが、実はそこでも身体に関する問題提起は依然として不十分なままであった。何故なら、このことは、実在的区別によって一つの世界を構成するという問題提起にけっしてつながらないからである。さて、クロソウスキーについてわれわれは、ただ次の点だけを問うべきであろう。クロソウスキーにおける身体は〈器官なき身体〉であるのか。あるいは、クロソウスキーにおいて〈強度=0〉の存立平面は本当に志向されているのか――彼こそ、永遠回帰と強度との関係をもっとも深く思考した人であるにもかかわらず。ライプニッツにおいては、言語上の発散の戯れが結局は言語上の調和において解決されるだけだったが、それと同様に、クロソウスキーにおいては、離接の網状組織によって被覆される身体は、被覆する言語と同じ広がりのなかで、被覆する身体として一つの離接項の役割を果たすだけである。また、クロソウスキーには、自己の分岐・発散する分身、シミュラクル、そしてそれらの強度についての「話し言葉(パロール)」はあるが、しかし、そこでは〈強度=0〉という内在的な平面態(プラノメーヌ)についての〈理念〉がほとんど思考されていない。この理念は、ディオニュソス自身の観念である[64]。ディオニュソスは、永遠回帰においてアリアドネと婚約する身体を有している。したがって、この理念は、ディオニュソスがもつ彼自身の身体の変様の観念なのである。永遠回帰、それは、身体の変様の観念でなければならない。しかし、クロソウスキーにおける永遠回帰は、どこまでも不道徳な幻想にとどまるものである。そこでは、先行する道徳的な境界線が前提とされ（あるいは絶えず引き直され）、その境界線を乗り超えることが、身体と言語との間の相互侵犯という最大の効果を産み出すのである。もっとも重要な論点は、言語と身体の双方に共通の「屈折」（flexion）を前提とするクロソウスキーには、〈別の身体〉（アルトー）への変化、あるいは〈子供の身体〉（スピノザ）の本性をめぐる、強度から志向性への移行はありえないということだ。それに代わって彼がもっぱら用いるのは、何よりも道徳の意味を理解する大人であり、とりわけ「互いを投影し合う」ものとしての夫婦（カップル）である[65]。われわれは、本当に身体に出会えるのであろうか——意識を超えた無意識という離接的な非物体的なものは、観念論のうちで処理され、次に実在化されるであろう。そうなると、そこにあるのは、ただ道徳の過剰と不在に依拠した成人の不道徳な言語と身体の使用法しかないと言えるだろう。そこには、境界線を乗り超えるときの快楽が、あるいは違反や侵犯の意識なしにはありえないような気分や感情が、実は〈パトス‐遠近法〉のうちに隠されているのだ。しかし、独身者が特権的な或る思考を展開しうるのかというと、そういうわけでもない。彼らは、深層の思考者であるが、現にある身体を別の身体へと移行させることなどほとんどできないだろう。

　さて、ここでの反‐実現は、依然として現働化された系列を前提とし、またそれを起点とした変身（昇華と象徴化）の技法にとどまる。それはまた純粋な出来事を形而上学的表面に投射する技法である。言い換えると、反‐実現は、出来事の実現不可能な部分を、つまり、実現可能なものに対する実現不可能なものをつねに昇華し象徴化するような技法にとどまるのである。しかし、考えなければならないのは、実現あるいは現働化それ自体を対象とした反‐実現の第二の行使である。こうした作用こそが、内在平面の構成に実質的な内容を与えるような情動にかかわっているだろう。それは、形而上学的平面を破壊して、その平面を非物体的変形の連続的な流れとして存立させるようなものでなければならない。反‐実現の第一の行使は、既に観たように、或る現働的なものに対してそれとは非共可能的なものとの間を一枚の鏡（＝個体）のなかの距離として肯定し表現するだけである。これにまったく反するような第二の行使における反‐実現は、現働化の条件や原理そのものを変形・変質させるようなプラグマティックで実践的な秩序のなかにあるのだ。この秩序は、現働的なものから潜在的なものへと退行することではない。それは、現働化の運動のうちに系譜学的な逆行の過程を挿入することである。それは、単に精神だけに向けられた非身体的な領界への働きだけでなく、絶対的な産出の原理としての器官なき身体へと差し向けられた平面域に属している。道徳と共可能的な不道徳主義（インモラリスム）の幻想を超えて、われわれは、おそらく反道徳主義（アンチ・モラリスム）の実在性——新たなエチカ——を思考する必要がある。器官なき身体は、一つの地層に対応するような相対的なものではない。器官なき身体は深層ではない。器官なき身体は、或る絶対的なものである。器官なき身体をこのように考えるならば、クロソウスキーにおける身体は、結局は彼自身がすでに葬った自我や世界や神とまったく同じ墓場に葬られる運命にあるのではないか。しかし、もはや永遠回帰ですら、純粋な出来事にとどまっていることはできない。クロソウスキーにおける身体が、器官なき身体であったことはけっしてない。いずれにせよ、われわれの問題は、次のように問い直されることになる。離接的総合は、「〈多数多様な〉器官なき身体」（*les corps sans organes*）を総合することができるであろうか。必要なのは、出来事の非共可能性に由来する離接的総合から、実在的区別をも折り込んだ〈平面‐属性〉への移行である。この移行は無仮説の原理への逆行的過程であり、そのもとで〈多数多様な〉器官なき身体がその平面とともに構成されるのである。この平面において、欲望は実在的区別を増大し、それと同時に実在的に区別されるものを結合することによってこの平面を器官なき身体における構成の平面とするのである。欲望に関する反‐実現を考えることができるとすれば、そこに見出されるのは、まさにこの作用のみによって構成されているような異様な脱地層化の平面である。それは、何を構成しようとするのか。それは、ただ器官なき身体という産出の原理以外の何ものでもない真に絶対的なものの構成平面である。

脱タイプ化する身体

要するに、離接的総合は、いかにして非物体的な出来事が強い意味での共立不可能的な系列——つまり、非物体的変形の系列——をなして、身体に付着し、そこに刻み込まれるのかという問題を内含しているのだ。それは、たしかに「身体の刺し傷を変質させるための表面への機銃掃射」である。「純粋な出来事がその度に自らの実現のなかにいつまでも閉じこもるにしても、反‐実現はつねに諸々の別の度にその出来事を解放するのである。麻薬やアルコールの物質の使用を限定する社会的疎外の技術が探求の革命的手段に転ずるならば、麻薬やアルコールの効果（あるいはそれらの「啓示」）が、それらの物質の使用とは独立に、世界の表面でそれ自身として再び体験され取り戻されうるだろうという希望を捨てることはできない」[66]。こうした問いは、ドゥルーズ＝ガタリにおいて何度か現われる。この出来事の哲学は、けっして表面の哲学にすっきりと収まるような思考だけを有しているわけではない。つまり、反‐実現による出来事の解放（最高の自由）は、実現あるいは現働化の線からの出来事の逸脱と、形而上学的な、すなわち超自然学的な表面からの出来事の落下を必要とする。何故なら、初期ストア派のクリュシッポスやアントナン・アルトーのように、そこには出来事（非物体的なもの）を絶対的効果＝結果として産出するような、したがって、その効果＝結果がつねに非物体的変形の流れであるような、これに対応する身体が必ず存在すると考えられるからである。反‐実現は、麻薬やアルコールの啓示を、あるいは分裂症それ自体を、それらの物質的側面や人物的側面とは独立に引き出すことのできる身体にかかわるのである。事実、ドゥルーズ＝ガタリは、先の問題の水準を変えつつあるように思われるからである。身体の刺し傷の変質に対応するのは、実は離接的距離の実在的区別への突然変異、すなわち瞬時の非物体的変形以外の何ものでもないだろう――形而上学的平面から存立平面へ。つまり、表面が〈身体‐深層〉の単なる結果である場合、その表面はつねに非物体的な出来事でしかない。しかし、層を形成しない身体、器官なき身体は、一つの平面を非物体的変形の連続的な流れで充たすのである。

　その限りで、タイプを異にするいくつかの身体――麻薬中毒者の身体、アルコール中毒者の身体、分裂症者の身体、等々――が相互に自己の帰属する属性――スピノザが言う〈延長属性〉――から脱タイプ化する限りで、それら身体がどのように結合するのか、がこの問題を構成するようになるのである。「諸々の結果の同一性、諸々の種類の連続性、あらゆる器官なき身体の総体が存立平面上に獲得されうるのは、この平面を被い、さらにはこの平面を描き出すことのできる一つの抽象機械によってのみであり、欲望に接続され、実際に欲望を引き受け、欲望の連続的結合、横断的結びつきを確実にする諸々の作動配列によってのみである」[67]。欲望は原因にとって代わる。欲望は、原因によってその結びつきが不可能なものを結合するだけでなく、あらゆる原因 - 結果の関係を変形するのだ。しかし、それ以上に重要なことは、何であれ、つまり平面であれ属性であれ、あるいは原因であれ欲望であれ、つねに脱タイプ的な変身の機能、脱属性的な実体変容の様態によってよりよく定義されるのが、またそれと同時に、諸平面の間で、あるいは原因と欲望の間でよりよく規定されるのが抽象機械である。これは、脱領土化であれ、領土化あるいは再領土化であれ、つねにそれらの先端において作用している機能と質料の、表現と内容の総合に関する〈思考 - 機械〉である。スピノザの思惟属性における無限知性は、まさにこうした意味での一つの抽象機械なのである。古代哲学においてこうした意味での抽象機械に相応しい哲学者は、火や水とともに思考した前ソクラテス期の哲学者たちやソクラテスを概念人物とするプラトンというよりも、むしろ非物体的なものの領界に生きたクリュシッポスと、気候変動やクリナメンを考えたルクレティウスである。クリュシッポスにおける非物体的なものはプラトンのイデア界を脱領土的に積分した宇宙であり、ルクレティウスにおける気象哲学はエンペドクレスの流動的な根茎を脱地層的に積分したこの宇宙の物質的本性に関する考察である。抽象機械とは、要するに総合の力能のことである。抽象機械を構造論発想に、つまり現代の制度論に還元してはならない。機械は、さまざまな制度に共通の特性などではない。離接的総合における表面への機銃掃射——抽象機械の機能の一つ——は、実際には傷のある身体の脱タイプ化によって一つの効果として生み出されるものである。ただし、この傷は、有機体に付けられたものではない。それは、器官なき身体における無数の実在的区別なのである。ここにおいて離接的総合は、一つの抽象機械と無数の作動配列にとって代わられることになるのだ。ブスケの傷は、先行する出来事の実現でもなければ、出来事の身体への受肉でもない。それは、或る出来事についての言説ではなく、出来事の位相そのものの

傷である。別の身体への絶対的変様によって穿たれることのない裂け目としての傷である。こうした傷は、出来事の反‐実現を裏打ちする強度である。出来事の現働化をはみだす出来事とは、その出来事を傷つけるという脱現働化の倫理的作用であり、その限りで反‐実現そのもののことである。それは、非物体的な次元そのもの、出来事そのものを傷つけることである。すなわち、これが出来事そのもの——非物体的変形——である。それは、ただ一つの身体上に、器官なき身体に生起するのだ。

注（I）

1 「身体は身体である／それは唯一であり／諸器官など必要としない、／身体はけっして有機体ではない／有機体は身体の敵である／作られた事物はいかなる器官の協力もなしにただそれだけでことを済ます／あらゆる器官が寄生物となり、／器官はそこに存在すべきでないような存在者を生かすべく差し向けられた／一つの寄生物的機能を取り戻すのだ／こうした存在者は自分たちの原理のなかで断罪されたのに、またそれらはいかなる存在根拠ももたないのに、器官はこれらの存在者に餌をやるためだけに作られたのだ／実在性は未だに構成されていない、というのも人間身体の真の諸器官が未だに組成され配されていないからだ。／残酷演劇が創造されたのはこの配置を完成させるためであり、人間身体の新しい舞踏によって、凝固した虚無にすぎないこの細菌の世界の混乱を企てるためである。／残酷演劇は、肘、膝蓋骨、大腿骨、足指と対になった眼瞼を踊らせたいのである」（Antonin Artaud, «Le corps est le corps…», novembre 1947, in *84*, n°. 5-6, 1948, p.101）。

2 Spinoza, *Ethica*, I, def. 6, ex.

3 スピノザは、「習慣」（habitus）と「生活法」（vivendi ratione）との違いを明確に捉えている（Cf. Spinoza, *Ethica*, II, prop. 18, schol., prop. 44, corol., schol./ IV, ap.）。

4 *MP*, p.494（下・一〇二頁）。

5 ここで、例えば、〈国家装置か、それとも戦争機械か〉といった類いの問題が、ドゥルーズ＝ガタリにおいていかなる意義をもち、またどのような項的な関係のもとで考えられなければならないかを簡単に述べておこう。これらは、単に対立関係にある二項の間の選択の問題にかかわるものではない。それゆえ、これらは二元論を形成するその項的なものに還元されえない。要するに、これらは、むしろ二つの多様体の問題である。つまり、これらに対する第三の視点（位置）は存在せず、二つの多様体はつねに〈間〉にしか存在しないということにある。しかし、この〈間〉は二重である。すなわち、一つは、一方の多様体の他方の多様体への還元不可能性（抵抗）のうちに存在し、もう一つは、他方の多様体の一方の多様体の絶えざる同化作用（還元）のうちに存在する（Cf. *QP*, p.144（二五七‐二五八頁））。

6 「哲学は、資本の相対的脱領土化を絶対的なものへともたらす。哲学は、資本を無限なものの運動として内在平面に移行させ、内的限界としての資本を消去し、資本を自らと敵対させて、新たな大地、新たな民衆に訴えかけるのである。しかし、そのようにして哲学は、連絡、交換、同意、そして意見が絶滅するような、概念の非命題的形態に到達するのだ」（*QP*, p.95（一七一頁））。資本の活動を資本それ自体の自己原因に帰するような考え方は、止めなければならない。資本の論理は、けっして自己原因の論理ではない。あるいは、資本主義の主体は、けっして資本などではない。これは二重の誤謬に基づく理解である――第一にスピノザの自己原因を擬人化することによって、第二に資本をその真の作用原因から分離することによって。〈哲学‐エチカ〉こそが、まさに絶対的脱領土化における概念の非命題的形態、すなわち外の思考を展開しうるのでなければならない。

7 Cf. G. Deleuze, *SPE*, pp.33-58（三〇‐六〇頁）。

8 「物がより多くの実在性あるいは有(エッセ)をもつにつれて、それだけ多くの属性がその物に帰せられる」（Spinoza, *Ethica*, I, prop.9）。さらに哲学の表現主義については、G. Deleuze, *SPE*, pp.299-311（三四一‐三五七頁）を、また哲学の構成主義については、*QP*, pp.38, 43-44（六六、七四‐七六頁）をそれぞれ参照せよ。ドゥルーズ＝ガタリは、哲学的構成主義を概念の「創造」（création）と平面の「創建」（instauration）という本性上異なる二つの相から形成されると考える。

9 Cf. *QP*, pp.38-46（六五‐八一頁）。ドゥルーズ＝ガタリがこの数頁で論じている「内在平面」に関する記述のすべては、その特性あるいは特徴性の側面から規定されたものであることに注意されたい。

10 *MP*, p.202（上・三三六頁）。「一つの器官なき身体は、強度によってしか占有されえないし、群生されえないというように出来ている。ただ強度だけが通過し循環するのだ。（……）器官なき身体は、強度を通過させ、非延長的な内包的〈空間(スパティウム)〉そのもののうちに強度を生産し、配分する。器官なき身体は空間でもなければ、空間のうちに存在するものでもなく、一定の度合――産出された諸強度に対応する度合――で空間を占める〈質料(マチエール)＝素材〉である。それは、強度の形相化されず地層化されない〈質料(マチエール)＝素材〉、強度的〈質料(マチエール)＝素材〉、〈強度＝0〉であり、しかもこの〈零〉に少しも否定的なものは存在しないし、否定的な強度も、相反する強度も存在しない」（*MP*, p.189（上・三一四頁））。

11 *MP*, pp.203-204（上・三三八頁）。

12 Spinoza, *Ethica*, I, prop. 11, dem. Aliter.

13 蜘蛛の巣は一つの内在平面をなすが、その身体は器官なき身体である（Cf. *PS*, pp.217-220（二一八‐二二〇頁））。

14 Spinoza, *Ethica*, I, prop. 18.

15 属性の一義性には二つの側面がある。第一は、実体の本性を構成する無限に多くの属性は、相互に質的に異なるが、存在論的には完全に対等だということ。第二は、存在する仕方を絶対に異にする実体と様態について、つまりその本質に存在が含まれるものとその本質に存在が含まれないものについて、属性はそれらの共通の形相だということ。この二つの一義性によって、スピノザの内在平面が描かれる（Cf. G. Deleuze, *DR*, pp.58-59（一一九‐一二一頁））。

16　Spinoza, *Ethica*, I, def. 6. ただし、ここでは「神」を「自然」という言葉に置き換えた。これとは別の事柄になるが、私は、神に関する論争の記述を除いて、『エチカ』のなかの「神」をすべて「自然」という言葉に置き換えるべきであると考える。というのも、それによって『エチカ』の読者が増えることを期待するからである。

17　Spinoza, *Ethica*, I, def. 1.

18　Spinoza, *Ethica*, I, prop. 25, schol.

19　*MP*, p.191（上・三一六頁）。

20　*QP*, p.41（七〇‐七一頁）。

21　Spinoza, *Ethica*, II, prop. 7, schol.

22　Spinoza, *Ethica*, II, prop. 4, dem.

23　地球について——例えば、「地球は、あくまでも統一化されようがない不可視の全体である。それは統一されようがない「多種多様性＝無限」を含んでいる。だが同時に「無際限」ではなく閉ざされている。それはあらゆる欲望の交差／接合を可能にするバーチャルな舞台であり、したがって倫理的な選択が起こらねばならない場所なのである」［強調、引用者］（高祖岩三郎『新しいアナキズムの系譜学』、河出書房新社、二〇〇九年、一八一頁）。アナーキーについて——例えば、フランソワ・シャトレは、次のように述べている。「アナーキーとは、組織の不在、管理された知識の不在を少しも意味せず、あらゆるアルケーの拒否、正当な支配者として直ちに認められたあらゆる原理の拒否を意味する。将来はどうなるのか」（François Châtelet, «pour ne pas conclure», in *Histoire de la philosophie, tome VIII: Le xx siècle*, sous la direction de François Châtelet, Hachette, 1973, p.342（「結論を求めないために」中村雄二郎訳、『シャトレ哲学史Ⅷ　二十世紀の哲学』所収、中村雄二郎監訳、白水社、一九七五年、三七九頁））。

24　G. Deleuze, «les principaux concepts de Michel Foucault», in *DRF*, p.242（「ミシェル・フーコーの基本的概念について」宇野邦一訳、『狂人の二つの体制　1983‐1995』所収、九二頁）。

25　*MP*, p.281（中・一四一頁）。

26　Spinoza, *Ethica*, II, prop.49, schol.

27 Cf. Spinoza, *Ethica*, II, prop. 35, dem.

28 Cf. G. Deleuze, *F*, pp.135-136（二四一‐二四三頁）。

29 Joannes ab Arnim, *Stoicorum Veterum Fragmenta*, II, 1903, Stuttgart, 341（= Sextus adv. Math. IX 211）［以下、*SVF* と略記］（『初期ストア派断片集2』水落健治・山口義久訳、京都大学学術出版会、二〇〇二年）。

30 Arnim, *SVF*, II, 349（= Clemens Alexandrinus Stromat. VIII 9）. Cf. Emile Bréhier, *La Théorie des incorporels dans l'ancien stoïcisme*, Vrin, 1908, pp.11-12［以下、*TI* と略記］（『初期ストア哲学における非物体的なものの理論』江川隆男訳、月曜社、二〇〇六年、二五‐二七頁）。

31 Cf. Spinoza, *Ethica*, V, prop. 39, schol; A. Artaud, «Le théâtre et la science», in *ARTAUD, Œuvres*, Gallimard, 2004, pp.1545［以下、*Œuvres* と略記］（「演劇と科学」佐々木泰幸訳、『アルトー後期集成Ⅲ』所収、河出書房新社、二〇〇七年、四一一‐四一二頁）。

32 「事実、後でわれわれが見るように、諸〈理念〉という名を、単なる思考サレルベキモノにではなく、感性から思考へと、また思考から感性へと移行しながら、各々の事例において、それらの事例に属する秩序に従って、各々の能力の限界的なあるいは超越的な対象を引き起こす諸審級にむしろあてがわなくてはならない。諸〈理念〉は諸問題であるが、諸問題は、諸能力が自らの高次の行使に達するための諸条件をもっぱらもたらすのである」（G. Deleuze, *DR*, pp.190（上・三八九頁））。『差異と反復』には、イマージュなき思考の公準と物理学的で生物学的な現働化の諸水準しかなく、これらに対応した身体についての考察はないが、しかし、ここから次のように言うことができるだろう。単に物に事物の状態（あるいは有機的身体、あるいは身体なき器官）に対応した「観念」ではなく、別の身体（唯一ではなく、複数で言われる〈器官なき身体〉）への移行に対応した観念は、超越論的経験論においては諸能力の非物体的な不協和的一致を発生させる〈理念‐問題〉として存立すると考えられる。

33 Cf. G. Deleuze, «les principaux concepts de Michel Foucault», in *DRF*, p.242（九一‐九二頁）。このテクストでは、フーコーにおける「外との関係」が明確に「未来」として把握されている――「外との関係は未来であり、変異の諸機会に従う未来の可能性である。（……）各々の瞬間に、過去は自己との関係において集積するが、他方で諸地層は変化する現在をもたらし、また未来は外との関係において決定される」。

34 「〈非‐真理〉を生の条件として容認すること、これは、言うまでもなく、危険な仕方で日常的な価値感情に反抗することである。このことをあえておこなう哲学は、それだけで善悪の彼岸に立つことになる」（Friedrich Nietzsche, *Jenseits von Gut und Bäse*, I,

4, in Sämtliche Werke, Kritische Studienausgabe, Hrsg. v. Giorgio Colli und Mazzino Montinari, Walter de Gruyter, 5, p.18［以下、*KSA* と略記］（『ニーチェ全集　第二巻（第Ⅱ期）善悪の彼岸』吉村博次訳、白水社、一九八三年、二一頁）。また、われわれは、生と身体とを混同してはならないだろう。生の様式とは、精神と身体とが単なる二元論を超えて、二つの多様体に生成変化するときに発生するものだからである。

35　「一つの社会的領野において、その多様性にもかかわらず、身体的変様の集合と非身体的変形の集合とを区別するならば、われわれは、一方は内容、他方は表現という二つの形成に向き合うことになる」。「われわれが状況あるいは変数と呼ぶもの、それはまさに度合である。身体の混合あるいは集合体における諸々の割合である内容の変数があり、また言表作用の内的な諸要因である表現の変数がある」（*MP*, pp.109, 111（上・一八三、一八七頁））。

36　Cf. Diogenes Laertius, *Lives of Eminent Philosophers, II*, with an English translation by R. D. D. Hicks, The Loeb Classical Library, 1925, VII 71-72（『ギリシア哲学者列伝』加来彰俊訳、岩波文庫、一九七三年、中・二六〇－二六二頁）。

37　Cf. G. Deleuze, *LS*, pp.203-204, 266-267（上・三〇二－三〇三、下・九四－九五頁）。「ただ一つの系列上の結合的総合、収束についての連接的総合、共鳴についての離接的総合という三種類の系列全体を考察するならば、われわれは、離接がその肯定的で積極的な使用に達する限りで、この第三の総合が他の総合の真理と使命であるということを見るだろう」。ただし、留意しなければならない論点は、ここでの離接的総合は、あくまでも〈審級＝x〉としての無意味（例えば、カバン語）、あるいは〈対象＝x〉としてのファロス——例えば、身体なき器官あるいは超越的な器官——を前提とし、またそれをけっして否定しない以上、その「過剰－不足」（excès-défaut）という言わば構造論的な遠隔作用の帯域につねに依拠せざるをえないということである。また、初期ストア派の考え方では、出来事のすべての関係は、唯一の関係に、つまり仮言命題（結合的総合）によって表現された「同一性の関係」（例：「夜が明けるならば、夜が明ける」）に還元される傾向にあった（Cf. E. Bréhier, *TI*, pp.23-30（四三－五三頁）; G. Deleuze, *LS*, pp.199, 204（上・二九六、三〇三頁））。したがって、これとは逆の方向を目指して、他の諸総合の真理であり目標であると言われる際の離接的総合は、クロソウスキーに見られるように、非同一的なもの、共立不可能なものを積極的に構成するような〈不道徳なもの〉の原理である（同一性の原理と特異性との関係については、Pierre Klossowski, *La Ressemblance*, Ryôan-ji, 1984, pp.45-46（『ルサンブランス』清水正・豊崎光一訳、ペヨトル工房、一九九二年、六九－七一頁）を参照せよ）。

38　テクスト的にも、とりわけ実践的な思考上の再構成に関しても、離接的総合の内在的使用を起点として他の総合の内在的使用が規定され、かつ実現されうると考えるべきだろう（Cf. *AŒ*, pp.80-126（上・一三二－二〇三頁）。また、クロソウスキーと離接的総合については、«SD» pp.54-62（二二六－二三七頁）も参照せよ。この論文が、前期の未刊行文集である『無人島』に収録されなかったのは残念である。部分的にはたしかに『アンチ・オイディプス』の第一章と第二章に訂正されたかたちで再録されてはいるが、しかしこれは、クロソウスキーに関する重要かつ独立した論文であるだけでなく、再録されなかった部分においてもきわめて興味深い言説が見出される。「治療＝配慮としての分裂症化の問題とは、分裂症者を産み出すことなく、いかにして分裂症を人間と〈自然〉の力能として引き出すことができるかということである。（……）これは〈ふりをすること〉（simuler）とはまったく関係ない」（«SD», p.56（二二九頁））。

39　「真の観念を有する者は、同時に自分が真の観念を有することを知り、かつそのことの真理を疑うことができない」（Spinoza, *Ethica*, II, prop. 43）。スピノザの真の観念とは、観念とその対象とが一致しているかどうかに関して、いかなる意味でもこの二つの項とは別の第三項――超越項――を必要とせず、ただその観念の観念性のうちに、つまり思惟する力能のうちにある観念のことである。これが真理の内在性である。

40　Cf. G. Deleuze, *Pli*, pp.79-82（一〇三－一〇七頁）。「共立不可能なものは、二つの出来事の間にあるのではなく、或る出来事と、分岐する別の出来事を実現する世界あるいは個体との間にある」（G. Deleuze, *LS*, p.208（下・九頁））。

41　〈副言（ヴィス・ディクション）〉とは「無限小の方法」のことであり、等しいものに対して非共可能性を引き起こす方法を表わす。「〔ヘーゲルの〕無限大においては、等しいものは、不等なものを本質において所有する限り、この不等なものに対言＝矛盾し、また、不当なものを否定することで自己自身を否定する限り、自己自身に対言＝矛盾する。しかし、〔ライプニッツの〕無限小においては、不等なものは、この不等なものを本質において排除するもの〔等しいもの〕を事例のうちに包摂する限りで、等しいものに副言し、また自己自身に副言する」（G. Deleuze, *DR*, p.66（上・一三五頁））。例えば、「不等なもの」（l'inégal）とは〈誘惑に抵抗するアダム〉であり、これを本質において排除するものとは〈アダムが罪を犯す世界〉である。したがって、この「等しいもの」（l'égal）を事例のうちに包摂するのは、〈罪を犯すアダム〉のことである。何故なら、この場合には、モナドによる表現に先立って創造された世界は、〈アダムが罪を犯す世界〉と仮定されているからである。そして、この世界がアダム系列という事例のうちに包摂される限り、〈誘惑に抵抗するアダム〉は、「等しいもの」としての〈アダムが罪を犯す世界〉と副言の関係になり、それゆえアダム系列そのものを分岐・発散させることになる。

42　したがって、直接的に言うならば、相反する二つの出来事の間にあるのは、概念における論理的矛盾ではなく、むしろ非論理的な「共立不可能性」(incompatibilité)、すなわち「非共可能性」(incompossibilité)である。要するに、出来事は、概念とは異なるということである（Cf. G. Deleuze, *LS*, pp.199-200（上・二九六－二九七頁）。ここで挙げられている「蝶」の事例が参考になるだろう）。しかし、概念も、一度「非物体的なもの」として理解されるなら、一つの純粋な出来事として捉えられることになる。「概念とは、諸物体のうちに受肉されるあるいは実現されるにもかかわらず、一つの非物体的なものである。（……）概念は、出来事を伝えるのであって、本質あるいは物を伝えるのではない。それは、一つの純粋な〈出来事〉、一つの此性、一つの存在者性である」（*QP*, p.26（三九－四〇頁））。

43　Cf. G. Deleuze, *LS*, pp.199-200（上・二九六－二九七頁）; E. Bréhier, *TI*, pp.27-30（四九－五三頁）。「まず出来事に関する第一次的な共立不可能性の関係があり、この関係を、物理的因果性が二次的に身体の深層に刻み込み、その次に論理学的矛盾が概念内容に翻訳するだけのことである」(G. Deleuze, *LS*, p.200（上・二九七頁））。さらに初期ストア派において、水準を異にするものの間で言われる「両立不可能なもの」(to machomenon)についての考え方を用いると、次のようになるだろう。「神によってもしアダムが罪を犯す世界が創造されるのであれば、そこでのアダムは罪を犯す」。この帰結の否定である「アダムは罪を犯さない」は、ここでの原理（＝条件）と共立不可能である。アダムが罪を犯すことによって、アダムが罪を犯す世界が発生するのではない。それは、こうした原理と帰結との関係を取り違えることに等しいであろう。言い換えると、ライプニッツにおいては、個体概念の構成は、けっして世界概念の構成に先行しないということである。ライプニッツは、モナドの可能的な経験を問題にしているのではなく、最初から真理だけを問題にしているのである。モナドは、特定の世界を発生させ、決定するのではなく、もっぱらより明晰に照らし出すのである。こうした世界概念の先行性については、例えば、以下の論文を参照せよ。平井靖史「最善世界は個体によって決定されるか」、『福岡大学研究部論集』A：人文科学編第四巻第五号所収、福岡大学研究推進部編、二〇〇四年、七一－八一頁。

44　G. Deleuze, *LS*, p.136（上・二〇二頁）。また、「一般性ノ見地ノモトデ」(sub ratione generalitatis)捉えられた、可能的アダムを定義するいくつかの前－個体的な「始原的述語」に関しては、*Die philosophischen Schriften von Gottfried Wilhelm Leibniz, II*, ed. C. I. Gerhardt, Berlin, 1879, pp.41-42, p.44（『ライプニッツ／アルノー往復書簡』の「〔九〕「各人の個体概念は、いつかその人に起こることを、一度に合わせ含んでいる」という私の命題に関する、アルノー氏の書簡についての備考」、『形而上学叙説』所収、河野与一訳、岩波文庫、一九五〇年、二五三－二五五、二五七頁）を参照せよ。

45 Cf. G. Deleuze, *P*, pp.81-82（一〇五－一〇七頁）。

46 Cf. G. Deleuze, *P*, pp.99-100（一二八－一二九頁）。

47 Cf. Spinoza, *TTP*, cap. IV, p.63（上・一六〇頁）。

48 衝動は人間の本質そのものであり、また意識をともなった衝動は「欲望」であると言われるが（スピノザ）、しかし、この衝動そのものの最初の解釈は「倒錯」として現われる（クロソウスキー）。この最初の〈解釈－遠近法〉には、人間の「子作りが自業自得に陥る馬鹿げた堂々めぐり」を切断するような特性（アルトー）が含まれている。「感動を手に入れさせる妄想の使用によって、倒錯においては、妄想がまさしく交換不可能なものであることが望ましくなる。ここにおいて、感受された感動の最初の価格の上昇がおこなわれる。というのは、われわれが倒錯と言っている衝動は、一個の人間の集団形成本能の完成を拒否し、個人の生殖機能を拒否しているという事実からさえ、その激しさにおいて、交換不可能なものとして、したがって価格のつけられないものとして現われるからである」（ピエール・クロソウスキー「サドとフーリエ」原好男訳、『ユリイカ』、一九七二年四月号所収、一四五－一四六頁）。

49 Cf. G. Deleuze, *DR*, p.313（下・一九九頁）。

50 P. Klossowski, *Nietzsche et le cercle vicieux*, Mercure de France, 1969, p.95（『ニーチェと悪循環』兼子正勝訳、哲学書房、一九八九年、一二〇頁）。

51 〈自己の差異〉と〈自己における差異〉との違いを述べておく。どちらも差異を肯定することであるが、端的に言うと、前者は〈他のもののうちに存在する〉様態における差異であり、後者は〈自己のうちに存在する〉実体における差異である（Cf. Spinoza, *Ethica*, I, def. 3, 5）。しかし、存在の一義性としての永遠回帰は、様態を最近原因として実体を発生的に定義しなければならない。〈自己の差異〉は、〈自己における差異〉の発生的要素になるということである。言い換えると、永遠回帰は、〈自己の差異〉を産出するが、その反復によって〈自己における差異〉として一義的に発生するのである。

52 G. Deleuze, *LS*, pp.210-211（下・一三－一四頁）。

53 G. Deleuze, *LS*, pp.208-209（下・一〇頁）。

54 P. Klossowski, *Un si funeste désir*, Gallimard, 1963, p.183（『かくも不吉な欲望』大森晋輔・松本潤一郎訳、河出文庫、二〇〇八年、二一二頁）。

55 習慣は本質的に道徳的であり、その形式は善の形式である。そして、あらゆる歴史的な法や習慣は恣意的であるが、「諸々の法に従うという法」、「諸々の習慣を身につけるという習慣」は、類的であり、自然的である（Cf. G. Deleuze, *DR*, pp.11-12（上・二八-三〇頁）; *NP*, p.153（二六四頁））。「総合として定立される離接は、その神学的原理を一つの悪魔的原理ととり代えるのだ」（G. Deleuze, *LS*, p.206（上・三〇六頁））。

56 この意味でのパトスについては、G. Deleuze, *DR*, p.313（下・一九九頁）を参照せよ。さらに、受動感情のいくつかの特性については、Spinoza, *Ethica*, III, prop. 21, 27（感情の模倣）/ IV, prop. 44, schol.（感情の過剰）/ III, prop. 17, schol.（感情の動揺）, prop. 38（感情の反転）をそれぞれ参照せよ。

57 Cf. G. Deleuze, *LS*, p.188（上・二七九-二八〇頁）。

58 Cf. G. Deleuze, *P*, p.188（二三七頁）。

59 Cf. G. Deleuze, *P*, pp.119-120, 131-132（一五四-一五五、一六八-一七〇頁）。

60 Cf. G. Deleuze, *IT*, pp.170-172（一八一-一八三頁）。「真なるものの形態」（戦前の映画における「運動的体制」）と「偽なるものの力能」（戦後の映画における「時間的体制」）の相違は、出来事の間の非共可能性を否定や排除の特性と見なすか（ライプニッツの〈視点〉）、あるいはそれをまったくの肯定の対象と見なすか（ニーチェの〈遠近法〉）の差異に完全に対応する。「ニーチェの遠近法——遠近法主義——は、ライプニッツの視点よりも深い技術である。何故なら、発散は排除の原理であることをやめ、離接は分離の手段であることをやめるからであり、非共可能的なものは今や〈交流（コミュニケーション）〉の一つの手段となるのである」（G. Deleuze, *LS*, p.203（下・三〇二頁））。さらに、視点から遠近法への移行を可能にするような、第三の眼、すなわち視線（眼差し）を考えることができる。ただし、この第三の眼は、前二者に対して外在するものではなく、あくまでも遠近法に含まれる限りで、視点を不可識別にするような逃走的な視線である。

61 Cf. G. Deleuze, *P*, p.189（二三七頁）。

62 「確かなのは、信じることは、もはや別の世界を信じることでも、変形された世界を信じることでもないということである。それは、ただ単純に身体を信じることである。それは言説を身体に返すこと、そしてそのためには、言説以前の、言葉以前の、物が名づけられる以前の身体に到達することである」（G. Deleuze, *IT*, p.225（二四一頁））。これについては、とりわけスピノザにおける「身体以前」という考え方を用いて、後で論じることにする。

63　Cf. P. Klossowski, *Un si funeste désir*, pp.120-121（一七二－一七四頁）。「肉体の行為がはっきりと魅力をもつのは、それが肉体による言語の侵犯であり、言語による肉体の侵犯である場合のみである。（……）肉体の行為が一つの精神の出来事として体験されない場合、その肉体の行為のうちに侵犯は存在しえない。しかし、その対象を捉えるためには、肉体の行為の反復描写のうちにその出来事を探し求め、また再現する必要がある。肉体の行為のこの反復描写は、侵犯を説明するだけでなく、それ自体が言語による言語の侵犯なのである」。

64　Cf. G. Deleuze, *N*, p.48（八七頁）。

65　Cf. G. Deleuze, *LS*, pp.254-255（下・七八－七九頁）。つねに「子供たちとは独立」に探求される、クロソウスキーにおける「幻想の歩み」と「夫婦の思考」にとくに注意されたい。「諸々の深層の思考者が独身であり、また抑鬱の思考者が失われた婚約を夢見るとすれば、諸々の表面の思考者は既婚者であるか、あるいは夫婦の「問題」を思考する」。つまり、深層は独身者によってこそ思考されるが、しかし、それは言わば地層的な深さとしてしか独身者によって思考されないのである。そこでの深層は、つねに地層のなかの相対的なものにとどまったままである。要するに、こうした深層は、必ずしも〈地層化されないもの〉ではないということである。これは、同様にドゥルーズ自身の思考でもあった。それゆえ、数年後にドゥルーズが、「私は変わりました。〈表面－深層〉（surface-profondeur）という対立には、もはやまったく関心がありません。今、私が興味をもつのは、充実した身体、器官なき身体と、流通する諸々の流れ（flux）との間の関係です」と自らの立場を闡明するに至るのも、こうした理由からである（Cf. G. Deleuze, «Pensée nomade», in *ID*, p.364（「ノマド的思考」立川健二訳、『無人島　１９６９－１９７４』所収、二四八頁））。

66　G. Deleuze, *LS*, pp.188-189（上・二八〇頁）。Cf. «SD», p.56（二三〇頁）; *MP*, p.204（上・三三八－三四〇頁）, etc. 私はここで、〈アダムへの啓示〉、〈永遠回帰の啓示〉、そして〈麻薬とアルコールの啓示〉という三つの異なった啓示を抽出した。言い換えると、それらは、神学的命令から自然の変様への、収束・発散の論理から発散・踏破の非論理への、自然の婚礼から反自然的な婚礼への移行をそれぞれ示していると言える。いずれにせよ、これらの啓示にある共通性は、脱地層化的な移行への誘いということである。

67　*MP*, p.204（上・三三九－三四〇頁）。

II

実在的区別の組成

第三章　〈実体＝属性〉の位相――スピノザ的思考の超越的行使

生成の実在性に関する原則論

一つの器官なき身体の上には、この身体を構成する平面がある。そして、この身体は、離接の網状組織が張り巡らされている。これが実は新たな事的世界観であり大地の概念なのである。あるいはこれを〈カオスモス〉と言うべきであろう。矛盾ではなく非共可能性からなる、弁証法的総合ではなく離接的総合からなる平面、それはカオスモスなのである。離接的総合は、例えば、男かつ女、生かつ死……というように、単に同時に両者であることを提起しているのではない。ここで、男あるいは女、生あるいは死……と言われるとき、それは、「分解不可能な空間のなかにある一本の棒の両端のように、他方の端において一方であり、一方の端において他方である」ような状態を示している[1]。共立不可能な特異性の系列を一方から他方へと移動することによって、自我や世界の同一性は崩壊し、すべては分離していく。しかし、このことは、〈相互に〉生起するのではなく、つねに〈自己において〉生起するのである。「すべては分割されるが、それ自体において分割されるのである」。棒の両端は、まさに自己における差異であり、両端の距離の肯定、すなわち差異の肯定である。この〈あるいは〉――すなわち、〈あれか、これか〉ではなく、〈あれであれ、これであれ〉――は、単なる言語学上の接続詞ではない。それは、きわめて特異な状態を産出・表現するようなまったくの構成的なものだからである（ただし、これは、主語‐繋辞‐属辞からなる「帰属の図式」へと退行することとは無関係である）。離接の両項はたしかに相互に前提されるが、しかし両項を隔てる距離が生成変化の線によって構成されるとき、同一性の概念のもとでそれらの項について語ることはもはやできない。言い換えると、離接の分割不可能な距離を「滑走すること」や「飛び超えること」と、「一方の端において他方であること」とは、まったく同じ事態なのである。要するに、〈これであれ〉（soit ceci）という生成変化があり、また〈あれであれ〉（soit cela）という生成変化があるが、これらは、一つの不可分な生成のブロックを成すということである。何故なら、離接的総合は、単に〈在るところのものに成る〉というような既存の項を想定した目的論的な生成変化をけっして認めないからである。生成のブロックに直接つながるこの〈あるいは〉は、それだけで積極的距離の内的発生の原理となるのである。

では、生成とは何であろうか。生成は、一方の項から他方の項への移行としての変化などではない。生成が項としての存在者を想定し、それを目的として変化することでないのは確かである。それは、現に〈在るところのものに成る〉ということではない。つまり、すでに存在するところのものに改めて成ることではない。この意味において生成には、すでに項として存在しているものが有している実在性とはまったく異なった実在性があると言うべきであろう。そこで、ドゥルーズ＝ガタリが言う「生成に固有の実在性の原則」をまとめると、およそ次のようになるだろう。（1）生成は、夢や幻想ではなく、完全な実在である。言い換えると、生成は、存在の不完全な様相なのではなく、それ自体で完全だということである。（2）生成とは、すでに項として、つまり言葉や表象の対象として現実に存在する他のものに移行すること、つまりそれを真似たり、模倣したりすることではない。生成から生じるのは、生成だけである。（3）したがって、生成は項をもたず、それゆえ生成の主体というものも存在しない。生成は、主体（例えば、後裔や血統）に帰属する偶有性の一つではない。生成は、進化あるいは退行ではなく、逆行（あるいは逆化）である。（4）或る生成は、必ず〈生成のブロック〉というものを形成する。存在するのは、こうした生成のブロックだけである。この（3）からわかるように、無数の生成は、けっして数的に区別されず、ただその内在的様態の度合によって、すなわち強度的に区別されるだけである。したがって、数的に区別されるのは、つねに限定可能な諸関係とこれに相関する諸項である[2]。まさにこうした生成についてのみ唯一同一の意味で言われる一義的存在、つまり永遠回帰は、この原則からもわかるように、けっして夢や幻想ではない。それは、永遠回帰の身体、すなわち不死の身体を考える場合も同じである。生成の主体というものは存在しないが、しかし、様態は生成とけっして異なるものではない（生成変化によってのみ充たされた様態の変様能力）。この意味での様態とは、同一性の原理のもとで言葉や表象の対象として固定化した——つまり典型化した——存在者ではなく、不変的な関係（ラポール）＝比を変形する生成変化のブロックの単位であると言えるだろう。存在の一義性としての永遠回帰の問題は、実体変容に関する次のような二つの不可分な問いからなる。すなわち、それは、第一にこうした諸様態の周りを回転しうる一つの実体をどのように思考するのかということ、第二に複数の実体について一義的に存在が言われる様態（あるいは平面）をどのように実現するのかということである。そのための思考上の回路としては、スピノザの無限知性あるいは思惟属性をまず分裂症化し[3]、次にこれと並行論をなす延長属性を含む無限に多くの属性において、すなわち無限身体において実在的に区別されるものの結合・切断――脱属性化の運動――を考察する必要がある（分裂症化した〈無限知性〉と完全に認識論上の並行関係をなす、個々の属性を脱属性化的に総合した分裂性の無限様態は、その限りで〈無限身体〉と言うことができる）。しかし、これについては後で論じることにする。以下では、そのための要点を述べておくことにする。

実在的区別の第一の定義

さて、第一の新たな実在的区別を次のように定義することができる。実在的区別は、一方のものが他方のものの助けなしに考えられ、また他方のものの助けなしに存在するものの間の区別であり、また結びつきの不在によって結びついているものの間の区別である。スピノザにおいて、異なる属性によってそれぞれ形質化された多数の実体の間に、あるいは一つの実体を構成する諸属性（思惟属性と延長属性と……）そのものの間に、あるいは属性を異にする諸様態（観念と身体と……）の間に用いられる実在的区別に対して、さらにドゥルーズ＝ガタリによって定式化されたこの〈結びつきの不在によって結びついているものの間の区別〉という言明をその定義に付け加えることができる。実在的区別は、他の区別（様態的区別、数的区別、思考上の区別……）と同様、或る意味では関係性以外の何ものでもないが、しかし、或る絶対的な不可分性を示しており、またそれと同時にまったくの〈非-関係〉を意味するような差異の論理を有するものでもある。スピノザの実践的秩序（受動感情のなかでの喜びの増大、共通概念の形成、非十全な観念から十全な観念への移行、概念から直観への移行、能動感情の生起、等々）は、神の本質を構成的に表現する属性とはほぼ無関係であり、また属性に対して無差異である。ただし、これは、神的な諸属性の間の実在的区別そのものはけっしてこの実践的秩序に入ってこない、あるいは実践上の対象にはならないという意味において言われることである。そこでの実在的区別（思惟属性と延長属性との区別、精神と身体との間の区別……）は、ア・プリオリなものとしてもっぱらわれわれに与えられるのである。しかし、ドゥルーズ＝ガタリは、この「実在的区別の理論」をこの外的世界――言わば「外の思考」だけが見出しうるような世界をも含めて――でのプラグマティックな実践上の秩序に導入したのである[4]。これは、まったく新しい思考である。というのは、実在的区別は、もはや与えられるものではなく、産み出されるものとなったからである。まさに反‐構造論的な、あるいはむしろ脱‐関係論的な思考にとって不可欠な概念、それが新たな価値をもった実在的区別である（ただし、この〈結びつきの不在による結びつき〉――すなわち「機械状（マシニック）」と呼ばれる――は、〈関係は関係項に対して外在的である〉というヒューム的な経験論のテーゼである〈関係の外在性〉を単に繰り返しているわけではない。何故なら、カントも含めて、その関係性の原理においては、関係（ラポール）＝比そのものの非物体的な変形という事柄はまったく考えられていないからである）。

では、こうした機械状の切断と結合をその具体的事例において見てみよう。ドゥルーズ＝ガタリは、器官なき身体をスピノザにおける実体として、また〈器官‐部分対象〉（肛門、口、乳房……）をこの実体の属性として考える場合がある。つまり、器官は、身体の属性なのである。したがって、属性である限りでのこうした〈器官‐部分対象〉は、実在的に区別されるだけでなく、数的にはむしろ識別不可能であるような「具体的複数性」からなる一つの多様体を形成する[5]。しかし、この〈部分‐器官〉の全体を一個の人間的姿態のように考えてはならない。こうした全体は、総合の原理を内在した多様体として、言い換えると、無限実体である器官なき身体としてのみ存在するからである。例えば、すべての社会的生産物は、こうした〈器官‐部分対象〉に含まれるだけでなく、そこに還元されるのである。属性としての〈器官‐部分対象〉を異にしたこうした社会的な諸様態は、相互に実在的に区別されるにもかかわらず現実に結合・切断し合っている。端的に言うと、あらゆる社会的産業は、〈器官‐産業〉なのである。したがって、あらゆる社会的生産物は、この〈器官‐属性〉のうちで産出される様態である。属性としての〈器官‐部分対象〉は、さまざまな――直接的、間接的、無限的、有限的、等々――様態を強度の状態として包含している。これに対して器官なき身体それ自体は、或るときはこの器官という属性のもとで、別のときはあの器官という属性のもとで、その都度異なった〈強度＝0〉として解される[6]。しかし、一度、器官なき身体が無限実体の無条件的な原理として把握されるなら、事態は一変するであろう。こうした強度的様態は、無限実体においてではなく、器官なき身体上では、その外延的部分をともなって、属性‐横断的に、つまり〈器官‐部分対象〉を異にするにもかかわらず、結びつきの不在のなかで結合・切断し合うのである。これは、無限実体から無限身体へ、あるいは自己原因から無限欲望へと単に原理あるいはその特性をとり代えることによって生起する事態ではない。ここで生起していることは、無限実体や自己原因から系譜学的に逆行することによって到達可能となるような無仮説の原理への脱地層化の過程そのものなのである。いずれにせよ、実在的区別そのものを産出すると同時に、この区別をともなう限りで諸要素が結合・切断し合うということが認識されるには、実体ではなく身体を原理とし、原因ではなく欲望を特性としなければならないのだ。実在的区別そのものの産出と、この区別をともなったものの結合の増大、これがスピノザの喜びの増大に取って代わる分裂的総合の実践上の目標になるであろう。しかし、こうした実在的区別の生産と増大に情動がともなわないということはない。喜び（あるいは悲しみ）の増大あるいは減少を起点として決定される受動的欲望とはまったく異なる欲望がそこには存在するのである。というのも、前者の欲望は原因と結果の関係を前提とするが、後者の欲望はむしろそれらの関係に先立つ特性だからである。したがって、実在的区別そのものの生産と実在的に区別されるものの結合の増大は、ただ器官なき身体によってのみ欲望されることである。実在的区別は、ドゥルーズ＝ガタリにおいては、思弁の対象ではなく、まったくの実践的な要素となるのである。それは、構造の不変的な諸関係＝比（ラポール）を変形して、欲望の〈機械状〉と称される態勢を実現することである。また、特異性は、出来事の系列に沿って構成されるのではなく、これら実在的区別を用いた結合・切断の線によって生成するのである。

実在的区別の第二の定義

しかし、この実在的区別の実践的課題は、第二のより本質的な問題に遭遇することになるだろう。ドゥルーズ＝ガタリの哲学の究極には、脱タイプ化あるいは脱属性化と言われるべき、実体と様態を本質的に巻き込んだ一つの二重運動（この運動は、古典的な言い方をすれば、「適用」と「形成」とからなる）がある――有限様態による自己原因の部分的な形成と、このように形成された諸実体の間の結合の様態へと変容する無限実体。あるいは同じことであるが、人間の〈存在の仕方〉による人間の〈本性の変形〉の実現と、実体の様態的変様が含む脱属性化の様相。この一つの二重運動こそが、存立平面を真に実在的に定義しうるような運動である。ドゥルーズ＝ガタリの「分裂分析」（schizo-analyse）は、例えば、精神分析に抗して、「君の器官なき身体とは何だい？　君自身の線とは何だい？（……）君自身の逃走線は？　逃走線と混合する君の器官なき身体は？」という一連の問いを発する。精神分析は、類比や擬人化という「普遍的思考」と一つのものでしかない。しかし、この実在的区別の課題に従えば、次のような唯一の問いが発せられなければならないだろう。すなわち、〈君の器官なき身体は、彼あるいは彼女の器官なき身体とどのように結合するのか？〉、〈誰のものでもない器官なき身体の実在性とは？〉、と[7]。こうした種類の問題を分裂分析が最初から問うことができるようになれば、そのとき分裂分析はまさに〈分裂総合〉（schizo-synthèse）になるのである。というのは、多数多様な器官なき身体は、相互に様態的に区別されるのではなく、実在的に区別され、それゆえその限りでそれら身体の内在的総合がここで提起されることになるからである。この問いには、〈器官なき身体と同じで、まったく異なる平面〉と言われる限りでの存立平面の問題、つまり実体変容の平面の問題、すなわち先に述べた一つの二重運動――無数の様態から無数の実体へ、一つの実体から一つの様態へ――の問題が含まれている。離接的総合の唯一の身体を、あるいはいくつものそうした身体の総体（＝存立平面）を形成することによって、離接的総合は分裂的総合になるとも言える。このようにして、非共可能的なものの集合に向かって非物体的変形の衝撃波が到来するが、それは、機械状となった実在的区別の群れ、つまり永遠真理としての関係（ラポール）＝比に対する非物体的変形群――単なる関係（ラポール）＝比の集合ではない――である。〈関係＝比〉はむしろ不幸な結果であって、実在的区別の群れだけが存在するのである（例えば、スピノザにおいては、原因の一義性（神について自己原因と作用原因が言われる場合、それらは唯一同一の意味で言われる）は、実は原因と結果との間のア・プリオリな〈関係＝比〉概念を非物体的に変形する試みなのである。一義性とは、単に異なるものについての同一性を主張することではない。これは、本質的に永遠真理としての〈関係＝比〉とこれを核とした知能の体系しか理解しない道徳的な脳に対して、あるいは見解の形成と連絡の器官としてしか構成されないような科学的対象としての脳に対して未知の頭痛を与えるような、非物体的変形の知性による現実の努力である[8]」。これらのすべては、存在の一義性の極限を実在化する実体変容の平面――すなわち「存立平面」(plan de consistence)――において生起する出来事である。ここで言う〈実体変容〉とは、パンと葡萄酒という実体がキリストの肉と血という実体に変化するようなことをまったく意味しない。何故なら、これは、単なる形相あるいは本質を異にするものへ(例えば、馬が人間に、あるいは馬が昆虫に)の変化にほかならず、言い換えると、すでに述べたような生成の主体(表象された基体)を前提した変化でしかないからである。

二つの器官なき身体――部分対象化する身体と脱属性化する身体

〈器官‐部分対象〉は、あくまでも無限実体としての器官なき身体の属性であり、その限りで各々の〈器官‐部分対象〉は、それ自体が言わばこの実体的属性あるいは実体的形相として、その各々が形質化された実体あるいは器官なき身体であると言われるべきである。つまり、この場合の形質化された器官なき身体は、或る〈器官‐部分対象〉だけを属性とする実体だということになる。それゆえ、ここで多数の器官なき身体の実在的可能性が成立するのである。さて、人間身体は様態である。したがって、この様態が、或る一定の強度を有するものとしてこうした器官なき身体を含まないということはない。しかし、われわれの問題から言えば、このことは、思弁上でも権利上の問題でもなく、〈いかにして器官なき身体を獲得するのか〉という実践の問題、〈人間身体の本性を変形することがいかにして器官なき身体の形成となるのか〉という欲望の問題である。様態としての身体が一つのタイプとしての器官なき身体を獲得するならば、様態は、様態のまま実体化し、それゆえ自己原因を獲得することができるだろう（これは、スピノザの課題を含むことができる）——部分対象化する身体。つまり、もし数的に区別される複数の様態に対して、その出来事の表面を機銃掃射しうるような身体が生起するならば、同時にそれら様態の間には実在的区別の度合が生起することになるということである。しかし、これだけでは、それら〈様態‐実体〉は、結びつきの不在のまま単に相互外在するだけである。そこには、まだ〈結びつきの不在〉——これは、完全に肯定的な意味で言われる——による結合・切断が存在しない。つまり、相互に実在的に区別される諸々の〈器官なき身体〉がいかに結びつくのかは、依然として不明のままである。そのためには、すなわち「諸実体の実在的推移」のためには、最初の絶対無限の実体として定立された器官なき身体がまさに実体変容する必要がある。それは、未来である限りの未来という時間様態でもあるだろう。つまり、「結合の様態」に実体変容する器官なき身体、それが、この問題を構成するために提起された、ドゥルーズ＝ガタリの言う「存立平面」でなければならないだろう（スピノザにはなかった、新たなエチカの可能性、すなわち属性がまさに不可能にした可能性）[9]。

スピノザにおけるように、諸実体がそのまま諸属性となって、それら属性に対する唯一同一の実体を構成するのではない。そうではなく、諸実体はそれぞれの属性から脱形質化して、一つの様態的平面の上でまったく新たな結びつきを実現するのであり、同時に存在の一義性である永遠回帰はこのような仕方でその身体の実在性を獲得するのである。ここまで述べてきた事例、例えば、非共可能的な系列、その系列のパトス、生成のブロック、薬とアルコールの啓示、等々は、すべて従来の人間様態の形質からの脱タイプ化に向けられたものである。ここで思考可能になったのは、まさに多様な仕方で部分的に自己原因を倫理的に獲得した様態としての〈実体‐器官なき身体〉であると同時に、自己原因ではなくむしろ絶対的欲望のもとで脱タイプ化する実体変容としての〈様態－器官なき身体〉である。こうしたことのすべてが、この限りで再生産された、実在的に区別される多数多様な様態が実際にいかにして互いに連結・構成し合うのかという問題を組成するのである。その結合の原理は、もはや無限実体でも、あるいはその絶対的力能でもなく、実体変容した結合の様態、すなわち存立平面そのものにある。ニーチェが言う「最後の人間」は、ニヒリズムのなかでとりわけ二つの新たな無限様態の大波に襲われるだろう。一つは無限に多くの非共可能的なものからなる多様体の浸蝕、海進であり、そこではあらゆる横断性が肯定される。もう一つはこの第一の多様体を単に砂上のものとするような、実在的に区別されるものの実体変容の平面である。別の言い方をすれば、二つの大波とは、局所の火としてのアフォリズムと、非物体的なものを可塑的なものとして変形させるようなパラグラフのことである。部分対象化する器官なき身体は、アフォリズムの表現を生み出す[10]。しかし、脱地層化する器官なき身体は、パラグラフの機能のうちに現前する。実在的に区別されるものとは自己原因を有する諸々の器官なき身体のことであるが、それらが結合し合うのは唯一の様態としての実体変容の平面、存立平面においてだけである。この後者は、欲望を特性として平面によって構成された器官なき身体である。しかし、実体変容は単に実体と様態との間で生起するものであるのか、あるいは必然的に脱属性化と脱タイプ化——一言で言うと、「脱地層化」——をともなうものであるのか、つまり絶対的な〈間〉で生起するものであるのかは、依然として不明なままである。ただわれわれは、戦略的な〈方法の方法〉を有している。方法論の複雑さはあるにしても、その方法の方法、すなわち方法の形式が何であるかは明白である。

哲学的分裂症の成立

まず〈イマージュなき思考〉のための哲学が、ドゥルーズによって明確に開始された〈スピノザの哲学も同様、それは、間違いなく神あるいは自然についてのイマージュなき思考の哲学であった〉。しかし、それが現代におけるきわめて強い意識のもとでの試みであったからこそ、われわれは改めて、この開始が西洋哲学の歴史のなかでの困難な、しかし何度目かの――すなわち、非物体的なものについての、一義性についての、表象批判についての、超越論と経験論についての、無能力についての、反道徳主義についての――再開の試みであったことを知るのである。何故なら、〈イマージュなき思考〉は、これらの問題構成のうちにつねに含まれているものだからである。この〈イマージュなき思考〉は超越論的経験論の課題と一つであり、それは主に二つの側面を有している。つまり、それは、第一に人間の諸能力（感性、想像力、悟性、理性……）を共通感覚から引き離して、いかにして実在的に区別されるものとして発生させるのかであり、第二にそれら諸能力を今度はいかにして不調和のまま一致あるいは協和させるのかである。一言で言うと、超越論的経験論は、第一に人間の諸能力の結びつきの不在をいかにして実現し、かつ第二にそれらをどのように結合させるのかという課題のもとにある。ここでは、この結合こそが、まさに「理念」という内在性の絶対的な観念であった。言い換えると、超越論的経験論には超越論的な領域の裏側として、あるいは潜在的な構造の裏面として、可能的経験や現働化の運動ではなく、実在的経験や反‐実現に含まれるような、あるいは発生論と構成論のさらなる系譜となるような〈欲望の絶対的内在性〉が既に思考されていたと言えるだろう。

次に、この〈イマージュなき思考〉に対応するかたちで〈器官なき身体〉あるいは〈イマージュなき身体〉のための哲学が、ドゥルーズ＝ガタリによって開始された〈スピノザの哲学も同様、そこには現在の有機的身体から「別の身体」への産み直しの問題があった)。しかし、同様にわれわれは、それが現代においてきわめて多くの実験性に溢れたものであったからこそ、この開始が人間の思想のなかでのもっとも困難な、しかし何度目かの——すなわち、受動的混合と能動的混合に関する、変様と情動に関する、離接や遠近法に関する、至福や残酷に関する身体の——再開であったことを確信するのである。ここでは、もはや超越論的な領域は必要ない。何故なら、〈イマージュなき思考〉は、新たな超越論的領域や潜在的領野ではなく、自らが帰属する身体を、器官なき身体を見出すからである。この〈イマージュなき思考〉と〈器官なき身体〉は、完全に一つの並行論的活動をなしている。そして、これこそが、人間のうちに埋め込まれた実験場としてのあの〈卵〉ではないのか。ただし、これは、おそらくスピノザにおける人間の唯一知りうるような心身並行論とは異なったものであろう。つまり、それは、スピノザにおいて無限にあると考えられる認識論的並行論(後に詳しく述べるが、思惟属性における想念的存在としての観念と、この観念の対象となる思惟属性以外の言わば〈身体系属性〉のそれぞれの形相的存在としての様態との間で成立する並行論)の一つ、つまりわれわれが知りうる唯一の〈精神的-物理的(プシコ・フィジック)〉な並行論ではなく[11]、むしろ自然のうちに一つしかないような並行論、すなわち存立平面そのものを組成するような並行論、言わば〈分裂的-身体的(スキゾ・コルポレル)〉な並行論である。言い換えると、属性を異にするすべての様態が〈身体系属性〉のうちに形相的に折り込まれた状態を〈無限身体〉と呼ぶならば、これに対応するのは、この無限に多くの様態が〈思惟系属性〉のうちで想念的に折り込まれた状態であるが、これは分裂症化した〈無限精神〉である。これは、たしかに並行論ではあるが、しかし実在的区別を産出しつつそれらの間での——しかも実在的な因果関係なしの——結合を肯定するという意味での機械状リゾーム論である(したがって、リゾームを因果関係を含んだ系列から考えたり、異質で複雑な諸系列から構成したりすることはできない)。何故なら、それは、具体的には一つの属性から出発して無数の実在的区別の間の連結や交流、亀裂や断絶を実現するための〈内在平面〉論であり、言わば哲学的分裂症(抽象機械)によって書き込まれるものだからである。哲学的分裂症は、哲学の可能性そのものであり、リゾームの実在性の増大である。この一つの属性をあえて規定するならば、延長属性ということになるが、しかしそれ以上に重要な論点は、実在的区別は対立なき絶対的区別であり、その結びつきの不在のもとでの〈結合゠切断〉として脱属性化の運動が唯一の無限実体を覆いつつ、器官なき身体において存在するということである。思惟属性あるいは延長属性は、〈外〉の世界として、唯一の器官なき身体を構成するものとしてむしろ脱属性化するのである。ここでは、属性を異にする諸様態がまさに脱属性化あるいは脱タイプ化して、相互にいかに結合しうるかが問題となるのである。これらの事柄が実現されるのは、実体ではなくまさに身体によって、すなわち原因ではなくまさに欲望によってである。われわれの思考は、どこに向かっているのか。それは、スピノザにおける〈哲学゠エチカ〉の思考を超越的に行使し、身体を脱領土化することである。それは、スピノザの哲学全体を「定理(テオレーム)」で凝り固めることではなく、そのすべてを「問題(プロブレーム)」として再構成し逃走させることである。

教義化される器官なき身体

スピノザの哲学をこうした意味での〈問題〉の方向へと極限まで推し進めることによって明らかになるのが、ドゥルーズ゠ガタリの哲学である。絶対に無限な実体は、ドゥルーズ゠ガタリにおいては、存立平面あるいは内在平面という概念あるいはその思考のイマージュとして規定される。このイマージュは、表象化以前の〈表象なきイマージュ〉である。実体は、この平面上で脱属性化されて、能産的自然の真の非地層的本性が明らかとなる。しかし、そこに至るまでの過程は、ときにきわめて難解であり、ときにきわめて複雑である。つまり、その過程は、不可避的に教義化されざるを得ないであろう。実際にドゥルーズ＝ガタリは、第一にスピノザにおける〈実体‐属性〉論をモデルにして、器官なき身体を展開している。彼らは、この身体を実体の変様としてではなく、つまり実体の属性を一定の仕方で表現する様態（延長属性における身体）としてではなく、むしろ実体そのものとして（『アンチ・オイディプス』）、あるいは実体の属性として（『千のプラトー』）改めて捉えている。しかしながら、身体は、スピノザを肯定する限り、それがどのように考察されようと、一つの物体であり、延長属性における〈様態〉ではないのか。何故、それを実体として、あるいはその属性（＝実体的形相）として捉えようとするのか。さらに言えば、何故、実体の場所にあえて身体を置くのか。このように考えることは、スピノザにおける「絶対に無限な実有」（ens absolute infinitum）、すなわちその本性が属性によって構成される「神」（Deus）を再び擬人化することにつながるのではないか——例えば、器官なき身体とは、〈神〉の身体、〈不動の動者〉の身体であるという仕方で。しかし、汎神論の一つの表現、つまり「すべては神である」に倣って[12]、ひとは次のように言うかもしれない。「器官なき身体は、けっして誰かのものでも、何かのものでもない。逆である。すべては器官なき身体のものである」、と。器官なき身体は、たしかに誰かの身体ではないし、理論的にも主体に所有（教義化）されうるようなものではない。しかしながら、それでもわれわれは、器官なき身体はアルトーの身体であると言わなければならないのではないか。ただアルトーの身体であることによってのみ、器官なき身体は、むしろ徹底的に非教義的であり続け、またその純粋強度を保持し続けるのではないのか。

つまり、誰がこの身体を信じることができたのか。誰が因果性とはまったく無関係な身体の感覚に意識が穿たれたのか。アルトーだけではないのか。そして、これによってひとは、「すべては、器官なき身体のものである」とか、「器官なき身体とは、資本そのもののことである」、等々といった主張を安易にできなくなるのではないだろうか。このことは、汎神論的な意味での内在性のイマージュの一つの限界を示しているのではないだろうか。

そこで、次のように問うことができるだろう。こうした観点からドゥルーズ＝ガタリにおける器官なき身体を考えるなら、それは、あまりに教義化された身体になっていないだろうか、と。むしろ非教義的でアルトー的な器官なき身体をもっともよく捉えていたのは、実はドゥルーズの『意味の論理学』においてではないだろうか、と。そこでは、「流体的身体」としての「器官なき身体は骨と血だけでできている」と言われ、また、諸々の叫びは気息において溶接されるが、それはまさに器官なき身体にとっての血のなかの諸々の骨のようであると言われる[13]。いずれにせよ、アルトーの身体とは、様態としての有機的身体をいかにして別の身体としての器官なき身体――墓場に葬られない身体――へと投射し変化させるのかという諸問題に触発されうるような身体のことである。しかしここでは、ドゥルーズ＝ガタリにおける器官なき身体を教義可能にした原理を、あるいはその充実化、つまり器官なき充実身体の教義化の線を追いかけたいと思う（その際の鍵概念が〈実在的区別〉である）。何故なら、その線の果てに、器官なき身体のより強力でまったくの非教義的な問題圏が獲得されうると考えるからである。この非教義的な問題圏とは、現実に存在する身体から別の身体（＝複数の器官なき身体）への移行にかかわる選択と、身体以前の身体（＝唯一の器官なき身体）という絶対的な〈外〉との関係とが一致する平面のことである。したがって、この教義化は、つねに実践と非教義性を含む限りでの身体の充実化である。それでは、器官なき身体は、ドゥルーズ＝ガタリにおいてどのように根本的に教義化されたのか。おそらくそれは、第一にスピノザにおける実体の系譜学と実在的区別の論理とによってであろう。「実在的区別は、否定性のない純粋に肯定的な差異の論理である」[14]、と主張するドゥルーズにおける差異の哲学は、このように批判的な区別の論理をつねに含んでいる。というのは、実在的区別は、それ以外のいくつかの区別と単に異なる別の区別などではないからである。そして、ドゥルーズ＝ガタリにおいては、まったく哲学的に分裂症化した新たな実在的区別の論理のもとで、器官なき身体における諸問題あるいは諸困難（その地層化という現象）を構成するまでに至るのである。実在的区別の定義――それは、一方のものが他方のものの助けなしに考えられ、また他方のものの助けなしに存在するものの間の区別であり、さらには、結びつきの不在のもとで結びついているものの間の区別である。この前者は、スピノザにおいては、属性の間の区別、あるいは属性を異にする様態の間で成立する定義である。これに対して後者は、前者の系譜となりうるものであり、構成に差異的な特性――欲望――と不可分であることが表わされている。スピノザにおける実在的に区別される属性は、実体の本性について無限に異なっているが、〈原因－特性〉に関してまったく同一であり、それゆえそれらについて無差異である。これに対して〈欲望－特性〉は、属性間の実在的区別について差異的であり、したがってそれらについての総合が機械状でありうるのだ。実体は、「属性の総和」ではなく、「属性の積分」であるが、器官なき身体を構成する平面は、こうした属性の積分ではなく、様態の脱属性的な機械状の流れであり、分裂的総合である。スピノザにおいては実在的区別による実体の本性の構成があるが、ドゥルーズ＝ガタリにおいては実在的区別による器官なき身体の平面の組成がある。

多数多様な〈一属性／一実体〉と唯一の〈無限数属性／一実体〉

スピノザの『エチカ』第一部の冒頭の八つの定理では[15]、単に数的に区別されるような複数の擬似‐実体――属性を同じくする複数の実体――ではなく、異なる属性によって実在的に区別される諸実体、つまり〈多数多様な〉実体が肯定的に規定される。ドゥルーズは、この後者の実在的に区別される実体をとりわけ「形質化された（qualifiée）実体」と呼ぶ。これに対して、前者の数的に区別される擬似‐実体は、同じ本性あるいは同じ属性を相互にもつような諸実体のことである。さて、相互に異なった属性を有する諸実体は、いかなる共通性ももたず、それゆえ相互に〈原因／結果〉の関係にも、〈能動／受動〉の関係あるいは〈作用／反作用〉の関係にもけっして入ることがなく、また実体である限りその物は他のいかなる物からも産出されることがない。要するに、自然のうちには同じ属性をもつ複数の実体は存在しないということである（例えば、延長属性を共有する二つあるいは複数の実体）。或る一つの属性によって形質化された実体は一つ存在するだけである。実体とは、それ自身のうちに在り、またそれ自身によってのみ考えられる物である。したがって、もし相互に同じ属性を有する複数の実体が存在すると考えるならば、それは、実体ではなく、実は他のもののうちに在り、また他のものによって考えられるような物、すなわち様態だということになるだろう[16]（ここで人々は次のように考えるかもしれない。相互に異なった属性をもつ多数の実体も、実際には単に「実体であること」という意味での共通性を最初から有しているのではないのか、と。しかし、その定義上、スピノザにおける実体は、その本質が属性によって構成される物――つまり、属性によって形質化された実体――である以上、属性が異なっていれば、実体もその本性が異なっていることになる。多数多様な実体についてその共通性を言うのであれば、それは、〈その本質が属性によって構成的に表現されるものである〉という点にむしろあるだろう。そして、これが『エチカ』の第一部における〈一属性／一実体〉から〈無限数属性／一実体〉への転換点をなす共通性あるいは一義性でもある。「物がより多くの実在性あるいは有（エッセ）をもつにつれて、それだけ多くの属性がその物に帰せられる」。「証明　定義四から明らかである」[17]。実体について言うと、それがより多くの実在性をもつということは、より多く表現的に構成されるということである）。言い換えると、実体は様態ではない以上、複数の実体の間に数的区別はけっして成立しない。数的に区別されるものと実在的に区別されるものとを混同してはならないのだ。それどころか、古くから考えられてきたような、単に実体の性質を分有するだけの属性（特性）ではなく、スピノザにおけるように、複数の実体をまさに〈多数多様に〉形質化する力動的な諸属性は、それら自体で一つの形相的で質的な、もっとも実在性の高い多様体（＝絶対に無限な存在）をなすと言われる。それは、多数多様な〈一属性／一実体〉から唯一の〈無限数属性／一実体〉という多様体への移行である。こうした能産的な〈自然‐多様体〉には、無数の実在的区別（＝無限数属性）による線が刻まれているのである。

　異なる属性によって形質化された諸実体は、それぞれがその特性としての自己原因、必然、永遠、無限、等々を有している（少し後で論じるが、このように形質化された諸実体という考え方は、『千のプラトー』における複数のあるいは多数多様な〈強度＝0〉という思考の原型となるであろう）。実体の本質にはその存在＝実存が含まれるとしか考えられない以上、属性ごとに異なる諸実体はまさにそれぞれが「自己のうちに」存在するものである。スピノザにおける属性は、力動的に実体の本性を構成する形相であり、実在的区別を諸物の間に、つまり諸実体の間に定立するものである。したがって、実体は、実際にはその属性あるいは属性の変様によってしか（実在的に）区別されないことになる。実体と様態の定義には用いられない「知性」という言葉を用いて、スピノザは、属性を次のように定義している。「属性とは実体についてその本質を構成していると知性が知覚するものである、と私は解する」[18]。実体と属性は存在論的には同じものであり、したがって実体と属性はわれわれが単に思考によって区別しているものである。しかし、その思考内容はと言うと、属性は、単に考えられるものではなく、実体の本質を構成していると知性によって〈知覚されるもの〉である。それは、けっして表象されるものではない。こうした限りでの知性は、意識によって展開されるようなコード化された思考にも、意識の実質として領土化された表象内容にも還元されることはないだろう。こうした知性とは、意識を超えて思考する力能であると同時に、意識の道徳的後味である意味を超えて認識する力能である。属性は、知性の一つの〈被知覚態〉（percept）である[19]（また、論点を先に述べておくと、この「知性」はドゥルーズ＝ガタリが提起する分裂分析的な知性にまでつながり、さらには分裂総合的な知性にまで用いられるであろう）。このように属性は実体の本質を構成すると言われるが、重要なことは、知性は、それが有限であれ無限であれ、あるいは属性の数にかかわりなく、実体における絶対的差異としての実在的区別を知覚するということにある。

ところで、〈一属性／一実体〉がまさに特性としての「実体である限りの実体」であるとすれば、〈無限数属性／一実体〉は、脱実体化のもとで総合的に構成された〈或る多様なもの〉と考えることができる。この脱実体化とは、既存のあらゆる実体観から逃走すること、すなわち系譜学的に価値転換された実体を意味している。ガタリは、或る草稿のなかでこの考えを示している。この〈無限数属性／一実体〉という絶対に無限な実体は、「空」あるいは「ゼロ要素」である。これは、否定的なものを意味しているのではなく、唯一の〈強度＝0〉を示唆している。言い換えると、それは脱実体化された平面、すなわち産出の内在性を示す存立平面である[20]。しかし、それだけでは、この実体を器官なき充実身体として理解することはできない。脱実体化からさらに脱属性化へと進んでいく必要があるのだ。何故なら、先の意味で脱実体化した〈無限数属性／一実体〉は、実は属性化のうちに存在し、かつそれによってしか考えられないものだからである。ガタリが言うスピノザにおける脱実体化を考えると、それは、第一に属性による構成によって、第二にこの構成された実体による様態の産出によってその実在性を有するものでなければならない。つまり、スピノザ主義における脱実体化の思考は、たしかに属性についての構成主義と様態についての産出主義のもとで可能になった。しかし、それは同時に、属性化という別の地層の形成につながっていたのだ。われわれは、スピノザにおけるこの脱実体化という〈脱〉化の無限運動と属性化という地層の形成運動とを、特性から構成へ、さらに構成から産出へと層位学的に変換していく必要がある。そして、この過程できわめて多くの事柄が理解されるであろう。そこから、今度はこの逆行――産出から構成へ、構成から特性へ――が、器官なき身体における三つの位相――絶対的〈外〉（器官なき身体）、脱地層化（組成平面）、地層化（組織平面）――を明らかにするのだ。「組織」（organisation）と「組成」（composition）は、異なっている。組織とは、目的論のなかで諸様態を統合するもののことである。では、組成とは、あるいは組成の平面とは何か。当然、それは、目的なしに生きること、正確に言うと、目的なき生の充実を目標とする平面である。それは、スピノザで言えば、とくに「構成」（constitution）の問題にかかわる事柄であるが、しかし、スピノザの場合の構成は、むしろ組織と組成の間に存するようなもの、あるいは組成をつねに組織の地層へと転換してしまうようなものである。脱属性化とは、こうした意味において、組織の平面とは別の仕方で存在する平面、絶えず別の仕方で考えられるべき平面の再構成のことでもある。

存在論的反復と認識論的反復（スピノザ）

ここで、差異と反復について原理から論究することにしよう。スピノザにおいては、それぞれに形質化された多数多様な実体、それゆえ異なる属性によって相互に形相的にあるいは質的に区別される諸実体は、区別されるものの間に対立や分割をけっして設定しないという実在的区別がもつ肯定的な性質と論理のもとで、唯一の絶対に無限な内在的実体を構成することになる。「数的区別は実在的ではなく、実在的に異なるすべての実体は無限定的で、また無限に完全である。逆に、実在的区別は数的ではなく、無限に完全なすべての実体は一つの絶対に無限な実体を構成し、前者の諸実体は後者の実体の諸属性となる」[21]。つまり、前者の諸実体は、デカルト的で一般常識的な、つまり〈無限に完全な〉状態から脱実体化されて、後者のスピノザ的で特異な、つまり一つの〈絶対に無限な〉実体を構成する諸属性となるのである。言い換えると、『エチカ』における実体は、前者においては「無限に完全な」（表象される神の形容詞的特性）として、後者においては「絶対に無限な」（構成される神の動詞の特性）として、それぞれ異なった仮面を被って二度現われるのだ[22]。そして、この二つの水準を反復の言葉で言いなおすことができる。すなわち、最初の水準では、〈一属性／一実体〉を反復の一単位として、しかしこうした単位の間の数的区別を否定するような仕方──「数的区別は実在的ではない」という仕方──での、無数の〈一属性／一実体〉の反復が考えられる。これに対して第二の水準では、今度は唯一同一の実体を構成するようにして無限に多くの相互に通約不可能な属性が、すなわち相互に実在的に区別される属性が肯定的に——「実在的区別は数的ではない」という仕方で——反復されるのである（〈無限数属性／一実体〉の成立）。第一の仮面は第二の仮面の特性の単なる系譜を示しているが、第二の仮面は自らの発生の言わば論理学的構成を表わしている。言い換えると、第一の反復は〈属性‐実体〉のとりわけ「特性」に、第二の反復は無限に多くの属性による唯一の実体の本質の「構成」あるいは「表現」にかかわっている。スピノザにおいては、〈特性〉と〈構成〉あるいは〈表現〉とは、つねに明確に区別されなければならない。しかし、ここでむしろ理解されるべきは、構成において特性が失われるということではなく、第一に特性は物の本性を構成するものの性質であり、第二に特性は物の本性をけっして構成しないという点である。さて、このように属性によって形質化された実体、すなわち絶対に無限な実体は、必然的に存在する[23]。ここから次のことが帰結する。様態の産出の秩序を考慮せずに、実体の本質の系譜に限ったとしても、われわれは次のように言うことができる。すなわち、絶対に無限な実体（神あるいは自然）は、存在論的にはそれ自体無数の〈実在的‐形相的〉区別によって、あるいは実在的に区別される無限に多くの属性によって構成されるが、認識論的には或る一つの属性（思惟属性）のうちに無数の実在的区別を、あるいは実在的に区別される無限に多くの属性を自らの本質を構成するものとして、神の観念のうちに〈想念的‐形相的〉に必然的に含んでいる、と。神の本質とは神の力能のことであり、それは、〈絶対的な存在する力能〉と〈絶対的な思惟する力能〉という二つの側面をもつ。そして、この二つの力能は、完全に等しい[24]。ここでの重要な論点は、実体の本質の系譜においても、〈無限数属性／一実体〉の成立は、単に神のこの絶対に無限な存在する力能の表現にあるだけでなく、神の観念における絶対に無限な思惟する力能の表現にもあるということである。したがって、神の一方の存在する力能の絶対的な「形相的原理」は〈属性〉であり、神の他方の思惟する力能の絶対的な「想念的原理」は〈神の観念〉である。この限りでの〈神の観念〉は、それが思惟属性の無限様態として定立されるのとは別に、つまり観念という様態である限りの所産的自然とは別に、すでに神の絶対的本性における想念的原理として考えられ、したがって能産的自然のうちにあると考える必要がある——神の観念の能産性。言い換えると、〈実在的‐形相的〉区別からその本質が構成される物は、必然的にその区別を〈想念的‐形相的〉区別として含むということである。神の観念について言うと、この〈想念的‐形相的〉区別における〈想念的〉は神の本性における「想念的必然性」を表わし、またこの〈形相的〉は思惟属性における無限知性としての「形相的可能性」を示している[25]。

こうした第二の水準での反復は、言わば存在論的と認識論的という二つの側面を有している。つまり、この二つの側面は、スピノザにおける〈様態の産出の秩序〉（＝神の自然学的構成）をも含めた、存在論的並行論と認識論的並行論とを、すなわち神の諸属性の対等性と神の二つの力能の対等性とを、これらに思考上先立つ〈実体の本質の系譜〉（＝神の論理学的構成）のもとで言い換えたものであるということに注意されたい。自然学的構成とは、論理学的構成に産出の原理を必然的に含めた仕方で存立するような内在性のことである。そこで今度は、実体の変様としての様態の必然的生成を含めた仕方でこの〈反復〉を用いると、属性を異にする様態のもとで存在論的に反復される〈実在的‐形相的〉区別は、ただ一つの属性、つまり思惟属性の様態としての観念のもとで認識論的に反復されなおす、あるいは〈想念的‐形相的〉に産みなおされる（スピノザの表現を用いると、「無限知性のもとで把握されうる」[26]）というように考えられる。「神の無限な本性」における存在論的反復と「神の観念」における認識論的反復、すなわち形相上の能産性と想念上の能産性は完全に等しい。そして、思惟属性の様態のもとで、つまり所産的自然のうちで神の観念が想念上の存在として考えられるのは、思惟属性における無限様態である無限知性をその形相上の存在とする限りにおいてである。思惟属性においては、神の観念は無限知性の想念上の存在であり、無限知性は神の観念の形相上の存在である[27]。神の思惟する力能の想念的原理としての〈神の観念〉は、能産的自然においては実体の本質の構成的観念であり、所産的自然においては実体の変様の産出的観念である。

さて、スピノザにおける思惟属性——自然の一属性、あるいは思惟する物として考えられた神の動詞[28]——には、無数の実在的に区別された属性、あるいはむしろ属性を異にする様態的変様が表現されている。そこで、思惟属性だけがもつこの〈属性‐内‐実在的区別〉という特性を一つのモデルとして用いるならば、われわれは、ドゥルーズ＝ガタリの器官なき身体を中心とした思考がいかなる哲学的射程を有するものであるかを本質的に把握できるようになるだろう。しかし、そこには最大の困難が浮上することにもなる。認識論的反復におけるこの〈属性‐内‐実在的区別〉から出発して、いかにして存在論的反復における内在平面としての〈属性‐内‐実在的区別〉に至るのかという問題である。すなわち、これは、まったく同じことが、思惟属性においてではなく、今度はそれとは別の一つの属性のなかだけで、すなわち延長属性のなかだけで形相的に実現されるということである。つまり存在論的反復のもとで諸属性の間の実在的区別が諸様態の結合という仕方で一つの属性のもとで実現されたものが問題となるのだ。この属性は、たしかに延長属性である。しかし、この脱属性的な存在の仕方を思惟属性と認識論的並行論を形成しうるすべての属性へと一般化する限り、それは、まさに〈身体系の属性〉と言われるべきである。またこうした特異な一般化を可能にするのが、認識論的反復である。二つの反復（存在論的と認識論的）は、同じ抽象機械の作動配列の二つの表面であり、欲望機械の総体である（ただしそれは、こうした反復がつねに一つの属性のうちでの「再帰」récurrence になり、また諸属性の間の実在的区別がむしろ差異の「交流」communication になるという新たな諸条件のもとにおいてである）。ここにおいてわれわれの問題は、次のように言うことができる。欲望は、自己原因でも作用原因でもなく、脱領土化の〈流れ〉以上の〈乱流〉という特性である。これによって思惟属性と延長属性は、相互に脱領土化されることになる。一般化して言うと、表現の形式と内容の形式は、相互に絶対的な反転可能性のうちにあるということである。欲望は、因果連鎖の流れを機械状の乱流へと分裂的に総合し積分するのである。抽象機械あるいはこの機械を作動させる諸部品の作動配列は、原因の秩序と連結に代わって、表現の形式と内容の形式とに共通の脱領土化の尖端を産出する。これと同時に、二つのスピノザ的な反復（認識論的と存在論的）は、それぞれにドゥルーズ＝ガタリ的な言表作用の集団状作動配列と諸身体の機械状作動配列という脱属性化のあるいは脱‐実在的区別の諸運動となるのである[29]。

新たな内在の仕方——内容と表現そのものの脱領土化（イェルムスレウ）

ここにおいて、すべてが転換されるのである。認識論的反復も存在論的反復も、脱領土化の運動としてしか存在しないのだ。反復は、こうした意味において無限に多くの〈実在‐反転〉の乱流からなる。ドゥルーズ＝ガタリは、イェルムスレウの言語学から〈エチカ〉における内在性の思考を根本的に刷新するような方法論を引き出してきた。それは、或る意味ではきわめて素朴な問いに対応するものでもある。すなわち、それは、監禁に対する逃走、束縛に対する漏出、存在者の罪に対する生成の無垢といった仕方で、古くから意識されてきたような諸問題である。ドゥルーズ＝ガタリがイェルムスレゥの言語学から引き出した一種の記号論的な革命性を以下のようにまとめることができるだろう。特性論的には、第一に、上空を飛翔するいかなる超越的審級もいかなる特権的座標も有することのない大地、すなわち「代数的内在性の純粋領野」が考えられ、第二に、それゆえこの大地の上にいかなる典型も定点も理念系も存在せず、ただ内容と表現の諸々の流動性がその唯一の様相として考えられる。構成論的には、第一に〈シニフィアン‐シニフィエ〉の「従属関係」に代わって、〈表現‐内容〉の「相互的前提関係」が定立され、第二にこの関係によって構成されるのは、表現の形式と内容の形式との間の相互に反転可能な脱領土化された二つの平面である。この脱領土化の運動が停止された仕方で、この運動の帰結から得られた概念が、あるいはこの組成的運動を特性から捉えた概念が表現と内容の反転可能性である。産出論的には、第一に脱領土化の運動と静止によってのみ区別される〈記号‐微粒子〉群の産出があるが、それが同時に二つの形式の相互反転の実在性をなしている——相互前提から反転可能性へ、そしてこの可能性から絶対的脱領土化という反転の実在性へ。これが、絶対的な内在性の様相である。

〈思考する〉というとき、われわれは、いかなる超越的審級も特権的座標もなしに、つまりいかなる不動の点も固定点なしに思考するという仕方で思考できているだろうか。意識的にであれ無意識的にであれ、ひとは、「これは〈これ〉、あれは〈あれ〉」という仕方で定点を定めて思考するのである——「これは本質、あれは存在」、「これはシニフィアン、あれはシニフィエ」、「これは精神、あれは身体」という仕方で。最初は〈これ〉と〈あれ〉は相互前提のもとで理解されるが、しかし、次にこれらを相互に反転可能になるまで並行論のもとで追究し、最後には〈これ〉と〈あれ〉との実在的な脱領土化的反転にまでもっていくこと、これが内在平面の在り方である。内在性と超越性の差異は、最初は空間上の表象であるかもしれないが、最後には思考のイマージュになる必要がある。それは、両者の間の和解不可能性を有したイマージュでもある。それは、いかなる表象ももたないような一つのイマージュである。これを〈表象なきイマージュ〉と称することにしよう。内在性の思考は、超越性の思想や発想からの影響を絶えず受ける危険性をもつ。というのも、内在性は、超越的なものの内部化と混同されるのがつねだからである。しかし、内在性とは、単に何かのうちにあることではなく、いかなる固定点もなしに脱領土性の様相しかもたないようなものについて言われるべき事柄なのである。超越性とは、内在性をむしろ内部へ囲い込むような性質のことである。究極の超越性とは何か。それは、「これは〈これ〉、あれは〈あれ〉」、あるいは「だから、これは……である」という仕方で現われるものである。それは、本質と存在との間に、意味するものや表現するものと意味されるものや表現されるものとの間に、精神や身体との間に、形相と想念との間に生じるような潜在的領土化という名の超越性である。

　内在平面はそれ自体が分裂的総合からなるが、それは二つの面を有していた。「内在平面は、〈思考〉と〈自然〉、あるいは〈自然（ピュシス）〉と〈精神（ヌース）〉という二つの面を有している。それゆえ、一方の回帰が瞬間的に他方を投げ返す限り、一方が他方のうちに取り込まれ、一方が他方のうちに折り畳まれるような多くの無限運動がつねに存在するのであり、その結果、内在平面は、絶えず織り上げられる、巨大な杼のようである」[30]。内在平面は、器官なき身体を構成する最初のものであり、これは二つの面を有している。器官なき身体における分裂性の無限思考と強度性の無限身体は、内在平面の二つの面である。存在論的反復と認識論的反復（存在論的並行論と認識論的並行論）から二つの脱領土化の流動的運動――〈機械状〉と〈乱流的〉と言われる速度――を構成することができる。まずは、これを神あるいは自然の絶対的力能から構成するならば、およそ以下のようになるだろう。（1）無限実体の論理学的構成（実体の本質の系譜）において、すでに二つの反復が考えられなければならなかった。ドゥルーズ＝ガタリの二重分節論を用いて言い換えると、存在論的反復は〈内容〉の脱実体的で脱領土的な絶対的流動性であり、同様に認識論的反復は〈表現〉のそれである。さらにこのように考えるならば、この〈内容の形式〉としての属性はその〈表現の形式〉としての神の観念と反転可能であり、またその〈内容の実質〉としての絶対的な存在する力能（実体の本質）はその〈表現の実質〉としての絶対的な思惟する力能（実体の本質）と反転可能である。私は、反転可能と言う。何故なら、存在論的反復における諸属性の対等性も、認識論的反復における神の二つの力能の対等性も、前者は属性を異にする諸様態の間の反転可能性を、後者は無限知性（思惟系属性）と無限身体（身体系属性）との間の反転可能性を意味しているからである。言い換えると、第一に神の本性の形相的原理としての属性は、神の本性の想念的原理としての神の観念に等しいということ、第二に属性による神の本性のこの形相的構成は、神の観念におけるその想念的把握に等しいということである（すでに述べたが、スピノザの〈神の観念〉は、所産的自然を示す〈観念‐様態〉と言われるが、しかしそれ自体はむしろ能産的自然に属すると考えられるべきである）――これが、まさに実体の本質の系譜学における神の二つの絶対的力能の対等性である。ここで二つの論点を明確にしておく必要がある。第一に、では、神のこの二つの絶対的力能の間にいかなる区別を考えることができるのか。おそらくそれは実在的区別である。しかしそれは、より正確に言うと、〈実在的‐質料的〉区別である[31]。これは、後に形成される地層化のなかの実在的区別の性質の変化に先立つ区別である。第二に、しかしそれにもかかわらず、二つの力能は、神の力能の〈一つの二重性〉と言われるだけである。つまり、両者は、相互前提的であり、さらに反転可能的でさえある。言い換えると、二つの力能について言われる二つの反復の、一方を〈内容〉と呼び、他方を〈表現〉と呼ぶことは、まったく恣意的であり、単に習慣の問題である[32]。神の絶対的力能の二重性はスピノザの体系における根本的な機能素であるが、しかし、それは〈記号‐機能〉に代わる言わば〈力能‐機能〉である。この〈力能‐機能〉とは、地層のうちで思考されるしかないにもかかわらず、しかしつねに脱表象化の要素として現前するもののことである。

（2）器官なき身体上では、無限実体の変様あるいはその様態の産出の秩序（自然学的構成）における存在論的反復は〈内容〉の脱属性的な「諸身体の機械状作動配列」となり、また認識論的反復は〈表現〉の脱観念的な「言表作用の集合状作動配列」となる。すなわち、前者は器官なき身体上のすべての身体の内在的様相であり、後者はそのすべての精神の様態である。この〈表現〉として示されるものと〈内容〉として示されるものとの間に成立するのは、完全な内在的一義性、すなわち唯一同一の〈抽象‐実在〉あるいは唯一同一の作動配列である。ここでの〈完全な〉とは、先に述べた脱領土的な反転の実在性のことである。「この帰結として、神の思惟する力能は、神の活動する現働的力能に等しいことになる。言い換えると、神の無限な本性から形相的に生起するすべてのことは、神の観念から同じ秩序、同じ連関をもって神のうちに想念的に生起するのである」[33]——これは、スピノザにおける産出の秩序を含めた、神の二つの絶対的力能の対等性である。しかし、この〈二〉は、〈一〉以外の何ものでもなく、また〈多数多様〉以外の何ものでもない。しかし、この〈二〉は、一方が同時に他方であるという脱領土的な思考のうちにおいて〈一〉なのである。認識論的反復の起点となる思惟属性において生起するのは、多数多様化した無限知性である。思惟属性の特権的性質である〈属性‐内‐実在的区別〉によって、思惟属性という一属性のうちで脱属性的な横断性の〈切断‐結合〉

が表現可能となる。これを知覚に備給するのは、原因ではなく、欲望であり、原因の一義性ではなく、欲望の内在性である。スピノザにおいては、属性を異にするだけで、各属性において完全に同一である諸様態の因果的連結が存在するが、思惟属性における諸観念の因果的連結は、〈想念的‐形相的〉区別のもとでその様態的区別の間の因果性が切断され、諸観念は〈記号‐微粒子〉群となって実在的に区別されるものとなる。観念も、それが形相上の存在を有する以上、存在論的反復における脱属性化の運動を必然的に有することになる。

アンチ・モラリアについての備考（2）――「今日、哲学とは何であるのか」

哲学から、あるいは哲学的思考から問題を構成する力が失われている。哲学から問いの力能を有する諸問題が発せられなくなっている。問題は無数にある。しかし、問いの力能をもった問題がどれほどあるだろうか。そうした問題を哲学は今日、構成することができているだろうか。もし哲学にそのことが不可能であるとすれば、今日、哲学とはいったい何であるのか。哲学は、他の諸力と相まって、つまり無数の仮面を被って問題を提起しているようなふりをしている。哲学者は、哲学をしているようなふりをしているのだ。半世紀ほど前に、ドゥルーズは、当時の哲学の現在について次のような批判をおこなった。「現代哲学は、混合状態を見せている。この状態は、哲学の力強さと活発さを示しているが、しかし精神にとっての危機をも含んでいる。存在論と人間学との、無神論と神学との風変わりな混合。若干のキリスト教的精神主義、若干のヘーゲル的弁証法、若干の現代のスコラ学としての現象学、若干のニーチェ的閃光といったものが、さまざまな割合で奇妙な組合せを作り出している。人々が見るのは、マルクスとソクラテス以前の哲学者たちが、ヘーゲルとニーチェが手を取り合って形而上学の超克やいわゆる哲学の死さえも讃える輪舞を踊っている姿である」[34]。現代では、さらに深刻な事態が起きている。他の諸学と手を取り合った評論的思考あるいは科学的思考が、哲学に固有の問題を提起することなく哲学を名乗っているのだ。現代は、哲学のうちでの単なる混合が起きているだけでなく、哲学そのものが見失われ、他の諸学と混合したかたちでの思考しか見出せない時代になっている。哲学は、似非哲学——現象学、論理学、分析哲学、政治哲学、道徳哲学、科学哲学、社会問題と融合した思考、等々——とは違う。しかし、私は、ここで真の哲学と偽の哲学を区別しようとしているのではない。そうではなく、問題構成と問いの力能を有した思想がそこにあるのかどうかが、批判と創造の条件をその思考体系が備えているのかどうかが、その思想や思考が哲学であるかどうかの内的諸規準なのではないかということである。〈あらゆる価値の価値転換〉、これほど哲学的な問いがあるだろうか。こんな問いをそれ以外のいかなる思考が提起するというのか。

その限りで、現代の哲学は、諸学を媒介とした思考によって作られた似非哲学であり、地層化あるいはニヒリズムのなかで役立つような諸学の一つになろうとしてしまった。死せる諸学の横で添い寝するような思考、それが現代の哲学の正体でもある。しかし、哲学は、けっして諸学を媒介することで成立するような思考でも、諸活動の反省的思考でもない。哲学は、つねに諸学以前の〈前もって（プリウス）〉の思考である。哲学は、悲しみや責任以前の情動を、表象や現象以前の知覚をもち、また善・悪や真・偽以前の思考、言語や論理以前の思考であり、何よりも身体の無意識的な触発である。ドゥルーズ＝ガタリの哲学は、西洋哲学の歴史においてスピノザの『エチカ』とともに、さらなる〈エチカ〉の哲学を展開している。というのも、スピノザの神は、いかなる社会性も歴史性も帯びていない、その意味で無条件的で無仮説の原理として概念形成されることしかできないからである。しかしながら、器官なき身体は、こうした神をも相対化しうるという意味においても、産出の原理なのである。これは、そうした無条件的で無仮説なものをも地層化の原理として把握可能にするであろう（例えば、無条件的なものとは「永遠回帰」であり、無仮説なものとは「神あるいは自然」である）。モラルに先立って、アンチ・モラリアが、すなわちエチカがあるのだ。これは、非地層的なものの地層化に先立って、すなわち地層の構成と特性とに絶対的に先立って、この非地層的なものがそれ自体脱地層化の産出運動にあるのと同じことである。本書の大部分は、肯定的な仕方で書かれている。〈アンチ〉がもつ批判性は、ここではすべてエチカの肯定性に向けられているからである。それゆえ、このエチカは、現代の〈倫理学（エシックス）〉と言われる地層化のうちで機能している諸々のモラルとはまったく相容れないものである。アンチ・モラリアの哲学的機能素は、何であろうか。長引く折衝としての備考、非物体的変形の武器としての概念、この概念から生じる情動、この変形過程を表現形成するパラグラフ、これらのすべてに対応する身体……。

自然の無限知性における分裂症の兆候

われわれは、ドゥルーズ＝ガタリのテクストから、〈数的に区別されうる様態をまったくの実在的に区別されるものとして知覚すること〉という、言わば〈哲学的分裂症〉とでも称すべき事柄を抽出することができる。哲学的分裂症の第一の定義は、精神と身体との間に絶対的差異あるいは絶対的深層が穿（うが）たれることである。欲望は、人間の知覚にいかに作用しているのか。欲望が知覚に備給するのは、究極的には切断されて実在的に区別されるものの結びつきの不在による結合である。ただし、このことは、数的区別（様態）と実在的区別（実体あるいは属性）を単純に混同することとはまったく異なるであろう。同一の属性のなかでの諸様態は、相互に〈様態的‐数的〉に区別される（その限りでのみ或る様態は、もっぱら他の諸様態から理解される）だけでなく、また〈様態的‐強度的〉にも区別され、しかも強度という一種の内包量の特性によって実在的にさえ区別されうるからである。実在的区別を様態に与える純粋強度の特徴とは、（1）〈強度＝0〉へと落下することによって当の〈強度＝0〉を備給する度合であり、（2）この意味で〈強度＝0〉という一つの全体を強度的部分の傍らに産出する分割不可能な単一の度合であり、（3）〈強度＝0〉との関係においてのみ規定されるような絶対的な度合である。これらの特性は、すべて一つの内在性がもつものである。また、これらの特徴は、カントにおける〈質〉に関する原則論「知覚の予料」――「すべての現象において、感覚の対象である実在的なものは、内包量、すなわち度合を有する」[35]――に倣いつつ、しかしそれとは異なった仕方で、すなわち内包量の諸特性と〈否定性＝0〉の概念とを批判的に考察することによってそれぞれ規定されるものである。そこで、あえて強度に関する知覚の予料を提示するならば、それは、〈いかなる物の属性も、その物の本質を構成するものとして感覚されるような強度をもつ〉と言えるだろう（スピノザの必然性に関する実践哲学上の最大の問題――この知覚の必然性――がここにもある。そして、後に述べるように、欲望は、この知覚に知覚不可能な外部性の形相を直接的に備給するのである――つまり、知覚の予料から知覚の備給へ。それは、判断から切断された知覚への、欲望による直接の備給である）。カントの質（内包量）における知覚の予料は、この〈強度のエチカ〉が道徳的に地層化した限りで成立するような判断と知覚である。いずれにせよ、哲学的分裂症は、単に知覚可能な〈様態的‐数的〉にあるいは〈様態的‐外在的〉に区別される事物を絶えず知覚不可能なあるいは知覚すべき〈様態的‐強度的〉に区別されるものとして知覚し、またこれによってさらに〈様態的‐実在的〉という、様態における区別の第三の論理的価値のもとでその事物を知覚するのである。様態におけるこの〈様態的‐数的〉区別は、一定の時間と空間に位置をもつという意味での相互外在的な〈様態的‐外在的〉区別であり、そこでは或る属性の形相上の「展開」(explication)が時間上の持続においても発展的に繰り広げられる。また、様態におけるこの〈様態的‐強度的〉区別は、この属性のうちでのみ肯定される〈様態的‐内包的〉区別、すなわちこの属性の「包含」(implication)を内容的に表現する[36]。言い換えると、「展開」は必然的な地層化への発展を含み、また「包含」はこの発展や展開から分離されつつそのすべてを包括するような内在性を形成している。しかし、様態におけるこの第三の区別である〈様態的‐実在的〉は、脱属性的横断性のもとでのみ規定されるような強度的な区別である。

ところで、人間身体は、たしかに自然における延長属性の様態である。認識論的並行論においては、思惟属性以外のすべての属性は、すべて身体系属性であると言える。器官なき身体上においては、思惟属性において無限に積分化され分裂症化した無限知性は、同じく身体系属性において無限に積分化され機械状化された無限身体に対応する。こうした器官なき身体を起点として人間の認識と実践を考えるならば、それは、無限に多くの実在的区別を一つの属性のうちで、つまり延長属性(外的世界)のうちで知覚することであり、それとともに実在的に区別されるものの結合を増大させることである。それゆえ、もはやこの属性を延長属性と呼ぶ意味はない。というのは、延長属性に生起することは、他のすべての身体系属性においても生起することだからである。たしかにスピノザにおいては、実在的区別は諸属性の間の区別、あるいは属性を異にする諸様態の間の区別であり、原理的にそれ以外ではけっして用いられない。しかし、すでに述べたように、同じ属性のうちに無限に多くの実在的区別を〈想念的‐形相的〉にもつ属性がただ一つ存在した。それが思惟属性であった。思惟属性には無限に多くの諸属性の間、あるいは属性を異にする諸様態の間を区別する実在的区別が判明に折り込まれている。その限りで、思惟属性（あるいは無限知性）こそが、まさに欲望機械、すなわち実在的に区別されるものを部品として結合し作動させる機械の先駆的なモデルとなりうるのだ（表現としての言表作用の集団状作動配列は、身体の機械状作動配列に先立つという言明を思い出すこと）。われわれは、ドゥルーズ＝ガタリとともに、スピノザにおいて属性ごとに完全に領土化された無限知性が脱領土化して、分裂的知性に分裂症化する――そして、何よりも〈神の観念〉（＝思惟する力能の絶対的な想念的原理）が器官なき身体上の〈記号‐微粒子〉群（＝〈強度＝0〉における絶対的な脱属性化の原理）になる――実質的可能性をここに見出すのである。この脱領土化した〈属性‐内‐実在的区別〉において〈想念的に〉知覚されている物は、同様に自然のうちに、すなわち無限に多くの身体系属性あるいは実在的区別が一つの属性のうちに形相的に折り込まれた外的世界（延長属性、すなわち内在平面）のうちに〈形相的に〉存在している物である。そして、もっとも重要な点は、形相的あるいは存在論的には、こうして思惟属性も一つの属性としてこのように定義された延長属性に、すなわち内在平面に属しているということである（思考と身体は、内在平面の二つの側面である）。

スピノザにおいては、すべての様態は、原因の一義性のもとであらゆる属性を通して形相的に産出されるが、同様にそれらすべての様態の観念は、思惟属性において「神の観念」から想念的に生じる[37]。すなわち、すべての形相的存在としての産出物は、神の観念のもとで対応する観念によって想念的（対象的）に把握される――つまり、思惟属性のうちには想念的存在としての観念がある――ということである。このように思惟属性においては、属性を異にするすべての様態を対象的に表現する観念〈想念上の存在〉があるが、さらにそれら観念は、同じくこの思惟属性において作用原因のもとで産出された形相上の存在を有するのである（すでに述べたように、とくに神の観念と無限知性との関係とこの両者の違いについては、つねに意識される必要がある）。したがって、「諸属性の間の、あるいは属性を異にする諸様態の間の〈実在的‐形相的〉（réelle-formelle）区別に等しい諸観念の間の想念的区別があるだろう。さらに、諸観念の間のこの区別は、諸観念それ自身の形相的存在にこの区別が関係づけられる限り、それ自体〈想念的‐形相的〉（objective-formelle）であるだろう」[38]。思惟属性における様態である観念は、この属性における唯一の形相上の存在の仕方である。しかし、思惟属性において属性を異にする諸様態の間の〈実在的‐形相的〉区別と等しい区別を表象するのは、この形相上の存在（「形相的有（エッセ・フォルマーレ）」）としての観念ではなく、あくまでも想念上の存在（「想念的有（エッセ・オブエクティヴム）」）としての観念である（ただし、一つの観念がもつこの二つの側面は単にわれわれの思考上の区別にすぎない）。したがって、こうした諸観念の間の想念的区別は、まさに〈実在的‐形相的〉区別を必然的に含み、またこれに完全に対応するものである。そして、観念は、「対象との関係を離れて」[39]それ自体において観られるならば、まさに形相的存在でもある以上、この想念的区別は必然的に〈想念的‐形相的〉区別であるということがわかるだろう。つまり、思惟属性における諸様態は、それが観念である限り、単に様態的に区別されるだけでなく、むしろすべての属性の間の〈実在的‐形相的〉区別に対応して想念的に区別されるような想念上の存在であり（思惟属性の外延上の特権性である「多数多様化」）、また原因・結果の関係に入りうるその形相上の存在をも有する以上（思惟属性における〈観念の観念〉という第二の特権性としての「二重化」）、厳密には〈想念的‐形相的〉に区別されるような様態、すなわち観念だということである。スピノザにおける観念は、こうした複雑な身分を有する思惟の様態なのである。〈実在的‐形相的〉区別に等しい区別を相互にもつ無数の〈観念‐様態〉は、それゆえ「いかなる結合（connexio）も」有していない。何故なら、諸属性の間には、すなわち〈実在的‐形相的〉区別には、いかなる結びつきも不在だからである。結びつきの絶対的不在のもとに絶対的に結合して一つの実体の本質を構成するのが属性である。こうした対立なき区別としての肯定的差異が、何よりも思考されなければならないのだ。スピノザによれば、思惟属性における無数の観念は、一つの精神を構成することはできず、先に述べた認識論的反復によって成立する〈多数多様な〉認識論的並行論（psycho‐physique (α), psycho‐physique (β), psycho‐physique (γ), ……）と同じだけの無数の精神を、つまり〈実在的‐形相的〉区別（physique (α), physique (β), physique (γ), ……）に対応して〈想念的‐形相的〉に区別される無限に多くの精神を構成するだけである[40]。それは、規則正しい〈構成的‐産出的〉反復であり、自己の本性の諸法則に反するような絶対的な〈脱〉化の運動を描き出す機械状の反復（＝機械状系統流）ではけっしてない。

無限知性を分裂症化すること——欲望の第一の課題

われわれはまだ、思惟属性という一つの属性の特権的特徴ゆえにその属性のうちに含まれた、他の無限に多くの属性——身体系属性——の間の〈実在的‐形相的〉区別をその特性に関して問題にしているだけである。真の問題は、無限知性の組成的な分裂症化であり、またそれ以上の論点として、これによって神の観念から器官なき身体の観念を産出することである。つまり、スピノザにおける神の観念が器官なき身体の〈記号‐微粒子〉群へと系譜学的に逆行すると同時に、無限知性は産出的で総合的な前進として分裂症化するのである。ここにあるのは、無限知性と無限身体との分裂的総合である。無限知性の分裂症化とは何か。それは、すべての属性の間の〈実在的‐形相的〉区別に対応した、思惟属性のうちで〈想念的‐形相的〉に区別される観念が、結びつきの不在によって相互に結合することである。つまり、或る身体系属性Aにおける様態cを対象とする、思惟属性における観念（c）を考えると、この観念（c）は、第一に形相上の存在である様態cに一致した想念上の存在である。しかし、この観念（c）は、それ自体形相上の存在をも有している（形相的存在としての観念cと想念的存在としての観念（c））。何故なら、存在論的反復においては、思惟属性におけるすべての観念は物として形相的に産出されるからである。つまり、この形相上の存在である観念cそのものが今度は、別の観念によって想念的に表象されうる、すなわち別の観念によってこの観念cそのものが知覚されうる対象となるのである。その際の他の観念とは、一般的に考えるならば、「観念（観念c）」のことであろう。つまり、他の観念は、形相的存在としての観念cを対象とする想念的存在としての観念b＝観念（観念c）である。これは、一般的に反省的（遡及的）意識と呼ばれるものである。しかし、それゆえにここでの観念の想念的存在は、その表象的使用にとどまり、対象の表象で充たされている。問題は、こうした観念の想念的存在を表象的にではなく、表現的に行使することであり、それを対象の表象ではなく、原因の表現で充たすことである。スピノザにおける真の観念の内的特徴、すなわち〈観念の観念〉はこの問題にこそかかわっている。この意味において、スピノザが言う「対象との関係を離れて」とは、言わば〈切断〉概念の提起なのである。つまり別の属性における様態との関係を離れて、思惟属性のうちでの或る観念の想念的な力能をその観念の原因についての表現で充たすことである。それは、対象の表象を切断して、観念における結合、すなわち因果の連結、原因からの認識を見出すことである。それゆえ、〈観念の観念〉は、対象との関係から分離されているが、しかしあらゆる属性に共通の原因の系列を意味している。これは、思惟属性における外延的な多数多様化からそれらに共通の二重化への移行である。

例えば、もし観念γが形相的存在として観念δの形相的存在の最近原因であるとすれば、この観念γは、さらに想念的存在としてこの観念δを知覚する観念でもある。すなわち、観念γは、自らを観念δの作用原因として想念的に表現するのである。さらに観念βは、形相的存在として観念γの形相的存在の最近原因であり、さらに想念的存在としてこの観念γを知覚する観念でもあり、このように無限に進んでいく。これは、スピノザが言う「観念の観念」の前進的系列である。この系列は、認識論的並行論に従って形成され、したがってこの並行論を完成させるものである[41]。つまり、無限知性は、この系列がすべての属性に関係づけられて形成されるのである。〈観念の観念〉が〈事物の事物〉にも〈身体の身体〉にも還元されないのは、まさに思惟属性の特権性のためである。或る身体系の属性Aにおける様態dと思惟属性における観念（d）とは認識論的な並行関係に、あるいは身体と精神の合一にある。したがって、この観念を知覚し反省する〈観念の観念〉の系列も、必然的にこの認識論的な並行関係を肯定する限りで生起する連結である。重要な論点がここには多々あるが、私が第一に指摘したいことは、或る〈観念の観念〉は一つの認識論的並行論のもとでしか成立しない系列であるという点にある。思惟属性における観念は、それとは属性を異にする或る様態についての観念であるが、同じ思惟属性における〈この観念〉の観念は、今度は〈この観念〉を対象とする観念である。たしかにこうした観念の二つの在り方に従って対象となる物は異なるが、しかし第一の観念も、第二の観念の観念も、〈実在的‐形相的〉区別に制約されていることに変わりない。〈観念の観念〉は、対象との関係を離れて、思惟属性のなかだけで成立する一種の並行論である[42]。スピノザが言う真の観念のこうした「内的特徴」――ドゥルーズが言う「二重化」――は、観念それ自身の唯物論的な側面である形相上の存在を考えることによって、原因としての観念による他の観念の産出と、これによる原因としての観念による結果としての他の観念の知覚とが同時に可能になるのだ。それは、原因の系列と知覚の系列との一致であり、一つの二重運動である。しかしながら、〈実在的‐形相的〉区別に等しい区別を相互にもつ無数の観念、すなわち属性を異にする諸々の個物を対象とする想念上の存在である観念は、一つの属性である思惟属性のうちで分裂症化しうるのである。すなわち、それは、原因によってではなく、欲望によって可能となる外延的な多数多様化において生起する脱属性的な運動、つまり脱〈想念的‐形相的〉な系列と知覚である。そこでの〈観念の観念〉は、遡行的であれ前進的であれ、もはや原因の系列を通過することはない。

ドゥルーズが規定した思惟属性における三つの特権的性質を逆から用いることによって、より明確に、この原因から欲望へと特性を転換することによる無限知性という無限様態の変質と、神の観念という非物体的あるいは非形相的なもの――絶対的な想念的原理――の変形とが明らかになるであろう。(1)〈神の観念‐想念的原理〉から器官なき身体の〈記号‐微粒子〉群へ[43]――理解の内包性から記号の強度性へ。神の観念は、能動産的自然に属している。というのも、それは、様態の産出に先立つ実体そのものあるいはこの実体の本性を構成する無限に多くの属性そのものを内容とする観念だからである。しかし、観念は、思惟属性の様態にほかならない。つまり、それは、所産的自然という結果に属するものでなければならないのだ。つまり、神の観念は、自然における能産性と所産性との間の総合性が含まれている観念なのである[44]。それは、実は観念以前の、あるいは思惟属性以前の様相を含んでいると言い換えることができるのだ。つまり、〈強度＝0〉によって産出される無限に多くの強度の一つの傾向性である〈記号‐微粒子〉群である。神の観念は、思惟属性さえも前提としない或る脱属性的な機械状の一つの機能素という系譜を示しているのだ。この系譜におけるまったくの無仮説の原理をまさに〈器官なき身体〉と呼ぶことにしよう。器官なき身体は、原因ではない。それは、欲望である。器官なき身体は、存在でも思考でもない。それは、〈自然〉である。器官なき身体は、属性から構成される実体ではない。それは、脱属性的・脱地層化的な〈流態‐微粒子〉群からなる。器官なき身体上のこの流れは、それが欲望の〈切断‐結合〉からなるという限りで、機械状の〈質料‐素材（マチエール）〉である。そして、この流れそれ自体が器官なき身体の一つの特性であり、それが欲望なのである。欲望とは、絶対的結合である。それは、結合の原理を欠いたもの（雑多なもの、等々）を結合することではなく、あらゆる結合の原理そのものを肯定的に無化するものであり、またその限りでの或る分裂的な総合、つまり、結びつきの不在それ自体による結合である。したがって、この不在は、いかなる欠如も含まない。それは、必然と不可能性の不在であり、また偶然と可能性の不在であると言い換えてもよいが、つねに肯定的で積極的に理解される必要がある。この不在は様相の無化であり、非様相である。このようにして、神の観念には、器官なき身体の抽象が含まれている。

（2）原因の系列としての〈観念の観念〉から欲望の作動配列としての〈観念の観念〉へ。観念の観念は、一見すると思惟属性のうちでのみ完結している意識を構成する認識の形式のように思われる。たしかに、この〈観念の観念〉の系列を存立させるのは、観念それ自体がもつ〈想念的‐形相的〉という二つの存在の仕方であった。この系列は、たしかに一定の身体系属性からの解放を示していたが、しかし必ずしも対象性そのものからの解放を意味していたわけではない。スピノザにおいては、たしかに諸観念の形相上の存在の結合は、つねに原因と結果の関係のうちにあってその自律性〈観念の唯物論〉を単純にあるいは的確に示しているが、しかし、人間精神の反省的意識を形成するような〈想念的 - 形相的〉区別をもつ諸観念の連結は、依然として観念とその対象という固定化された思考(それでもこの観念論と唯物論の並行論は画期的である)しか示していないのである。思惟属性においてのみ、こうした観念の二つの存在の仕方の総合としての「二重化」が成立するが、それは、人間にとって意味のある精神の二重の構成である。精神とは、観念の集合体である。次に観念とは、必ず何かについての観念である。したがって、第一の人間精神の構成とは、観念の対象の決定であり、観念の対象とは、その精神に対応する身体あるいはその身体の変様にほかならないということである。これに加えて、人間精神は、反省的意識として構成されなければならない。それが、〈観念の観念〉というこの第一の構成を裏打ちする第二の構成である。しかし、この二重化は、精神の一つの病ではないのか。あるいはこの病は、名を有しているのだろうか。〈観念の観念〉が、単に原因の系列を経巡るのではなく、まったく別の系列、欲望による機械状の作動配列を形成しつつ、それを通過するということはないのか。それは、まさに結びつきの不在によって結合する観念群である。言い換えると、それは、観念のうちで生じる〈想念上の存在〉と〈形相上の存在〉との間の実質的な反転であり、またミクロな〈表現の形式〉と〈内容の形式〉との間の脱属性的な反転である。欲望は、観念のうちでの反転の衝動であり、思惟属性のうちでの脱属性化の原理である。〈観念の観念〉は、この衝動の意識であり、原因の特性を解任する意志である。スピノザにおける〈神の観念〉は、器官なき身体における〈記号 - 微粒子〉群をわれわれのうちに生起させる発生的要素となりうる。器官なき身体の直接的な流れを形成する強度の傾向である〈記号 - 微粒子〉群は、ここでは欲望という特性のもとで、想念と形相、あるいは内容と表現との間の反転可能性の実質となる。

（3）認識論的反復において思惟属性の全様態を形成する「多数多様化」のもとで現働化する無限知性の外延的な分裂症化。認識論的反復は、無限に多くの属性の間の〈実在的‐形相的〉区別が無限知性のうちに第一に想念的に折り畳まれる反復である。しかし、この想念上の存在である観念に折り畳まれた〈実在的‐形相的〉区別は、観念がもつもう一つの形相上の存在に関係づけられることによって、一つの（思惟）属性のうちで〈想念的‐形相的〉に表現されるのである。思惟属性は、認識論的並行論のもとですべての属性の間の、あるいは属性を異にする諸様態の間の〈実在的‐形相的〉区別を内含する平面なのである。このことが、われわれの思考に喧騒をもたらすのである。問題は、無限に多くの〈実在的‐形相的〉区別に従って秩序立てられた無限に多くの〈想念的‐形相的〉区別のもとにある観念である。この秩序は、すべての〈実在的‐形相的〉区別に共通の原因の同一性に由来している。しかし、すでに実体における原因という特性は、器官なき身体における欲望という特性に変形され置き換えられている。ここでの〈観念の観念〉群は、〈記号‐微粒子〉群によって可能となる表現と内容の実在的反転ではなく、地層化のなかでの、その意味ではかなり経験的な、つまり外延的な、脱属性的な観念の連結を示している。すなわち、或る身体系属性（A）における特定の様態の系列（a‐b‐c‐……）をその対象とする特定の観念の形相上の存在の一つあるいは多数が、まったく別の身体系属性（B）における特定の様態の系列（α‐β‐γ‐……）を対象として生起した観念の想念上の存在の対象となりうるということである。これは、端的に原因の同一性を破壊することであり、観念を原因からの認識として使用することではなく、観念を欲望からの知覚として行使することである。それは、例えば、先に挙げた或る身体系属性（A）における特定の様態の系列（a‐b‐c－……）に対応する思惟属性における観念の系列〈i（a）－i（b）－i（c）－……〉と、別の身体系属性（B）における特定の様態の系列（α－β－γ－……）に対応する思惟属性における観念の系列〈i（α）－i（β）－i（γ）－……〉との間に欲望による脱〈想念的－形相的〉区別の運動が生起することによって、例えば、観念の機械状作動配列の一つの流れ〈i（α）－i（i（c））－i（b）－i（a）－……〉が実在化することである。これは、欲望による原因と結果の関係＝比の切断と、〈想念的－形相的〉に区別される観念の間の結合とからなる。この無限に多くの流れの総体ではなく、その積分である分裂症化した無限精神――これが機械状無意識である――に対応するのは、まさに無限に多くの属性の脱属性化の速度からなる平面のもとで構成される限りでの器官なき身体――無限身体――である。無限身体とは、身体系属性の諸様態がもつ脱属性化の運動の積分からなる平面のことである。ここで述べてきた三つの特権的性質の遠近法から理解されるべき点とは、思惟属性あるいは無限知性を起点とした分裂的総合は、端的に言うと、第一に反省的認識そのものの文字通りの無際限な「多数多様化」であり、第二に「二重化」の系譜である〈観念の観念〉における反転の形式であり、第三にこの総合の基礎への逆行である、観念以前の〈記号－微粒子〉群がいかに器官なき身体上の構成の位相にあるかということである。私がここで展開しているのは、観念論でも単なる唯物論でもない。それは、非物体的唯物論である。それは、身体を無視するだけでなく、依然として原因の概念に依拠した〈準－原因〉論とはまったく無関係である。〈準－原因〉論における出来事性と非物体的唯物論における出来事あるいは身体は、まったく異なっている。

〈逆行〉の方法――神の〈観念－想念的原理〉に代わる器官なき身体の〈記号－微粒子〉群

実は、こうした脱因果性の〈観念の観念〉の系列それ自体が、あるいはそれらの系列の一つ一つが問題なのではない。ここでのもっとも重要な論点は、次の二つである。第一に、それは、スピノザにおける無限属性の問題を解消して、より総合的な問題を構成できるということである。これは、以下のように表現できるであろう。スピノザにおいて実体は、その本性が無限に多くの属性から構成されると言われるが、しかし人間自身が認識しうるのは思惟属性と延長属性だけである。何故か。人間は、思惟属性の様態としての観念の集合体である精神と、延長属性における外延的諸部分の集合である身体とからなる個物だからである。では、それ以外の無限に多くの属性は、まったく別の世界、例えば、可能世界を構成するような属性であるのか、あるいはそれ以外の属性の様態は、まったく異質のエイリアンのような個物を構成するものであるのか。そうではない。認識論的並行論を起点とした思惟属性における〈観念の観念〉の脱属性化の速度は、無限に多くの属性が思考系と自然系に、つまり精神系属性と身体系属性という二つの類型に区別されるということを示している。第二の重要な論点は、欲望による機械状の〈観念の観念〉は、或る現働的な様態についての差異の認識である。それは、その様態の延長性に還元されないという意味では、明らかに存在し活動する別の属性に帰属しているという仕方での存在の差異についての認識である。言い換えると、それは、他の物とのいかなる関係性のなかでも理解されず、したがってその限りで他の多くの様態から実在的に区別されるような仕方での認識である。つまり、それは、或る様態の単にまったく別の属性のもとで表現されたそれと同じ様態についての直観的な認識などではなく、他の多くの様態との一切の関係性の外部にあると実質的に認識されるような様態についての観念であり、その限りで実質的な脱属性化のもとでの反転可能な特異性についての観念である。これが、一般的に〈生成変化〉と言われる事柄である。こうした観念において言われているのは、まさに〈別の仕方で思考すること〉、〈別の仕方で感じること〉、〈別の仕方で知覚すること〉である。観念の観念は、単なる反省的認識ではなく、こうした〈別の仕方で〉という仕方を含んだ非物体的領域を指し示している。

しかし、こうした脱属性化する様態としての〈観念の観念〉に対応するような身体の変様が存在する。この存在は、言わば一つの身体の強度的変様であり、身体上の変化や刺激における量と質の外延性に還元されない諸変様の身体である。存在論的並行論（あるいは存在論的反復）は内在平面の構成として考えられるが、この平面の二つの側面――思考と自然、あるいは無限精神と無限身体――が明らかになるのは、認識論的並行論（認識論的反復）においてである。内在平面は抽象機械によって構成されるが、この平面上に分裂症化した無限知性が存立しうるのは欲望機械によってである。認識についてとくに並行論あるいは反復論を問題にする限り、それは方法論という課題にかかわらざるをえないだろう。したがって、ここで私の方法論の問題を明確にしておく必要がある。すでに述べた〈特性〉と〈構成〉と〈産出〉という三つの位相によって問題化されるものが活動的な存在論的側面にかかわるとすれば、その方法論は、必然的にそれに対応する思考的な認識論的側面にかかわる。両者は分離可能であるが、しかし不可分な関係にある。「方法は、反省的認識あるいは観念の観念にほかならない」[45]。観念の観念は、一つの方法である。方法は一般的に二つあり、それは分析的方法と総合的方法である。分析的方法は、一般的に或る結果から出発してその原因や原理へと遡るという仕方で物事を認識する方法である。しかし、これは、つねに「退行的」（regressive）でありうるのだ。もしその分析的過程が、結果である物の特性の認識から出発して単にその特性の原因への遡及であるなら、その限りでその方法は、つねに退行的でありうるのだ。「たしかにスピノザの方法は、総合的、構成的、前進的な方法であり、原因から諸結果へと進む。しかし、これは、魔法のようにして、いきなり原因のうちに陣取ることができるということではない。「しかるべき秩序」は原因から諸結果へと向かうものであるが、しかし直ちにこのしかるべき秩序に従うことができるわけではない。総合的視点でも分析的視点でも、ひとは明らかに結果の認識、あるいは少なくとも「所与」の認識から出発するのである。しかし、分析的方法が原因をその事物の単なる条件として探求するのに対して、総合的方法は、条件づけの代わりに発生を、言い換えれば他の事物についての認識をもわれわれに与えてくれるような充足理由を探求するのである。(……)すでにプラトンが述べていたように、ひとが「仮定」から出発するのは、帰結や条件に至るためではなく、いっさいの帰結や条件が秩序立ってそこから生じてくる「無仮定の」原理へと至るためである」[46]。何らかの結果あるいは所与の認識から出発することとは、確かである。しかし、こうした結果や所与は、地層のなかの表象物である。こうした物の特性から遡及して、その条件に至ったとしても、そこからの総合的過程は、その事物の特性しか説明しないであろう。その条件や原理は、われわれにそれ以外の他の諸事物についての認識も、ましてやそれらすべての結果や帰結についての認識も、あるいはそれ以上にすべての結果の生成変化についての認識も与えない。というのも、こうした条件や原理のもとでは、総合の過程と分析の過程は、単に一つの線上の上下運動の違いでしかないからである。分析的過程は、最初から総合の原理に至るための或る加速を含んでいなければならない。しかし、それは、特異な加速度である。つまり、もしその分析的過程が最初から或る価値転換的な総合の原理へと至るためであるなら、この過程は、或る特異な加速度を含んでいるという意味で、〈退行的〉でも〈遡行的〉でもなく、〈逆行的〉と言われるのである。逆行とは、端的に言えば、器官なき身体における分裂的総合がもつ分裂的分析の過程のことである。

結果あるいは所与がもつ地層における諸形象を解体し破壊する仕方で、あるいは脱領土的な〈記号－形象〉が無数の流れを作り始めるような仕方で、その発生の原理へと至ること。それは、たしかに一つの原理であるが、原理と呼ばれるにあまりに反原理的でありすぎるかもしれない。任意の観念も、任意の属性もなしに、むしろそれを通らずに構成される原理としての平面、能産的自然以前の自然としての身体。或る観念から出発して、すべての観念がそこから想念的に生じてくる神の観念も、また任意の属性から出発して、すべての属性を包括するような実体も、この新たな無仮説の原理から見れば、あまりに地層化されている。というのも、観念の観念は、つねに因果性の系列を前提とした思考の秩序だからである。これに対して、反原因の特性である欲望機械のもとでの観念の観念は、それ自体が結びつきの不在によって結びついた諸物なのである。そこでは、単に最初の観念と次の観念が相互に別の属性における様態の結合を表現しているだけでなく、もはや観念も、観念の観念も、〈記号－微粒子〉群となる。器官なき身体上でのこうした〈記号－微粒子〉群は、まさに〈機能－質料〉と区別のつかない強度の差異しか有していないからである。われわれがもつ器官なき身体についての観念それ自体が、アルトーの思考が示していたように、実はこうした〈質料＝素材（マチエール）〉以外の何ものでもないのだ。

〈脱〉化の論理としての実在的区別

スピノザにおける神の二つの力能——存在する力能と思惟する力能——は、器官なき身体における強度の傾向性——属性と神の観念——に応じて発生した相互前提的で反転可能な内容と表現である。思惟系属性と身体系属性は、分裂的総合における無限知性と無限身体という内在平面における二つの側面となる。内在平面は、器官なき身体を構成する最初のものである。器官なき身体それ自体は、〈強度＝0〉という産出の原理である。それは強度によってしか占有されえない構成以前の〈質料＝素材(マチエール)〉である。器官なき身体は、その限りで脱地層化の原理である。器官なき身体それ自体の上での地層化は、不可能である。しかし、器官なき身体が構成されると同時に、地層化の可能性が生じる。脱地層化の様相を考えてみよう。例えば、スピノザにおけるこの思惟属性をドゥルーズ＝ガタリの〈機械圏〉がもつ特性、つまり欲望のもとで考えるならば、思惟属性あるいは思惟する絶対的力能は、どうなるであろうか。まさに、上述したような無限知性の分裂症化とでも称すべき絶対的な事態が生じるであろう。人間のあらゆる知性は、この無限知性の強度的部分である――「人間精神は、神の無限知性の一部である」[47]。人間精神は、器官なき身体において分裂症化した無限知性の一部である。機械状無意識は、スピノザの無限知性から構成することができた。すなわち、無限知性を存在論的無意識と考えるなら、その脱属性化という仕方で分裂症化した無限知性は、機械状無意識である。したがって、この無限知性の一部であるわれわれの有限知性にもその絶対的な分裂症の衝撃波あるいは異例波はすぐに到達するであろう。例えば、誤謬、錯覚、愚劣、譫妄(せんもう)といった思考の或る原理的不調として、またその限りで崇高な誤謬、高貴な愚劣として……[48]。しかし、これらの不調は、帰結にすぎないのではないか。無限知性の分裂症化それ自体は、無限知性に先立って器官なき身体の特性としての欲望によって強度的実在性を有しているのだ。すなわち、実在的区別そのものを産出し、実在的に区別されるものを結合すること、これは、こうした観点からドゥルーズ＝ガタリの哲学をスピノザの言葉を用いて表現すれば次のようになるだろう。思惟属性においては、この一つの属性に折り込まれた無限に多くの実在的区別が考えられるが、ここからあくまでもスピノザ的な意味において実在的に区別されるものの結合・切断を実現すること、そしてこれを延長属性――あるいはその特異化である身体系属性――における実在性（今度は機械それ自体の不調である）と考えることである。そのためには実体ではなく身体を、また原因ではなく欲望を戴冠させることになるだろう。

何故、心ではなく、身体なのか。何故、精神だけではなく、精神と身体なのか。何故、無限実体ではなく、器官なき身体なのか。それは、どのようにして可能になるのか。端的に言うと、それは、原理の特性を変えることにある。つまり、問題は、原因による産出の秩序ではなく、欲望の生産の秩序であり、原因・結果の系列ではなく、実在的区別という器官なき身体の歯による切断であり、それらのリゾーム状の結合、いかなる因果関係もない、実在的区別を間にもつような結合――この欲望をそれぞれに実現する作動配列（アジャンスマン）――だということである。この〈結びつきの不在による結びつき〉は、原因によってそのような結びつきに必然的に決定されることはまったく不可能であり、また偶然にそうなるという可能性さえけっしてない。ここには、一般的な様相はあるのだろうか。ここには、必然性も不可能性も、偶然性も可能性も、潜在性も現働性もないのではないか。欲望は、実は様相という特性を必要としない。欲望は、機械状でしかないのだ。デカルトが考えるような実在的区別（数的区別と混同された実在的区別、すなわち「実在的な数的区別」）ではなく、スピノザにおける実在的区別（差異の肯定の論理あるいは対立なき区別の論理、すなわち「数的な実在的区別」から「〈実在的‐形相的〉区別」への移行）を用いなければならない理由がここにある[49]。リゾームとは、こうした実在的区別の間で生起する結合・切断である限り、このことによってそのもっとも反系列的な、つまり作動配列的な側面が強調されうるのである。したがって、一般的にリゾームについてよく言われるような、異質なものとは、単に質的に異なるものという意味ではなく、実在的に区別されるもののことである。

産出の原理を変えること。原因から欲望へと、あらゆる価値（特性、構成、産出……）の価値転換を図ること。絶対に無限な実体の特性である自己原因から充実した器官なき身体の特性としての欲望へと転換すること――〈実体の本質の系譜学〉から〈身体の本性の系譜学〉へ、属性の内在性から平面の内在性へ。この欲望は、まさに特異性である。というのは、第一にこの欲望は実体の変質や変容さえ実現する、あるいはそれしか欲望しないからである。これは、様態によって実体の本性を変質させようとする欲望――しかし、それは、あたかも実体だけが欲望しうるもののようである――であり、そのための発生的諸要素を直接的に産出するのが器官なき身体である（この意味において、永遠回帰の反復の問題は、いかにして身体を作りなおすのか、いかにして器官なき身体を獲得するのかという問題であり続けるのだ[50]――〈強度＝0〉としての永遠回帰、それは反復の度に新たな〈強度＝0〉を出来事そのものとして産出しつつ、器官なき身体への受肉を実現するのである）。実体を身体に置き換えること、それは原因から欲望への連続変化であり、諸系列をまったくのリゾーム状にすることである。ここから欲望がまさに特異性であることの第二の理由が出てくる。それは、まさに欲望が此性あるいは特異性にしかかかわらないからである。欲望の切断と結合の作用は、個別的なものの一般性のなかでの関係を切断して、実在的に区別されるものにするだけではなく、実はそれらを特異なものに、此的なものにするのである。したがって、その結合は、相互に特異なものの、相互に此的なものの結合である。欲望は、つねに切断が先行するというわけではない。結合それ自体が、ただちに特異なものへの、あるいは此的なものへの生成であることも同じように生起する。いずれの場合であれ、それは、あらゆる知覚の領域にこの欲望が直接的にこうした特異性を備給することである。そして、欲望とは、結びつきの不在によって結びついた状態そのもののことであり、言い換えると、観念であれ物体であれ、あるいは精神と身体であれ、実在的区別を横断した結合・切断そのもののことである。欲望は〈脱〉化の運動であり、実在的区別はその論理である。これがドゥルーズ＝ガタリの「実在的区別の理論」であり、それは、器官なき身体から直接的に発生する〈大自然〉についての理解の様式でもある。

第四章　存在を分裂症化すること——欲望の第二の課題

〈器官 - 部分対象〉について

「二つあるいは多数」の物が相互にどのような関係も、いかなる結びつきももたないとすれば、言い換えると、一方の物が他方の物なしに存在したり、あるいは一方の物が他方の物なしに考えられたりするとすれば、それらは、間違いなく実在的に区別されるものである。しかし、スピノザにおいて、たとえ精神と身体という二つの物が実在的に区別されるとしても、実際にはいかなる個体においても、それらは結びつきの不在のもとで結びついている——つまり、実在的に区別されるものの間でのみ並行論あるいは合一論が成立する——ということも確かである（「人間精神を構成する観念の対象は、身体である」[51]）。スピノザにおいては、数的区別は実在的区別ではないし、実在的区別は数的区別ではない。この二つの区別のスピノザ的な切断に対して、この二つの区別のドゥルーズ＝ガタリにおける結合がある。それは、欲望の内在平面における数的区別は実在的区別を多数多様化するのに役立つが、実在的区別は数的区別に脱領土化の流れ、差異の論理を接合するということである。こうした実在的区別を思考することのうちには、強い意味での実践的で生産的な〈反‐数的区別〉の傾向が秘められているのではないだろうか。またこれと連動して、実在的区別は単に与えられるものではなく、まさに積極的に産出されるべきものではないのか。現代の一般的な意味での「生産」とは、常に数的に区別されるものの量産、あるいは様態的に区別されるものの増産を意味するであろう。このことだけでも、実在的に区別されるものの生産が、いかに反産出的であるかがわかるだろう（例えば、外部の有限な諸力である労働と生命と言語を、歴史的地層に住まう生産的な人間的形態から解放する――すなわち、反対に労働と生命と言語のそれぞれを身体と本性と観念として産出し直す――という意味で言われる〈反産出〉である。しかし、この〈反産出〉が生産の欠如として地層のうちで実現されたものが、まさに警察や軍隊といった国家装置である[52]。われわれは、地層を形成する巨大化した反産出の装置と、器官なき身体における非地層的な意味での反産出の力能とを混同してはならないだろう）。そして、この種の問いによってスピノザ主義と哲学的分裂症との総合の意義が明らかになるであろう。実在的に区別される事物が三つの並行関係（秩序の同一性、結合の同一性、存在の同一性[53]）によって、諸系列をなすのではなく、結びつきの〈不在〉――これはまったくの肯定的な意味で言われる、何故なら、それは欠如ではないからである――によっていかにして実在的区別を通して結びつくかを論究したことは、まさにドゥルーズ＝ガタリに固有の哲学である。それは、とりわけ〈人間‐様態〉の宿命を乗り超えようとする実験である。

さて、『アンチ・オイディプス』のなかでドゥルーズ＝ガタリは、実体と属性について、言い換えると、器官なき身体と部分対象について次のように述べている。「諸々の部分対象は器官なき身体の直接の諸力能であり、また器官なき身体は諸々の部分対象の原質料である。器官なき身体は、あれこれの強度の度合においてつねに空間を充たす質料であり、また諸々の部分対象は、この〈強度＝0〉としての質料から出発して空間のうちに実在的なものを産出する諸々の度合、諸々の強度的部分である。器官なき身体は、言葉のもっともスピノザ的な意味での内在的実体である。そして、諸々の部分対象は、言わばこの実体の究極の属性である。これらの属性は、それらが実在的に区別され、また相互に排除あるいは対立しないという限りで、まさに器官なき身体に属するのである」[54]。器官なき身体は、諸々の器官と対立するのではなく、有機体（オルガニザシオン）＝組織体と対立すると考えられている。スピノザが述べている通り、諸々の属性は、けっして相互に排除したり否定したりするものではない。対立なき区別、それが実在的区別だからである。つまり、内在的実体のうちには、いかなる否定も欠如も属さないのである。器官なき身体の属性として（あるいは無意識——意識なき精神——の分子的機能として）器官‐部分対象が考えられる限り、これについても同様である。したがって、有機体＝組織体に関するまさに哲学に相応しい定義をここで与えることができるだろう。つまり、有機体＝組織体とは、それに帰属する属性が相互に否定し合うと同時に、われわれ自身もそれら属性を否定することができる、そういった諸属性を有しているもののことである。これは、単に生物生命体や社会共同体だけに妥当する事柄ではない。神や一冊の哲学書でさえ、そうした属性に溢れていることがあるのだ[55]。諸々の器官は、器官なき身体の反対物——例えば、身体なき器官——と考えられるのではなく、むしろそのそれぞれが器官なき身体の属性として分裂分析的知性によって知覚されるのである。器官は、身体の属性なのである。口、舌、乳房、脳、足、胃、肺、肛門、頭、眼、咽頭、等々は、〈属性‐部分対象〉としてのみ器官なき身体に属するのである。したがって、この〈器官‐部分対象〉に帰属しないような社会機械は、存在しないことがわかる。何故なら、すべての産業は、究極的には何らかの

〈器官‐産業〉としての規定を有し、そこに帰属しているからである。また、ここにおいて実体の思惟属性は、〈脳‐属性〉あるいは〈脳‐部分対象〉へと、つまりあらゆる〈脳‐産業〉へと地層的に様態化すると同時に、それとは反対に、つねに脱地層的な運動をもつような〈脳‐平面〉あるいは〈脳‐器官なき身体〉へと生成変化すると言わなければならない。この場合に脳は、まさに精神そのものであり、諸観念がリゾーム状に──正確に言うと、先に述べた〈想念的‐形相的〉区別を超えて──結合するような精神である。この精神は、地層化のなかで構成された科学的対象としての脳に依存するのではなく、またキャンバスの上の無言の画のような諸観念に触発されるのでもない。この精神を構成する諸観念は、後で述べるように、非記号性の〈観念‐微粒子〉群──あるいは無限に多くの「生観念」──であり、本性的に脱地層化的な諸要素である。換言すると、それらは、対象化されえない脳のなかに現前する〈自然〉の自己俯瞰である──「大地とすれすれの、距離なき俯瞰状態」[56]。

形質化された器官なき身体

さて、身体の属性として捉えられた器官、それは、器官なき身体の〈属性‐部分対象〉である（地層化の端初）。一体、これは、何を言おうとしているのか。スピノザの実在的区別の論理を用いれば、器官なき身体とその属性としての〈器官‐部分対象〉と、全体とその構成要素という関係のなかで捉えられるものではなく、また一つの全体としての姿態を備えた〈人物‐身体〉のもとで類比的に把握されるものでもないということがわかるであろう。そうではなく、〈器官‐部分対象〉は、器官なき身体という唯一の実体の諸属性であり、この身体を絶対的な〈質料‐流れ〉として表現する第一のものである、と考えるのだ。したがって、〈器官‐部分対象〉はこの身体を分割しないものと考えられ、また、これら〈器官‐部分対象〉が形成する多様体は、或る器官が他の器官に優越したり、他の器官を排除・否定したり、他の器官に対立したりしないものとして把握されることになる。言い換えると、器官なき身体には、実在的区別の無数の線が刻まれているのである。しかし、これらの線によってこの身体は、寸断されるどころか、むしろそうした線こそが器官なき身体の欲望そのものなのである。器官なき身体は、属性なき実体ではないのだ（しかし、ここで注意しておく。実在的区別は、それが地層――例えば、記号（＝表象）の世界、社会体――のなかで変化するとき、自らが帰属する器官なき身体を粉々に寸断するような無数の線として現われるであろう。あらゆる社会機械は、それが器官なき身体における無数の実在的区別のもとにある限りで、この無数の線の地層的変化をそこに刻み込むのである）。

したがって、次のように言われることになる。「結局のところ、諸々の〈部分‐器官〉と器官なき身体とは、唯一同一のものであり、分裂分析によってそうしたものとして考えられるべき唯一同一の多様体である」。諸々の〈部分‐器官〉あるいは〈器官‐部分対象〉は、それらが統一化され全体化されて一つの有機体となるべく或る知性によって知覚されるならば、属性としてはもはやその器官なき身体（内在的実体）に属してはいないだろう。この場合、実体の側から考えれば、それら器官は、属性としては相互に排除し対立し合うという理由から、つまり相互に他の属性をいくらでも否定することができるということから、その実体の本性を構成しないような属性である。ひとは、このように身体の本性に属さないような多くの属性をつねに考えている。そうではなく、絶対に無限な内在的実体としての器官なき身体は、属性としての〈部分‐器官〉によって表現されるのである。しかし、器官なき身体は、それ以上に統一化も全体化もされえないような一つの全体としてこれら諸部分の傍らに産出される、と言わなければならない。このことは、内在性の思考を徹底化することで帰結されるもっとも重要な事柄の一つである。実体が様態に内在する（＝汎神論）のではなく、また様態が実体のうちに内在する（＝万有内在神論）のでもない。実体と様態は、むしろそれらに共通の絶対的形相である実体の属性にともに内在するのである（＝内在属性論）。実体と様態という絶対的に異なる仕方で存在する物が、属性のうちに内在するのである。しかし、属性は、存在する第三の物ではなく、これら絶対的に異なる仕方で存在する物に共通の形式である。こうしたタイプの内在性においては、様態――ここでは〈部分－器官〉の強度的変様、その形相上の多様な度合――の傍らに、実体が存在するのである[57]。この〈傍らに〉は、外延的な相互関係のもとで理解されてはならない。これは、〈最近原因〉と言うときの〈最近〉と同じである。〈傍らに〉とは、〈最近〉ということであり、また、あらゆる強度と〈強度＝0〉との間の無媒介性のことである。ここでの実体は、予め存在するのではなく、発生し生産されるのである。〈部分－器官〉はそれだけで、一つの形質化された実体、一つの器官なき身体の発生を示しているのである[58]。スピノザにおいて実体は発生するが、しかし実在的区別はけっして発生の対象とはならない。属性は、実体の言わば〈存在根拠〉であり（この限りで様態は実体の言わば〈認識根拠〉である）、ア・プリオリに定立された実在性だからである（属性は実体の形相上のア・プリオリな諸条件であることを思い起こされたい）。しかし、ドゥルーズ＝ガタリの哲学においては、この区別さえも発生の対象に、あるいはア・ポステリオリな生産の対象になる。この生産がきわめて有益であるのか、あるいはまったくの不毛であるのかは問題ではない。問題は、すでに述べたように、むしろそこに含まれた「反産出」の意義をよく理解することにあるだろう。

実在的区別の技法（1）――〈離脱‐再帰〉

今や実在的区別は、単なる思弁の対象ではなく、まったくの実践的要素となったのだ。実在的区別は、まさにそれ自体で脱構造論的な要素である。このことは、実践上の「実在的区別の技法」がわれわれに開かれていると言い換えられるだろう。この技法は、実在的に区別されるものがいかなる結びつきもなしに結びついて作動する仕方を、すなわち諸々の欲望機械を組立て作動させる方法論を示している（こうした諸機械は、「〔実在的に〕区別される諸要素あるいは単純な諸形相からなる一つの多様体」である[59]）。では、具体的に諸機械は、結びつきの不在によってどのように結ばれるのであろうか。それは「再帰の手法としての一種の離脱（décrochage）」によって可能となる。すなわち、「一つの機械は、これが横断する複数の同時的な構造を巻き込んでいる。第一の構造は、この第一の構造との関係では機能しないが、しかし第二の構造においてのみ機能するような要素を少なくとも一つは含んでいる」。まず、ここに現われる「機能する」「機能しない」という表現には少し注意を要するだろう。たしかに機械が現実に作動するためには、こうした要素は第一の構造から「離脱」して、第二の構造へと「再帰」する必要があるだろう。しかし、注意しなければならない。諸要素のこうした〈離脱‐再帰〉は、第一の構造における過剰から第二の構造における欠如への移動、言い換えると、〈在ってはならないところに在るもの〉から〈在るべきところに無いもの〉への方向性をけっして意味しないということである。過剰と欠如はむしろ各構造のうちで完全に前提されており、むしろそれらによって構造は既に十分に機能しているのだ。技法としての〈離脱‐再帰〉は、構造を機能させるための作用ではない。それは、構造のうちで機械を作動させるための発生的要素である。したがって、この〈離脱‐再帰〉によって、構造を機能させていた過剰と欠如は、その場で完全に消滅するのであって、けっして相互に相殺し合うのではない。このようにして、〈離脱‐再帰〉は、むしろ〈過剰‐欠如〉と完全に対立する要素である。この〈過剰‐欠如〉それ自体の消滅によって構造を形成する諸々の不変的な関係=比（ラポール）は、ここではじめてその連続的変形の相に曝されることになるだろう――まさに機械が、不調のなかで作動し始めるときである。ここでの離脱の〈要素=d〉あるいは再帰の〈部品=r〉は、究極的には実在的区別そのもののことであり、これによって構造のなかで機械が作られるのである。われわれは、実在的区別それ自体をこうした諸々の欲望機械に共通の部品だと考えなければならないだろう。問題は、様態的に区別される複数の個物の諸関係一般ではなく、実在的区別という部品からなる欲望機械である。

　もう少し具体的に考えてみよう。或る欲望機械は、例えば、「スポーツ、園芸、鳥籠という三つの自動化された構造」を結びつきの不在によって結びつけることで作動している[60]。理解しやすいように、この機械をあえて原因の言葉を用いて言うと、次のようになるだろう。すなわち、この「妻に手紙を届けるのを忘れないために」という名をもつ欲望機械においては、スポーツは家庭園芸のまさに最近原因であり、結果としてのこの家庭園芸は次に原因となって鳥籠を直接に結果し、さらに鳥籠は……といった作動配列をもつ。ここでの構造上の諸要素はすべて脱領土化されている。ここでは、本来のスポーツゲームも、園芸ゲームも、鳥籠ゲームも成立しない。何故なら、ここでのすべては、単に「手紙の投函」を一つの効果とするような機械状の質料的過程（実在的に区別されるものの結合）としてしか作動しないからである。つまり、それは、一つの過程そのものを完成させる働きである。この機械状の過程とは、過程そのものの完全性あるいは実在性のことである。欲望機械は、いかなるゲーム（=構造）も共可能的世界も成立させることなく、この真に〈外〉的な世界――実在的区別の集合——を存立させるからである。ここにあるのは、ただ実在的区別を増大させることだけである。これが、まさにスピノザにおける〈喜びの増大〉にとって代わるドゥルーズ＝ガタリにおける欲望に関する問題である。欲望は、喜びの増大から解放され、つまりあらゆる受動感情によって或ることを為すように決定される状態から解き放たれることになる。欲望は、ここで希望と恐怖の情念的体制を保存する力から解放される。それゆえ、「意識をともなった衝動」として欲望を定義することはもはやできない。何故なら、この欲望は、無意識そのものの存在の仕方だからである。言い換えると、欲望は、もはや意識を穿つものから決定されないということである。欲望は、無意識というリゾームである。何故なら、それは、様態的にかつ数的に連結しているもの（数的複数性）を切断すると同時に、それらの間に実在的に区別されるものの結合（具体的複数性）を実現するものだからである。しかし、この切断と結合は、唯一同一の事柄であり、単に思考上の区別にすぎないであろう。欲望は、もはや有機的身体の変様の観念から決定されるものではない。それは、器官なき身体を構成する平面の特性である。あるいは、この平面は器官なき身体の変様であり、また欲望はこの変様の情動である。さらに言うと、ここには構造を機械にする実践上の問題が、あるいは非言語的で経験的な、圧倒的事柄が存在する。それは、この延長属性（あるいは身体系属性）のうちで、実在的に区別されるものを、あるいは実在的区別そのものを産出することである。われわれは、この延長属性を〈この外的世界〉と称すべきかもしれない。いずれにせよ、それは、無数の可能世界をけっして想定しないという意味での、あるいは他の無限に多くの属性を別の世界にしないという意味での〈この外的世界〉であり、相対的な外在的世界ではない[61]。欲望機械が示しているのは、実在的区別という形相によってのみ形質化された〈質料‐過程〉である。そして、それは〈と〉によってのみ表示されうるような結合である。

この外的世界は、どんな名をもつだろうか。おそらくは無数の名をもつであろう。あるいはそれは、無数の文字列からなる名だと言われるかもしれない。実在的に区別されるものの名とそれらを結合するものの名、それがこの外的世界の名である。それは、スポーツと園芸と鳥籠と……、精神と身体と……、資本と労働力と……、罪を犯すアダムとアダムが罪を犯さない世界と……、である。こうした〈と〉によって結びついた諸項は、いずれも実在的に区別されると同時に、一つの外的世界のなかでのみ結合されるのである。そして、この〈と〉は、区別と結びつきの双方を示しているのである。

実在的区別の技法（2）——〈不定関係〉、すなわち切断と結合に共通なもの

実在的区別を静的に発生させる方法がある。例えば、或る部屋のなかの椅子の数を数えるという場合、われわれは、何のためらいもなしにそれを実行することができる。何故か。個々の椅子は、数的に区別されるからである。しかも椅子は、様態である以上、既に他の物のうちに在り、既に他の物（机、私の身体、等々）によって考えられているからである。この限りでの椅子は、けっして他の物と実在的に区別されるようなものではありえない。これに対して、もし「この部屋のなかの〈座れるもの〉の数を数えてみよう」と言われた場合、事態はどうなるであろうか。もはや数えるという行為は、意味を失うであろう。〈椅子〉概念の同一性を前提とした個々の椅子は、延長属性における単なる再認の対象であったことが明らかとなる。これに対して、それ以外の座れる事物は、無限身体における若干の解釈の対象、部分的な出会いの対象となるだろう。というのは、〈座れるもの〉を数えることは、概念の外部での反復、概念なき反復を含んでおり、その限りで数えることはできないからである。これによって、事物の間のすべての具体的連関と概念的関係性は、不定なものになるであろう。

欲望における諸事物の機械状作動配列には、こうした「不定関係」（relation aléatoire）が内含されているのだ。不定関係とは、実在的に区別される諸要素の間に結びつきの不在による結びつきを保証するのである。実在的区別は、〈結びつきの不在〉と〈この不在による結びつき〉の等価性を意味している。欲望における〈切断／結合〉の合一論は、実在的区別をこうした不定関係として実現するのである。要するに、不定関係は、欲望による切断と結合に共通なものである。様態的区別しか存在しえない領域に実在的区別が不定関係として存在するようになるのだ。実在的区別は、こうした不定関係のもとで実践の対象となるのである。例えば、或る椅子が、私の身体、机、傘立て、本、床、等々と不定関係のもとに現われるなら、その椅子は、延長属性とは別の属性の様態として座れるものである。この椅子は、何であろうか。この椅子は、様態のままで、或る一連の連関を有した諸様態と実在的に区別されるものとなる。これは、或る事物の潜在的な側面がそのとき現働化することで、それまでの安定した構造に変化が生まれたのであろうか。おそらく違うであろう。潜在的なものの現働化とは、言わば別の属性において表現されているものが脱属性化の速度をともなって反転することである。こうした速度からなる身体が〈無限身体〉であり、それと並行論的関係にあるのが分裂症化した〈無限知性〉である。

　さて、概念は、非物体的なものであり、諸物の状態に現働化する。非物体的な出来事は、つねに諸物の状態に、あるいは身体を含む諸物質に実現される。現働化とは、内包的で潜在的なものの現在的なものへの理念的で実在的な移行である。それは、内包的縦座標を形成する強度的地図が時空的座標のうちに位置づけられる現在的なもののうえに展開されることである。これに対して、時空的座標のうちに位置づけられる身体は、その身体の外部に存在する別の事物によってつねに触発され続ける。

何故なら、身体は、触発なしには存在しえないからである。身体の現働的存在は、無限に多くの触発——呼吸、食事、壁、床、気象、光、等々——からなる。こうした身体の変様によって、情動が生起し、概念が形成されるのである。身体の変様は、身体の内包的縦座標を生み出し、そこに情動の幾何学や概念の脱領土的地図を描き出すのだ。このこと自体が、反現働的な潜在化の過程である。身体は、けっして物の状態ではない。諸身体の機械状作動配列は、けっして諸物の状態ではない。欲望は、人間の本質であり、つねに切断と結合を繰り返している。こうした〈切断‐結合〉は、実は様相概念をともなってはいないのだ。それは、けっして可能性あるいは不可能性、必然性あるいは偶然性、潜在性あるいは現働性といった特定の様相のもとで生起するような事態ではない。機械状と言われるこの欲望の内在的様相は、実は〈非‐様相〉あるいは〈無‐様相〉なのである。実体を構成する属性の〈原因‐特性〉は、器官なき身体を組成する平面の〈欲望‐特性〉にとって代わられる。この〈原因‐特性〉は、必然性という唯一の〈様相‐特性〉を有している。〈欲望‐特性〉は、こうした原因を排除する以上、同時に必然性だけでなく、すべての様相を減算する。欲望機械における〈切断‐結合〉には、様相概念が不在なのである。この無様相は、〈多数多様な〉器官なき身体の間にも想定される。〈多数多様な〉器官なき身体とは、結びつきの不在によって結びついて一つの存立平面に所属するような諸身体のことである。器官であれ、部分対象であれ、その各々が、それ自体で形質化された実体あるいは器官なき身体を示しているのである。この場合の内在的実体としての器官なき身体は、或る部分対象だけを一属性とする実体だということになる。すなわち、部分対象それ自体が、一つの器官なき身体なのである。したがって、複数の器官なき身体が考えられることになる。ここでは、次の四つの論点を喚起したい。（1）実体ではなく、身体を起点として問題化し続けることは、原因から欲望へと基本特性における価値転換を図ることである。（2）喜びの増大に代わる実在的区別の増大は、器官なき身体上の機械論——〈切断 - 結合〉——のエチカに属する命題である。（3）これらによって、実在的に区別されるものの結合とあらゆる諸関係の切断とが不定関係として実在化し、これに関する技芸がわれわれに強烈に意識されることになる。（4）こうした欲望=機械は、その特性から言っていかなる様相ももたないのである。

多数多様な〈強度=0〉について

さて、『千のプラトー』において器官なき身体は、はじめて明確に複数形で語られることになる。しかし、既に見たように、この複数形は、数的に区別されるものの多数性をまったく意味しない。それらは、やはり実在的に区別されるものによって形成された一つの多様体——「融合の多様体」——を示しているのである。スピノザに倣って、こうした器官なき身体についてドゥルーズ=ガタリが再び定義する属性、様態、実体の在り方を見てみよう。「（1）タイプ、種類、実体的属性として区別される、〈多数多様な〉器官なき身体。例えば、麻薬中毒者の器官なき身体の〈寒冷〉、マゾヒストの器官なき身体の〈責苦〉。それぞれが産出の原理としてその零度を有している（これは減衰である）。（2）器官なき身体のそれぞれのタイプに生起するもの、つまり様態、産出された強度、通過する波と振動（緯度）。（3）あらゆる〈多数多様な〉器官なき身体からなる不確定な総体、存立平面（全態、これが器官なき身体と呼ばれることもある）」[62]。ここでの属性は、もはや部分対象としてではなく、その一つ一つが器官なき身体として捉えられている。したがって、こうした属性としての器官なき身体に応じて、異なった〈強度=0〉が存在することになる。そして、その「全態」（Omnitudo）が、存立平面あるいは器官なき身体として改めて捉えられる。ここには明確に複数形で言明された「諸々の器官なき身体」(*les* corps sans organes)がある。しかし、そこに付けられた定冠詞(les)の複数性は、もはや数的に区別されるものの複数性ではない。属性の間の区別が実在的区別であったように、これら複数の器官なき身体の間にも同様の区別が適用されなければならない。要するに、この定冠詞(les)は、数的に区別されるものの数の複数性を示す「諸々の」ではなく、実在的に区別されるものの具体的複数性を示す「多数多様な」として理解されなければならない。それは、数的に区別される複数の身体ではなく、実在的に区別される多数多様な、つまり属性あるいはタイプごとに異なって形質化された器官なき身体、すなわち固有の〈強度＝0〉を有するような諸々の器官なき身体を表示しているのである。

ところで、スピノザにおける「二つあるいは多数の」形質化された実体についてマルシアル・ゲルーは、これを単なる「数の複数性」から区別して、「具体的複数性」と呼んでいる[63]。この具体的複数性とは、何であろうか。具体的な物が、数以外の複数性のもとで理解されるとはどういうことか。われわれは、例えば、〈数える〉という行為が意味を失うほどに、その際の数えられるものが相互に異質で異形であるようなものの複数性を考えることができる。換言すれば、それは、一般概念の外部の複数性あるいは反復――実在的に区別されるものの差異と反復――であると言える。さらには、結びつきの不在によって結ばれているものは、実はその「不定関係」が原因で数えられないのである。同様に、その各々が実体的属性として知覚された複数の器官なき身体には、二、三、四……などの数の複数性は適合されないのだ。〈多数多様な〉器官なき身体は、むしろ「それらの属性を構成する存在者相互の内的で異質な差異」を含んでいるという意味での具体的複数性を示している。微妙な違いではあるが、『アンチ・オイディプス』では部分対象それ自体が属性（タイプ）と言われたが、ここでは一つの属性はそのまま一つの器官なき身体として知覚されるのである。「絶対に無限な実有（エンス）」としての器官なき身体、すなわち絶対的な〈強度＝0〉には、この絶対零度をそれぞれの仕方で所有するような身体のタイプが、つまりその限りで形質化された身体があるということである。それは、言わば属性化された、その限りで実在的にしか区別されない無数の器官なき身体であり、例えば、その一つが様態としての個々のマゾヒストの強度を生産するような、マゾヒストの器官なき身体であり、また別の一つが様態としての個々の麻薬中毒者の強度を産出するような、麻薬中毒者の器官なき身体であり、さらに別の一つが様態としての個々の分裂症者の強度を産出するような、分裂症者の器官なき身体であり……。つまり、こういうことである。一方では、持続する身体存在をもつマゾヒストや麻薬中毒者たちは、現実に存在する個々の有限様態であり、したがって、時間と空間のうちで「数の複数性」を有する物体として互いに有機的な触発関係をもちうる。しかし他方では、彼らのこうした有限で表象可能な存在を、その身体を流れる、表象不可能な、しかし特定の強度あるいは情動の相から捉えることもできるのだ。重要な論点は、これらの強度あるいは情動（骨あるいは血、新たな実体変容における）は、つねに器官なき身体のタイプに等しい固有の〈強度＝0〉との関係においてのみ存在するということである[64]。先に述べた「形質化された」という事態は、今度は固有の〈強度＝0〉を有するという別の強い意味をもつことになる——すなわち、実体的属性としての、あるいは器官なき身体のタイプとしての固有の〈強度＝0〉（責苦、寒冷……）。この限りで彼らの身体は、相互にまったく無関係であり、実在的に区別されるものの不定関係のうちにある。それゆえ、もし彼らの身体が何らかの〈触発関係〉のもとで結びつくとすれば、それは、この〈不定関係〉のもとでの結びつきを実現していることになるだろう。

真の実体変容——様態の脱タイプ化と実体の脱属性化

ここで、器官なき身体に関する『千のプラトー』に固有の問題を再構成することができるだろう。第一に、すでに見たような実在的区別の技芸がここでも要求されるが、それは、例えば、実在的に区別される限りでのマゾヒストの器官なき身体と麻薬中毒者の器官なき身体とを結合させることである。何故、そんなことをする必要があるのか。それは、マゾヒスト、麻薬中毒者、分裂症者……が獲得した〈或る積極的なもの〉を肯定するためである。そのためには、マゾヒストと麻薬中毒者のそれぞれの器官なき身体は、自らのタイプから脱属性化し、あるいは自らの種類から脱領土化し、究極的には実体的属性からの訣別——絶対的な脱属性化——を実現しなければならないだろう。マゾヒストや麻薬中毒者、アルコール中毒者や分裂症者、等々が、アルトーが言う意味での「自動性」[65]から、あるいは「一般的因果性」から自分たち自身を解放することなしに、充実した器官なき身体はけっして繁殖しないのである。ドゥルーズ＝ガタリは控えめに述べているが、「真水で酔っ払うこと」、「麻薬なしにトリップすること」とは、実在的に区別される限りでの〈真水〉と〈酩酊〉が不定関係において結合し、〈麻薬による麻薬中毒者〉と〈麻薬なしに麻薬の力能を体現する身体〉が連結することである——水で泥酔し、アルコールで覚醒すること。これらの結合の要素は、すべて脱タイプ的な内在的様相、脱タイプ化の内在性しかもたないであろう[66]。ここには、知覚と欲望の問題が深くかかわっている。麻薬は、知覚の諸条件を変化させるだけでなく、それによってまさに〈知覚不可能なもの〉をも知覚させることになる。知覚不可能なものとは、〈知覚されることとしかできないもの〉であり、また

〈知覚サレルベキモノ〉（percipiendum）である。それは、通常の体験された知覚のもとでは、つまり共通感覚のなかで機能している諸能力のもとではけっして知覚されえないものである。あらゆる脱タイプ化の運動は、ドゥルーズ＝ガタリが言うこうした知覚不可能なものへの生成である。しかし、麻薬の真の問題は、一つの絶対的情動に、すなわち欲望にある。つまり、欲望こそが知覚に直接に実在的区別の情動を備給するのである。あるいは欲望は、人間本性そのものである。しかし、次のように言うことができる。そもそも欲望こそが、実在的区別の情動なのである。

　器官なき身体が部分対象から解放され、その同じ器官なき身体がタイプや属性から脱領土化し、また原因から欲望へと特性上の実体変容を遂げるような身体がつねに意識される平面、それが「存立平面」である[67]。何故なら、存立平面に「適合する」ような、諸々の充実した器官なき身体は、相互に排除したり対立したりしないからである。したがって、ここには諸々の空虚な器官なき身体も、諸々の癌化した器官なき身体も存在しないのだ。この思考法は、まさにスピノザのものである。存立平面の本性は、唯一の器官なき身体である。しかし、ひとは、唯一の器官なき身体の本性に属さない身体——空虚な、あるいは癌化した身体——を考えることができる。「私は「絶対に無限な」と言い、「自己の類において無限」とは言わない。何故なら、自己の類においてのみ無限なものについては、われわれは無限に多くの属性を否定できるからである。〈言い換えれば、ひとは、そのものの本性に属さない無限に多くの属性を考えることができる〉。しかし、絶対に無限なものについては、本質を表現し、いかなる否定も含まないあらゆるものがその本質に属している」[68]。ひとは、「絶対に無限な」実体において、その本性を構成しない属性を考えて、そこで生きたり死を迎えようとしたりしているのだ。つまり、あらゆる様相を用いて、それらに依拠しつつ、あるいはそれらに絶望しつつ、自分たちの生に特性を与えようとするのだ。それらは、有機的な平面を彩る様相である。スピノザの様相の一義性でさえ、地層化の端緒がもつ特性、すなわち実体の本性を構成する属性の特性なのである。原因から欲望への系譜学的な逆行過程は、言い換えると、必然性から無様相へと特性を減算する過程でもある。スピノザは、たしかにこうした減算の過程のもとで必然性を特性と考えたのである。

第二に、この脱属性化の実現は、存立平面なしにはありえない。脱タイプ化の実在性は、この平面の唯一の実在性だからである。しかし、この点に関してもドゥルーズ＝ガタリは慎重な言い方をする。存立平面と器官なき身体は、同じものなのだろうか。言い換えると、属性の様態を脱タイプ化するような平面と、実体のように形相化も形質化もされえない器官なき身体とは、同じものであるのか。実はここには、存立平面は、複数の器官なき身体が帰属するものである、あるいはそれらの身体によって構成されるものである、あるいはもっとも実在的な諸身体の必然的な統一性や単一性である、といったような安易な存在論的同一性によって存立平面の問題を片付けてはならない、という根本的な命令が含意されているのだ。そのような把握では、この平面の意味がまったく見失われてしまうからである。存立平面とは、言わば実在的に区別されるもの——多数多様な器官なき身体——の結合の仕方それ自体のことであるが[69]、それとともに、そこでは実体の変様は脱属性化し、実体の様態は脱タイプ化するのだ。言い換えると、諸実体がむしろ〈一つの様態〉に浸るのである（実在的に区別される多数多様な器官なき身体が、唯一の様態的な仕方で結合するということ）——絶対的な価値転換の生起。この〈一つの様態〉こそが、まさに「平面態」と言われているものなのである。唯一この平面においてのみ、このような未知なる「実体変容」（transsubstantiation）が実現されると考えられるのである。つまり、これは、唯一の実体と無限に多くの様態との間の脱本性的な反転であり、内在性の極限である。つまり、これは、「諸実体の実在的推移」であり、その本性の実在的変形である[70]。存立平面は、無数の充実した器官なき身体が帰属し結合する〈唯一の様態〉なのである。ドゥルーズ＝ガタリは、明確に述べている。「唯一の実体に属する実体的諸属性のように把握された、あらゆる器官なき身体の或る集合に関する問い」は、ただ存立平面からのみ理解されるべきだ、と。存立平面は、唯一の実体ではない。それは、むしろ唯一の様態である。唯一の実体は、無数の様態を産出するだけでなく、それとともに唯一の様態へと実体変容し、それと同時に、産出された無数の様態は無数の実体へと実体変容するだけでなく、この唯一の様態のもとで結合するのである。この意味で、構成するものと構成されるものは、同じ力能を有しているのである——器官なき身体の内在的様相。ここにあるのは、内容と表現との間の実在的区別が不可識別になり、また内容と表現の変数が連続的になることの先端で作動している抽象機械である。

平面の地図——脱領土化の機能素

自由意志など存在しない。これは、エチカがもつ非意志主義である。これは、反道徳的で非人間的な原理である。〈非人間的〉とは、〈人間的、あまりに人間的〉ではないという意味である。私は、ここに別の第二の反道徳的で非人間的な原理を付け加えたい。それは、無様相主義である。偶然性や可能性、必然性や不可能性、潜在性や現働性といった様相を無化することである。自由意志と様相概念に依拠するすべての論理や認識は、人間的であり、あまりに人間的である。それらは、われわれの様態性をつねに隠蔽してしまう危険があるからである。つまり、それらは、身体を無視して、思考の絶対的自律性の信仰のもとに、論理や認識を追究するなかで発生した道徳である。自由意志と様相概念は、思考のファシズムである。それは、とりわけ哲学の自滅を意志しているのである。どうあがいても、われわれは様態であり、様態としてしか、つまりその本性に実存が含まれないものとしてしか存在することができないのだ。様態は、いくつかの外在的側面と内在的側面を有している。『千のプラトー』では、〈様態的‐数的〉と〈様態的‐実在的〉、そして〈様態的‐強度的〉に加えて、新たに〈様態的‐脱タイプ的〉という様態の外在面と内在面の交叉にかかわる様相が至るところで課題となる。つまり、実在的に区別されるものの単なる連結・断絶ではなく、それらの脱タイプ化したなかでの結合の増大が実践的秩序のなかに現われるのである。論証は、せいぜい予め準備された別のアスペクトへの変換(あれか、これか)を促す程度である。そうではなく、離接的総合としての〈あれであれ、これであれ〉——永遠であれ、持続であれ——は、諸関係の地層からの〈脱〉化の運動を示していることがここで明らかになるであろう。すなわち、(1)最初に、表現する鏡(=属性)のこちら側の問題、つまり様態にとっての脱タイプ化の問題は、その変換の境界線それ自体をずらしたり描きなおしたりすることであり、あるいはまったく別の線、つまり逃走線を引くことにある。というのは、このこと自体が、平面を描くという脱タイプ的な活動そのもの、言い換えると〈強度=0〉を備給することだからである。(2)さらにこれと並行するようにして、この鏡の向こう側では、実体そのものの脱属性化が生じる。それによって唯一の無限実体は、一つの様態に実体変容するのだ。この存立平面という「結合の様態」において、諸実体はあたかも狂乱するかのようである。この唯一の様態の平面は、けっして安定化した内在平面などではなく、逆にこの内在性そのものを喧騒へともたらし、すべての実体を脱属性化という出来事の孤児にするのである。(3)最後に、こうした鏡の強度を超えた領域で、すなわち器官なき身体の教義化の極点という、あらゆる鏡が破壊されるような大地で、ひとは無数の器官なき身体が交叉することで描かれる一つの様態の線を見出すのである。〈存立平面は器官なき身体であり、器官なき身体ではない〉――人間身体が未だ器官なき身体を十分に獲得していないとき、唯一の器官なき身体が実体として存在する。しかし、各個の様態のもとで器官なき身体が獲得され実現され始めるならば、その唯一の実体は無数の器官なき身体の結合の仕方を与える一つの様態となるであろう。

スピノザにおける属性は、脱属性的な帰結をもたず、したがってそうした脱タイプ的な存在論的機能素ではない。脱タイプ化あるいは脱属性化する属性とは、言わばガタリが存立平面上の地図作成法という概念のもとで提起した存在論的カテゴリーあるいは機能素として論究することができる。分裂症化した無限知性は、その想念的内容をまさに「非物体的な諸領界」として有すると言える。つまり、ガタリの分裂分析的地図作成法の哲学も、実はここでのこうした分裂症化――ガタリにおける〈メタモデル化〉の究極の意味でもある――と同様の哲学的課題を有しているのだ。それは、地図作成法におけるもっとも重要な機能素である。「脱領土化」という観念には、本質的に脱カテゴリー的思考がある。脱領土化の地図は、描かれた領土と地図との関係性をまったくもたない。何故なら、脱領土化とは絶対的な過程であり、その過程を地図的表象によって描かれたり把握されたりすることは不可能だからである。それを実現するのが、「複写術」とは異なった地図作成法である。こうした意味での「地図」(carte)は、「複写」(calque)とは完全に異なっている[71]。というのも、地図は、領土の表象ではないからである。領土とは、複写術によって描かれるもののことである。地図と領土との関係を破壊して、地図を限りなく地図作成法そのものに接近させることが、問題なのである。したがって、そのような地図を作成する方法はつねに脱領土化と再領土化の流れにかかわり、その「図＝形象（フィギュール）」はつねに「形象(フィギュール)–分裂(スキーズ)」以外の何ものでもない。地図作成法は、こうした意味においてあらゆる典型やモデル化を批判し解体するメタモデル化である。そして何よりも、メタモデル化とは分裂症化のことである。次のように言うことができる。器官なき身体、それは、スピノザの無限実体のメタモデル化である。存立平面は、スピノザの実体的属性から存在論的機能素への思考の脱カテゴリー化がある。属性は、機能素ではない。属性は、けっして脱属性的な特性を有していないからである。反対に存立平面における諸機能素は、最初から脱属性的な諸属性であると言うことができるであろう。

無限に多くの属性の間の横断性に代わって、ガタリが提起するのは、初期ストア派と同様に、わずか四つの存在論的カテゴリーあるいは脱領土化の機能素である。すなわち、「エネルギー的–信号的な〈諸流態〉(F)」(Flux énergético-signalétiques)、「実存的な〈諸領土〉(T)」(Territoires existentiels)、「機械状の〈系統流〉(Φ)」(Phylum machinique)、「非物体的な〈諸領界〉(U)」(Univers incorporels)。こうした機能素の思考は、実は哲学の歴史のなかで、あるいはカテゴリー化された哲学的思考のなかで、すなわち領土化され条理化された仕方で長らく考えられ、また現在も理解されているものもある。アリストテレスや初期ストア派、あるいはスピノザやカントには、こうた機能素についての概念的先端があり、またその限りでその思考は、少なからず条理化されていたが、しかしまったく生産的であった(地図作成法においては、つねに機能素の間を横断的な変態性の〈矢印〉で思考することが、平滑化を実現することになる。しかし、その各々の領域それ自体は、完全に条理化されている)。地図作成法とは、第一に、表象や記号に固定化された現働的な表現のうちに、潜在的な非物体的変形を内容とする言説性を与えること、言い換えると、すべてのカテゴリーあるいは機能素に対して〈非物体的変形性の力学〉を導入することである。第二に、あらゆる属性に脱属性化の機能を与えること、これによって脱領土化という様態的変様がすべての様態に与えられることになる。存立平面は、この〈言説化〉と〈脱領土化〉という二つのまったく特異な軸からなる――「脱領土化の軸と言説性の軸とによる分割によって、存立平面は、（……）四つの存立性の領域に分割される」[72]。これらの間に、スピノザにおける諸属性が相互に有していた存在論的〈対等性〉は、まったくない。こうした対等性の不在の意味は、おそらく肯定的と否定的というまったく別の二義性を有しているであろう。肯定的側面は、このまったく異質で不等価な機能素のもとで思考可能になるのは、修正と転位であり、脱化の運動とその停止であり、二つの領域の間の反転とそれらの間の固定化である。否定的側面は、器官なき身体という産出の母胎（強度＝0）がもつ強度の落下の速度が、考えられないということにある。そのためには、分裂分析だけでなく、分裂総合が絶対に必要となる。四つの機能素の間に存立する平滑化の過程を分析することは、それ自体が脱領土的な分裂分析の無際限な過程をなしているのだ。地図の間の分析は、実はつねに下から上への一つの運動である――「地図は、そのそれぞれが先立つ地図のなかに一つの起源を見出す代わりに、後に来る地図のなかに修正を見出すような仕方で、重なり合っている。一つの地図から別の地図にかけて問題となっているのは、一つの起源の探求ではなく、転位の評価である。それぞれの地図が、必然的に下から上へと向かうような、袋小路や貫通路の、閾や囲いの再配置なのである。このことは、単に方向の逆転であるだけでなく、本性の差異でもある。無意識は、もはや人物や対象にではなく、行路と生成変化にかかわるのである」[73]。しかし、〈下から上へ〉の分裂分析を一つの手段とする哲学的分裂症が成立するならば、それは、その目標となる〈上から下へ〉の分裂総合を含むことができるのである（この〈上から下へ〉は、地層化において諸層の重なりが上から下へと沈降していくのとはまったく異なっている）。これは、第一の上昇する分析の運動に対する、第二の落下する総合の速度である。

注（Ⅱ）

1 Cf. *AŒ*, pp.90-91（上・一四八 - 一五一頁）。

2 Cf. *MP*, p.291（中・一五八 - 一六〇頁）。こうした意味での生成についてスピノザは、人間本性をその各個の人間の「活動力能」（agendi potentia）と解することによって、その力能の増大あるいは減少がまさにその人間の内在的様相であると規定した（Cf. Spinoza, *Ethica*, IV, praef.）。それは、まさに〈人間 - 動物〉の生成変化である。というのも、それは、知性によって規定されることなく、したがって知的変化とは何の関係もない、情動によってのみ知覚される変化だからである。

3 スピノザにおける思惟属性の特権性について簡単に触れておく必要がある。ドゥルーズは、思惟属性の三つの特権性を挙げている。（1）真の観念の「外的特徴」（denominatio extrinseca）——観念とその対象との一致（Cf. Spinoza, *Ethica*, I, ax.6; II, def.4）——に基づく、外延上の特権性としての「多数多様化」（multiplication）。これは、思惟属性には、属性を相互に異にするすべての様態（形相上の存在）をその対象とする観念（想念上の存在）が含まれているということを示している（Cf. Spinoza, *EP*, 65, 66）。（2）真の観念の「内的特徴」（denominatio intrinseca）——観念の観念（意識の構成）——に基づく、反復における特権性としての「二重化」（redoublement）。観念それ自身も形相上の存在をもつ以上、或る観念は別の観念によって表象される対象となりうる。そして、その観念もまた同様に、さらに別の第三の観念によって……、以下無限に続く（Cf. Spinoza, *Ethica*, II, prop.21, schol.）。（3）すべての観念は、唯一の〈神の観念〉から想念的に生じてくる（Cf. Spinoza, *Ethica*, II, prop.4）。したがって、すべての観念は、思惟属性の一様態であるにもかかわらず、実体やその属性を知覚するという純粋に内包的で想念的な力能を分有していることになる（Cf. G. Deleuze, *SPP*, p.96（一二六頁））。言い換えると、第一の特権性は、認識論的反復による、対象（観念されたもの）との関係における多数多様化であり、第二のそれは、さらに存在論的反復によって産出された観念それ自体の形相上の存在を用いて、対象（観念されたもの）との関係を離れた、思惟属性における観念と観念の観念とによって生み出される二重化である。第三の特権性は、観念の内包性にかかわっている。すなわち、すべての観念は、思惟する力能を有しているということである。こうした思惟属性の特権性は、形相的原理としての属性によって構成される神の存在する力能と、想念的原理としての神の観念によって表現される神の思惟する力能との対等性を根拠としている。これらの特権性ゆえにわれわれは、思惟属性の無限様態である無限知性を分裂症化することができる。思惟属性という一属性のうちには、無数の実在的区別の線が走っている。ここから生じる無限知性の分裂症化の可能性、またその実現としての延長属性——あるいはむしろ身体系属性の総体としての無限身体——の特権的な分裂症化（実在的区別それ自体の産出、あるいは無限数属性の間の実在的区別を無限身体のうちに脱属性的に折り込むこと）については、次章で論じることになる。人間の有限精神における分裂症をモデルにするのではなく、むしろそれらが結果となるような、無限知性の分裂症化を〈哲学－エチカ〉は、論究しなければならない。

4 Cf. *AŒ*, pp.389-390, 484（下・二〇四－二〇六、三四三－三四四頁）。

5 「数の複数性」（pluralité du nombre）とはいかなる共通性ももたないように思われるこの「具体的複数性」（pluralité concrète）は、マルシアル・ゲルーの言葉であるが（Cf. M. Gueroult, *Spinoza, I - Dieu* (Ethique, I), Aubier-Montaigne, 1968, pp.158-159）、これについては本書、第五章でその意義を明らかにするつもりである。

6 Cf. Spinoza, *Ethica*, II, prop.7, schol.

7 Cf. *MP*, pp.248-249（中・八七－八八頁）。「分裂分析は、要素にも集合にも、主体、関係、構造にもかかわらない。分裂分析は、集団も個人も横断する諸々の輪郭線にしかかかわらないのだ」。ここに示されているのがまさに分裂分析の「実践的対象」であるとすれば、その極限に現われるのが以下のような分裂総合の実践的対象である。何故なら、分裂総合は、〈多数多様な〉器官なき身体が帰属する存立平面を〈一つの〉器官なき身体として積極的に捉えようとするからである。したがって、問いは、『エチカ』における人間の本性上の一致を実現するための実践哲学と同様の意義を有した仕方で提起されることになる。「したがって、問題は、平面のさまざまな部分の〈結合の様態〉である。多数多様な器官なき身体は、どの程度まで互いに合成し合うのか」（*MP*, p.633（下・三一一頁））。

8 こうした意味での「頭痛」（migraine）の意義について、あるいは「（脳の）知性」から、言い換えると、ヒトの知能から区別されるべき「無限に広大な知性」については、P. Klossowski, *Nietzsche et le cercle vicieux*, pp.50-64（六四－八三頁）を参照せよ。

9 Cf. *MP*, pp.204, 639（上・三三九、下・三二一頁）。

10 Cf. G. Deleuze, «Faille et feux locaux», in *ID*, pp.217-225（「断層と局所の火」小泉義之訳、『無人島 1969-1974』所収、二九－四一頁）。

11 スピノザにおける二つの並行論（存在論的並行論と認識論的並行論）と神の二つの力能（絶対的存在と絶対的思惟）については、とりわけ以下の箇所を参照せよ。Cf. Spinoza, *Ethica*, II, prop. 7; G. Deleuze, *SPE*, pp.87-113（九四－一二六頁）。

12 Cf. Antonio Negri, *L'anomalie sauvage: puissance et pouvoir chez Spinoza*, traduit de l'italien par François Matheron, PUF, 1982［以

下、ASと略記」(『野生のアノマリー――スピノザにおける力能と権力』杉村昌昭・他訳、作品社、二〇〇八年)。本書においてネグリは、「事物は神である」という汎神論から「神は事物である」という内在論への転換を企てる(拙論「異例性の感覚――ネグリと哲学」、『別冊情況 68年のスピノザ――アントニオ・ネグリ『野生のアノマリー』の世界』所収、二〇〇九年七月、情況出版、二一〇‐二一七頁、を参照されたい)。

13 Cf. G. Deleuze, *LS*, pp.108-110(上・一六三‐一六四、一七一(注八)頁)。

14 G. Deleuze, «Spinoza et la méthode générale de M. Gueroult», in *ID*, p.208(「スピノザとゲルー氏の一般的方法」小泉義之訳、『無人島 1969‐1974』所収、一五頁)。

15 Cf. Spinoza, *Ethica*, I, prop. 1「実体は、本性上その変様に先立つ」/ prop. 2「異なった属性をもつ二つの実体は、相互に共通なものをもたない」/ prop. 3「相互に共通なものをもたない物は、一方が他方の原因になることができない」/ prop. 4「異なる二つあるいは多数の物は、実体の属性の相違によってか、あるいはその属性の変様の相違によって相互に区別される」/ prop. 5「物の自然のうちには、同じ本性あるいは同じ属性をもつ二つあるいは多数の実体は、与えられることができない」/ prop. 6「一つの実体は、他の実体から産出されることができない」/ prop. 7「実体の本性には、存在することが属している」/ prop. 8「すべての実体は、必然的に無限である」。

16 Cf. Spinoza, *Ethica*, I, def. 3, 5.

17 Spinoza, *Ethica*, I, prop. 9 et dem. 第一部の定義四については少し後で論じる。また、本文の少し前で述べた「その定義上」とはこの定義四のことである。

18 Spinoza, *Ethica*, I, def. 4[強調、引用者].

19 知性のこの知覚、あるいは知性によるこの「被知覚態(ペルセプト)」を考慮しないとすれば、「神のいくつかの属性の形相的本質の十全な観念から物の本質の十全な認識へ」(Spinoza, *Ethica*, II, prop. 40, schol. 2)の前進というスピノザにおいて認識論上もっとも重要な実在的移行は不可能となるだろう。したがって、この移行問題がスピノザ哲学には存在しないと主張する者は、こうした知性とその知覚、そしてその被知覚態とを考慮しないと自ら闡明しているのに等しいであろう。

20 ガタリは、「二つのタイプの切断」(一九七一年四月二六日)というテクストのなかでスピノザの実体について次のように書いている。「――スピノザのような、タイプの戦闘的な線。そこでひとは、脱領土化の現実的過程を受け入れ、諸実体を脱実体化し、神を中性化し、神の超越論化の能力をすべて拒絶し、神をそれ自体において絶対知として構成することがないようにする」。「スピノザの神は、どこまでその実体性を空にしているのか。そうした根本的な脱実体化（désubstantification）へと到達しうるのは、〈形象‐記号〉の流れの別の作動配列（アジャンスマン）だけではないのか。永続する脱実体化。つねに繰り返される脱実体化」。「（……）スピノザは実体を脱実体化し、あまり懸念することなく、それを参照物——空集合、ゼロ要素——のように用いることができていた」（F. Guattari, *EAGE*, pp.371-373（三五〇‐三五一頁））。

21 G. Deleuze, *SPE*, p.64（六八頁）。

22 スピノザにおける一義的実体と無限に多くの属性との関係を、つまり一義性と無数の実在的差異との関係を〈反復〉概念によって的確に論じたものとしては、上野修『精神の眼は論証そのもの』（学樹書院、一九九九年、一八五‐二〇九頁）を参照せよ。「実体は二度あらわれる」。「一度めのそれは反復の一単位としての「実体」であり、二度めのそれは無数に反復されている限りでの実体。そしてこの実体の反復の一回一回を区切っているのが「属性」である」（同書、二〇五頁）。とくに二度めの実体は、次のようになる。「同じものの無数に異なる反復、あるいは無数に異なるもののそのつど同じ反復。（……）無限に反復されている限りでの「実体」、これが神なのである」（同書、二〇三頁）。実体のこうした無限反復は、数的に区別されるのではなく、実在的に区別されるのである。同様に「神の観念」は、こうした形相上の無限反復に対応する想念上の原理として考えられなければならない。

23 Cf. Spinoza, *Ethica*, I, prop. 11.

24 Cf. Spinoza, *Ethica*, I, prop. 11, schol., prop. 31, dem.; II, prop. 7, corol.

25 この「想念的必然性」と「形相的可能性」については、G. Deleuze, *SPE*, pp.108-109（一二〇‐一二一頁）、*SPP*, pp.89-91（一五〇‐一五四頁）を参照せよ。カントは晩年、とくに一七九九年以降に、自らの「超越論的観念論」の先駆的思考をスピノザのうちに見出していた。カントが『遺稿（一七八六‐一八〇四）』（*Opus postumum*）のなかで述べているような「スピノザの超越論的観念論」が当のスピノザにおいて考えられうるとすれば、それはこうした「神の観念」の二つの側面、すなわち神の思惟する力能に対応する能産的な想念的原理としての神の観念と、思惟属性における無限様態としての形相上の存在である無限知性に対応するその所産的な想念上の存在である神の観念とを根本とした立場である。「（……）神におけるあらゆる物の直観の体系。自らを総合的かつア・プリオリに定立する超越論的観念論」、「スピノザの超越論的観念論に従えば、われわれは、われわれ自身を神において直観する。定言命法は、私の外なる最高の、命令する実体を前提しない。それは、私の理性のうちにある」（Immanuel Kant, *Opus*

postumum, *Passage des principes métaphysique de la science de la nature à la physique*, traduction présentation et notes par François Marty, PUF, 1986, pp.189-190（XXII, 54-56）; cf. p.341, n. 420.「スピノザの超越論的観念論」を引き出すのにもっとも妥当な言明は、次の定理であろう――「無限に多くのものが無限に多くの仕方で〔想念的に〕生じてくる神の観念は、唯一でしかありえない」（Spinoza, *Ethica*, II, prop. 4）。また、ここに挙げたカントからの引用文の解釈については、例えば、福谷茂「カントの《Opus postumum》の哲学史的位置について」（『カント哲学試論』所収、知泉書館、二〇〇九年）を参照せよ）。しかしながら、スピノザにおいては、神の絶対的本性の一つの側面として〈存在する力能〉が考えられ、それは、形相的原理としての、あるいはア・プリオリな存在論的条件としての〈属性〉のもとでのみ無限に多くの様態を形相的に産出する力能である。つまり、カントのような超越論的観念論のスピノザ的実験が試みられるとすれば、それと同様に超越論的観念論に包摂されていた素朴な経験的実在論（あるいは所産的自然主義）は、まさに形相的自律性を保証する内在論的唯物論へと移行する必要があるだろう。何故なら、スピノザ主義における超越論的観念論と内在論的唯物論は、神の〈本質＝力能〉の二つの絶対的な側面であると同時に、相互に〈反転可能な〉という意味での完全な等価性のもとで考えられているからである。

26 Spinoza, *Ethica*, I, prop. 16.

27「神の観念とは、この観念の想念上の存在における観念であり、また無限知性とは、この同じ観念がその観念の形相上の存在において捉えられたものである」（G. Deleuze, *SPP*, pp.90-91（一四〇頁））。しかしながら、それ以上に重要な論点は、能産的自然に属する想念的原理であり、また能産性から所産性への移行を含む〈神の観念〉と、思惟属性におけるもっぱら再領土的に考えられた所産的自然の無限様態である無限知性との間の差異とその関係である。

28 Cf. Spinoza, *Ethica*, II, prop. 5, dem. つまり、神が自らの観念を形成するのは、神それ自身が自らの観念の対象となるからではなく、神が単に「思惟する物」であるからにすぎない。何故なら、神の絶対的な思惟する力能は、その絶対的な存在する力能に等しいからである。この動詞に含まれた能産性は、一般的に能動性として理解される事柄に還元されない。

29「何故なら、二つ〔表現の形式と内容の形式〕は、同じ作動配列の二つの面だからである。それゆえ、作動配列においては、これらの面よりもさらに深い或るものに、また表現の形式あるいは記号の体制（記号体系）と、内容の形式あるいは身体の体制（物理体系）という、前提しあう二つの形式を同時に考慮するような或るものに到達しなければならない。それをわれわれは、抽象機械と呼ぶ。抽象機械は、作動配列の脱領土化のあらゆる点を構成し接合するのである」（*MP*, p.175（中、二八九頁））。

30 *QP*, p.41（七〇 - 七一頁）。

31 イェルムスレウ自身は、内容と表現との間の区別を実在的区別とは述べていないが、ドゥルーズ＝ガタリは次のように明確に述べている。「内容と表現の間の区別は、さまざまな名称で言われるにしても、つねに実在的である」（*MP*, p.59（上・一〇二頁））。「イェルムスレウは、形式なき実質（substances sans formes）を、デンマーク語で mening と呼んでいる。これを英語では purport（意味）と訳し、フランス語では sens（意味）と訳したり、matière（質料）と訳したりしている」。「『言語の重層性〔地層化〕』（"La stratification du langage"）のなかで、イェルムスレウ自身、二つの訳語のどちらにすべきか迷っており、結局「質料」の方がいいとしている」（Sémir Badir, *Hjelmslev*, les Belles Lettres, 2004, p.111（セミル・バディル『イェルムスレウ』町田健訳、大修館書店、二〇〇七年、一一八、二二七（注七）頁））。

32 イェルムスレウは、次のように述べている。「表現の平面と内容の平面、そしてとくに表現と内容という名称さえ、習慣で認められてきた概念に従って選んだものであり、これらはまったく恣意的である。この両者の機能による定義からすれば、これら占在体（grandeur）のまさに一方を表現と呼び、他方を内容と呼んで、この逆の呼び方をしないということが正当であるとは主張できない。この両者は、相互に連帯関係をもつということによってのみ定義され、そのどちらもこれとは別のやり方で、それが何であるかを確認することはできない。これらはそれぞれ別個には、まったく同じ機能をもつ互いに相対する機能素（fonctif）として、対立的にまた相対的にのみ定義されるものである」（Louis Hjelmslev, *Prolégomènes à une théorie du langage*, Minuit, 1968, p.85（『言語理論の確立をめぐって』竹内孝次訳、岩波書店、一九八五年、七二頁））。

33 Spinoza, *Ethica*, II, prop. 7, corol.「内容が展開される厳格な諸形相を先取りするためであれ、内容を逃走のあるいは変形の線上に織り上げさせるためであれ、先行するあるいは前に出るのは表現であり、内容に先立つのは表現である。しかし、この優位性には、いかなる「観念論」も含まれていない。というのも、表現あるいは言表作用は、内容そのものに劣らず作動配列によって厳密に規定されるからである。また、内容の機械状作動配列と言表作用の集団状作動配列として示されるのは、唯一同一の欲望であり、唯一同一の作動配列である」（*K*, pp.152-153（一七六頁））。

34 Cf. G. Deleuze, *NP*, p.223（三七四頁）。

35 Immanuel Kant, *Kritik der reinen Vernunft*, Philosophische Bibliothek, Meiner, 3. Aufl., 1990, B207.「内包量は、量における差異、つまり量の差異において存在する取り消し不可能なもの、量そのものにおいて存在する等化不可能なものを表象＝再現前化する。

したがって、それは量に固有の質である」（G. Deleuze, *DR*, p.299（下・一七〇頁））。

36　Cf. Spinoza, *Ethica*, II, prop. 8, corol.; G. Deleuze, *SPP*, pp.103-105（八四‐八七頁）; *SPE*, pp.194-196（二一八‐二二〇頁）。

37　「この結果として、神の思惟する力能は、神の活動する現働的力能に等しいことになる。言い換えると、神の無限な本性から〈形相的に〉〔すなわち物として〕生じるすべてのものは、神の観念から同じ秩序、同じ結合によって神のうちに〈想念的に〉〔すなわち観念として〕生じるのである」（Spinoza, *Ethica*, II, prop. 7, corol.）。

38　G. Deleuze, *SPE*, p.110（一二二頁）。Cf. Spinoza, *Ethica*, I, prop. 30, dem.; II, prop. 4, prop. 7.

39　Cf. Spinoza, *Ethica*, II, prop. 21, schol.

40　Cf. Spinoza, *EP*, 65, 66. 端的に言うと、思惟属性における無限知性は、一つの精神を構成しないということである。

41　佐藤一郎「〈並行論〉と「観念の観念」――「知性改善論」から「エチカ」へ」、『個と無限――スピノザ雑考』所収、風行社、二〇〇四年、八七‐一〇二頁、参照。

42　ゲルーの言葉を用いれば、一方の、思惟属性とそれ以外の属性との間に成立する並行論は〈思惟外的な並行論〉（parallélisme extra-cogitatif）であり、他方の、これと同じ関係が思惟属性において諸観念（形相的有をもつ観念とそれを想念的に理解する観念）の間で成立する並行論は〈思惟内的な並行論〉（parallélisme intra-cogitatif）と言われうる（Martial Gueroult, *Spinoza, II - L'âme* (Ethique, II), Aubier-Montaigne, 1974, pp.66-67）。

43　この〈記号‐微粒子〉群（signes-particules）は、ガタリの「機械状記号論」のなかで用いられる概念でもある。「しかし、機械状記号論というわれわれの遠近法において、ひとは、フェルディナン・ソシュールのように、信号的形式がその指示対象との関係で実質的な無関係性にあるとは考えない。機械状作動配列においては、形式の特性（フォルマリスム）が指示の諸々の実在性をともなった直接的な把捉（ダイアグラムの特性（ディアグラマティスム））であることが起こりうる。こうして、表現の受動的な諸形態は能動的な〈記号‐微粒子〉群に変形され、また記号論的エネルギーの問いはもはや排除されることはできない。〈表現〉の諸形態の形式が〈内容〉の諸形態の形式と同一であることを措定するにいたったイェルムスレウの分析からあらゆる帰結を引き出さなければならない。〈内容〉と〈表現〉の交叉する（記号論的機能素としてこの両者がつねに反転可能であることに関連した）ところで脱領土化した一つの同じ機械状のものの存在を肯定することは、すべての構造論的二元論を決定的に無効にすることにつながる」（F. Guattari, *CS*, p.116（一四一頁））。このガタリの言説は、きわめて重要である。われわれの課題から言うと、〈記号‐微粒子〉群は、観念以前の、しかし強度において成立する限りでの〈表現の形式〉のことである。そして、この〈表現の形式〉は、脱領土化した機械状のものである限り、〈内容の形式〉として脱属性化した諸様態の機械状のものと反転可能であり、その限りで一つの同じものである。

44 Cf. G. Deleuze, *SPE*, p.113（一二五－一二六頁）。ここでは、実体的統一から様態的統一への移行のためには、〈神の観念〉という独創的な原理が必要であったと言われる。

45 Spinoza, *TI*, p.15-16（三四頁）。

46 G. Deleuze, *SPP*, pp.152-153（二二二－二二三頁）。

47 Spinoza, *Ethica*, II, prop. 11, corol. スピノザはこの後に、心身並行論の根幹となる定義を述べる。それは、人間が現実に存在する物を知覚する場合と知覚しない場合の諸条件であり、また、その知覚が十全である場合と非十全である場合の諸条件である。いずれにせよ、われわれの知覚あるいは認識が神による人間精神の構成や他の個物の観念への変様と不可分であるのは、人間精神が神の無限知性の一部だからである。

48 Cf. *QP*, pp.54-55, 155（九七－九九、二七五－二七六頁）。

49 Cf. G. Deleuze, *SPE*, pp.22-32, 52-58（一七－二九、五二－六〇頁）。しかし、ドゥルーズ＝ガタリのテクストは、この点に関してきわめて重要な曖昧さを残している。「或る意味でデカルト主義は、スピノザやライプニッツとともに、この問いに答え続けてきたと言える。それは、特殊な論理を含む限りでの、実在的区別の理論である。究極の諸要素あるいは単純な諸形態が同じ存在あるいは同じ実体に属しているのは、それらが実在的に区別され、また相互にまったく独立しているからである。まさにこの意味で、実体的な充実身体は一つの有機体として作動しているのではまったくない。そして、欲望機械についても、事態は別様ではない。欲望機械は、区別される諸要素あるいは単純な諸形態からなる一つの多様体であり、これらの諸要素あるいは諸形態は、まさにこれらが一つの社会の充実身体「の上に」存在する限りで、あるいはこれらが実在的に区別される限りで、この充実身体の上で結びつけられている。極限への移行としての欲望機械、すなわち充実身体の推論、単純な諸形態の描出、結びつきの不在の充当。マルクスの『資本論』の方法は、この方向に進んでいるが、しかし弁証法的な諸前提によって、下部構造の一部をなすものとしての欲望への到達が妨げられている」（*ACE*, p.484（下・三四三－三四四頁））。デカルトが考える実在的区別は、二つあるいは多数の実体の間に成立する区別である。しかし、この実在的区別は、それら実体がもつ属性が同じであるか異なっているかについては完全に無差異であり、したがって、属性がこのいずれの場合であっても、一方の実体は他方の実体なしに考えられ存在しうる、と捉え続けられている（Cf. Spinoza, *CM*, pp.257-258（二〇一‐二〇二頁））。しかし、スピノザの批判は、まさにこの点に向けられている。つまり、実在的区別は、諸属性の間の肯定的差異であり、属性を異にする実体の間に、あるいは属性を異にする実体の様態の間にのみ成立する区別である。それゆえ同じ属性を有する諸々の実体は、実際には実体ではなく、この同じ属性における諸々の様態である。したがって、同じ属性における諸々の様態の間にある区別は、実在的区別ではなく、様態的区別である。「実体的な充実身体」は、組織化の平面においてではなく、欲望を特性とする内在的な構成の平面における一つの多様体であり、それと同時に実在的区別の切断と結合からなる社会の充実身体である。社会の充実身体とは、意識化された社会やそれについての見解にかかわることなく、無意識の機械状の流れとしての社会、それについてのイマージュなき思考、そして新たな表象なきイマージュである。

50 ドゥルーズによって明らかにされた「存在の一義性」の系譜において、〈反復〉概念——あるいは〈自己原因〉の概念——は、決定的に刷新される。とりわけスピノザ的な無限実体からニーチェにおける永遠回帰への移行が最高度に肯定される際には、けっして見逃すことのできないいくつかの事態がある。それは、（1）様態に対する実体の、言い換えると生成に対する一義的存在の差異性、（2）様態を発生的要素とした実体変容の超越論的可能性、（3）この（1）それ自体を差異の契機として、またこの（2）そのものを反復の要素として、この両者を包含した回帰（＝存在）の実現である（Cf. G. Deleuze, *DR*, pp.59-61, 387-389（上・一二一‐一二四、下・三四八‐三五一頁））。このようにして永遠回帰は、われわれに新たな反復あるいは原因の概念を与えるであろう。存在の一義性における究極の反復とは、この章の注（22）で挙げたような「同じもの」あるいは「同じ反復」は、「異なる反復」あるいは「異なるもの」についてけっして無‐差異ではなく、むしろそれら自体が〈差異〉の本性である、ということの実現にあるのだ。したがって、器官なき身体の教義化に関するわれわれにとっての一つの究極の問題は、スピノザにおける〈実体‐反復〉と〈属性‐差異〉よりも、むしろ永遠回帰における反復を一つのモデルとして、この教義化を再構成することにある。それは、例えば、〈自ら展開するものは包含する〉に代わる〈実在的に切断されるものは結合する〉である。これは、原因に代わる欲望の様式を表わすものである。

51 Spinoza, *Ethica*, II, prop. 13.

52 Cf. *AŒ*, p.280（下・四二‐四三頁）。

53 Cf. Spinoza, *Ethica*, II, prop. 7, schol.; G. Deleuze, *SPE*, pp.94-98（一〇三‐一〇八頁）。

54 *AŒ*, p.390（下・二〇五‐二〇六頁）。器官なき身体における部分対象は、第一にこの身体の「属性」であり、第二にその属性を必然的に含む「最終的要素」と考えられている。一つの器官なき身体に帰属する諸々の部分対象は、その限りでは相互に結びつきの不在によって、すなわち実在的区別によってこの器官なき身体の本性を対立も矛盾もなく構成する強度的な「最終的要素」である（Cf. *AŒ*, p.369（下・三八三－三八四頁））。この同じ器官なき身体を一つの〈強度＝0〉という絶対的質料と考える限り、諸々の部分対象は、この身体の属性として多様な〈強度＝0〉であり、この意味において器官なき身体を充たす最終的要素である。

55 Cf. Spinoza, *Ethica*, I, def. 6, ex., prop 17, schol. スピノザは、「全知」と「全能」を神の本性に帰したり、あるいはそれらを神の属性と考えたりするならば、その二つの間に不可避的に矛盾や否定の関係が生じることを指摘している。何故なら、それらは、人格神や創造神の性質であり、特性だけの神、あるいは有機体としての神について言われる無能力に基づいているからである——実体あるいは神について言われる「無限に完全な」（デカルト）に対立する「絶対に無限な」（スピノザ）、そしてこの「絶対に無限な」をも溶解し、原因性という特性さえも無化する、器官なき身体について言われる「完備な」あるいは「充実した」（ドゥルーズ＝ガタリ）。

56 Cf. *QP*, pp.197-199（三五一－三五五頁）。「もし哲学と芸術と科学の心的対象（すなわち生観念）が場所をもつとすれば、それは、対象化されることのできない脳の裂孔、間隙、合‐間のなかの、シナプス裂のもっとも深いところにあるだろう。こうしたところへと心的対象を探すために浸入することは、創造することであるだろう。（……）つまり、思考は、科学のなかで積極的に身につける形式のもとでさえ、有機的な結合と統合からなる脳には依存しないということである。（……）脳は、人間と世界との諸関係に必然的に一致する。というのは、刺激がその不確実さをも含めて世界から先取りされ、また反応がその減退をも含めて人間から先取りされているように、脳は、人間と世界の諸関係から先取りされているからである」（*QP*, p.197（三五二頁））。次のスピノザの言明は、これと同じことを示している。「観念がキャンバスの上の画のように無言のものであり、思惟の様態、すなわち理解することそれ自身ではないと信じない限り」、ひとは、真の観念がそれだけで最高の確実性を含んでいることを知っているのである。そして、「私は問う。前もって或る物を知っていないのなら、自分がその物を知っていることを誰が知りえようか。言い換えると、前もって或る物について確実でないならば、自分がその物について確実であることを誰が知りえようか。次に、真理の規準として、真の観念よりも明白で確実なものがありうるだろうか。たしかに、光が光自身と闇とを明らかにするように、真理は、真理自身と虚偽との規準である」（Spinoza, *Ethica*, II, prop. 43, schol.）。要するに、科学によって構成的に対象化されない脳は、こうした真の観念の内的特徴——観念の観念、あるいは諸観念の因果的な産出関係——をもつということである。したがって、この「前もって」

(prius）は、物理的な時間における「以前」や「かつて」を意味するものではない。それは、後で述べるような層位学的時間における「以前」(ante）であり、〈真理の内在性〉を示している。同様に、脳が人間と世界との諸関係に一致するのは、この真理という規準(ノルム)の内在性が先取りされているからである。ただし、真理が内在性を保証するわけではないという点に注意されたい。人間は、自らがその対象と一致する観念（真の観念の外的特徴）を有することを何によって知るのか。それは、いかなる媒介項（観念とその対象という二項に外在する、あるいは超越する第三の項）もなしに、ただ〈その観念を有している〉ということだけから帰結するのだ。言い換えると、それは十全な観念の内在性であり、また脳の「自己俯瞰」(auto-survol）であるとさえ言える。いずれにせよ、レイモン・リュイエの「真の形(フォルム)（＝形相）」を用いてドゥルーズは、これをいかなる外的観点も必要としない――かつ内在平面を前もって描き出すような――〈真理の内在性〉あるいは〈真の形相の内在性〉として考える。そして、ライプニッツにおいては、これがモナドという「自分自身を捉える絶対的内部性」に適用される。つまり、モナドはこうした意味での真の「形相の襞」である（Cf. G. Deleuze, *P*, pp.137-140（一七五－一七八頁）; Laymond Ruyer, *Néo-finalisme*, PUF, 1952; *Éléments de psycho-biologie*, PUF, 1946)。ドゥルーズにおけるリュイエの影響については、とりわけ米虫正巳「ドゥルーズ哲学のもう一つの系譜について――」、『ドゥルーズ／ガタリの現在』所収、小泉義之・鈴木泉・檜垣立哉編、平凡社、二〇〇八年、五〇四－五〇七頁、を参照せよ。

57 「全体は産出される。全体そのものは、諸部分の傍らにある一つの部分として産出される。この全体は、統一化することも全体化することもしないが、これらの諸部分に適用され、相互に通じ合っていない容器の間に異常な通路を創設し、それぞれの固有な次元においてあらゆる差異を保持するような諸要素の間に横断的統一性を創設するのだ」［強調、引用者］(*AŒ*, p.51（上・八五頁))。Cf. *QP*, p.47（八二－八三頁）。

58 ここでの器官なき身体の発生は、スピノザにおける「実体の系譜」に対応している。また、スピノザにおける様態の発生は「発生するものの記述」であり、これに対して実体の系譜は「発生の記述」である（Cf. G. Deleuze, *ID*, pp.209-210（一五－一六頁))。

59 Cf. *AŒ*, pp.476, 484（下・三三一－三三二、三四三－三四四頁）。

60 Cf. *AŒ*, p. 477（四七三－四七四頁）。R・ゴルドバーグ（アメリカの漫画家）の『間抜けめ、手紙を投函せよ』(*You Sap, Mail that Letter*）という漫画には、燕尾服の男が妻から頼まれた手紙を忘れずに投函するまでの、実在的に区別された諸物の機械状の過程が描かれている。燕尾服の男がポストの前を通り過ぎようとすると、この動きに連動してホッケーのスティックAが動いて、吊り下がっているブーツBを撥ねる。するとフットボールの球Cは蹴られてゴールDを越えてバスケットEに入る。その重みで紐F

が引っ張られて、じょうろGが傾いて燕尾服Hを濡らし、その重みで別の紐Iが引かれて、鳥籠の戸Jが開く。鳥Kが籠から出て、止まり木Lの上の餌Mをついばむ。すると紐Nが引かれて、「間抜けめ、手紙を投函せよ」と書かれた警告のビラOが男の前に現われる（市倉宏祐『現代フランス思想への誘い――アンチ・オイディプスのかなたへ』、岩波書店、一九八六年、八七-八八頁、参照）。

61　ピエール・オージェ（フランスの物理学者）は、「ありそうもないが、しかし可能であるような一つの体系のなかで、外的世界の実在的に区別される二つの部分のコミュニケーションが存在するや否や、機械が存在するということを示している」（***AŒ*, pp.465-466**（下・三一五-三一六頁））。こうした意味での機械が存在するところには、必ず外部性の形相として規定可能な作動配列が存在するであろう。

62　***MP*, p.195**（上・三二三頁）。

63　**M. Gueroult, *Spinoza, I - Dieu*** (Ethique, I), pp.158-159; cf. G. Deleuze ***ID*, pp208-209**（一四-一五頁）。

64　これら器官なき身体は、アルトーの言葉を用いるならば、「糞をすることを選んだ」身体に対する「肛門の袋を開かない」身体であり、身体の有機的で現在的な存在に対する同じ身体の無機的で現働的な本性であると考えられる（**A. Artaud, *Pour en finir avec le jugement de Dieu*, in *Œuvres*, p.1644**（『神の裁きと訣別するため』宇野邦一・鈴木創士訳、河出文庫、二〇〇六年、一九頁））。今後、われわれがアルトーに即して非教義的な器官なき身体について論究していく場合、一九四七年に書かれた諸々のテクスト、とりわけ「演劇と科学」――『神の裁きと訣別するため』のなかの「糞便性の探求」との内的連関も含めて――は、最重要テクストの一つになるであろう。「糞をすることを選んだ」肛門を全開にするための諸科学、諸器官の改善や存在の変革のための科学的思考と、これに対して真の身体を投射する唯一の科学＝演劇、すなわち「肛門の袋を開かず」に、気息と叫びによって「別の身体」へと身体を作りなおすための演劇、「火と本物の肉の坩堝」である演劇、身体の本性や本質を変形させるための演劇的・生理学的な革命。

65　「私を監禁したいならするがいい、／しかし器官ほどに無用なものはないのだ。／人間に器官なき身体をつくってやるなら、／人間をそのあらゆる自動性から解放して、その真の自由にもどしてやることになるだろう」（**A. Artaud, *Pour en finir avec le jugement de Dieu*, in *Œuvres*, p.1654**（四五頁））。

66　「問題がもはや「麻薬をやるか否か」ではない地点にたどり着くこと。しかし、麻薬が空間と時間の知覚の一般的諸条件を十分に変化させたからこそ、麻薬中毒者以外の者たちが、麻薬とは別の手段を必要とするまさにその場所で、世界の破れ孔を通って、逃走線上に移行しおおせるのだ。内在性を保証するのは麻薬ではなく、麻薬なしに可能になるのが〈麻薬の内在性〉である」（*MP*, p.350（中・二六三頁））。麻薬の物質的効果を麻薬なしの内在的様相として実現する平面、それが〈麻薬の内在性〉である（すでに述べた、〈分配の内在性〉や〈真理の内在性〉を参照せよ）。そこには、知覚の諸条件の変化や世界の表面に穿たれる孔が必要となり、そのための表面への機銃掃射という非物体的なものの変形がつねにともなっている。

67　『タラウマラ』のなかでアルトーは、まさにこうした意識や平面について語っている。Cf. A. Artaud, *Les Tarahumaras*, in *Œuvres*, pp.1690-1691（『タラウマラ』宇野邦一訳、『アルトー後期集成Ⅰ』所収、河出書房新社、二〇〇七年、三〇－三一頁）; *MP*, p.198（上・三二八頁）; *QP*, p.50（八九頁）。

68　Spinoza, *Ethica*, I, def. 6, ex.

69　Cf. *MP*, pp.633-634（下・三一一－三一二頁）。「結合の数を増やすものだけが（……）引きとめられ、保存され、したがって創造され、唯一、存立するのである」。この〈結合の増大〉とは何か。それは、様態的にあるいは数的に連結しているものを切断すると同時に、これによって実在的に区別されるものの間の結合を増やすことである。端的に言えば、それは、究極的には諸々の器官なき身体の結合の増大のことである。そして、存立平面こそが実体変容の完全な平面であり、唯一の「結合の様態」（mode de connexion）である――「実際に、平面こそが、すなわち〈結合の様態〉こそが、器官なき身体と張り合う空虚で癌化した諸身体を除去する方法を与えるのである」。

70　Cf. *MP*, pp.204, 639（上・三三九、下・三二一頁）。「作動配列」（agencement）について述べておくと、たしかに「実在的区別の技芸」はこれによって習慣におけるより身近な実践的事柄となるが、しかし作動配列は、具体的には実在的に区別されるものの生成変化を脱タイプ的・脱属性的に組合せること――生成のブロック――であり、それゆえ存立平面上でのまさに様態の活動力能を意味する。

71　ここから、超越論的経験論と分裂分析的地図作成法が実はほぼ同じ根本課題を有していることがわかるだろう。つまり、それは「複写」を批判的に解体するという課題である（Cf. G. Deleuze, *DR*, pp.186-187（上・三八一－三八四頁）; *MP*, pp.19-37（上・三三－六一頁）。

72　F. Guattari, *CS*, p.80（九六頁）。

73　G. Deleuze, *CC*, pp.83-84（一三六頁）。

III

脱地層化の原理——新たな〈エチカ〉の思考へ

第五章　器官なき身体＝脱地層化する〈自然〉

実在的抽象性について

〈抽象的であること〉が非難される理由は、それに身体の変様がまったくともなっていないということにほぼ帰着するだろう。しかし、たとえそうだとしても、実はそこで言われている身体とは、習慣の身体、過去の身体であり、要するに精神化した身体、地層化した身体のことであろう。つまり、単に〈具体的であること〉が求められたり評価されたりするのは、こうした地層化に、つまり表象化に依拠した限りにおいてのことである。何が本当の問題なのか。それは、表象的なものの抽象化、つまり捨象化ではなく、具体的なもの、つまり特異なものの諸法則それ自体が〈抽象〉という事柄で問われているということである。言い換えると、これは、思弁とはまったく相反するような抽象である。すなわち、思弁的実在性などではなく、〈抽象‐実在〉である。スピノザの神は、思弁的実在性のなかで定義されたのであろうか。〈抽象‐実在〉とは何か。それは、無仮説の原理からの総合的方法そのものが、特性と構成と産出の平面を成立させる総合的過程となるような水準で成立する事柄である。

それは、反道徳主義の倫理学、すなわち唯一のエチカが有している問いの力能から構成される事柄である。これは、哲学をめぐる現代の二つの環境あるいは側面から逃れる思考である。一つは、哲学は、けっしてそれ以外の諸学に還元されないという領土化された思考 - 思想。第二に、哲学は、可能であれば諸学に還元し尽くされるべきであるという脱領土化された思考 - 科学。哲学は、思想でも科学でもない。哲学がもしそのように言われうるとしたら、哲学は、産出と構成と特性についての思考のうちに成立している。倫理学とは何か。それは、産出の哲学である。それは、新たな外部としての身体を見出すような哲学である。

さて、身体の変様を必然的にともなうという意味で具体的な或るものを抽象化することによって得られる結果と、ドゥルーズ＝ガタリが言うような「抽象機械」というものによって実現される或る身体の変様とはまったく異なっている。しかも、それらは、同じ〈質料〉の、しかしまったく異なった状態に属するものである。あるいは、スピノザに倣って言えば、一般概念を用いて事物の差異を捨象して抽象的に考えることと、共通概念を形成しつつ「抽象機械」を作動させることとは、表現に関してまったく異なった〈機能〉をもつことになるだろう。例えば、或る事物のうちに予め知っていると思い込んでいるその事物の本質だけを残して、それ以外のものをその本質にとって付帯的なものであると考えて、その事物からそれらを捨象すること——これは、経験上与えられる具象性に依拠した抽象性である。言い換えると、ここにあるのは、つねに具体的なものの存在だけを或る結果と捉えて、そこからその原因としての本質的なものを抽出しようとする思考である。こうした意味での抽象化は、つねに記憶の、過去の、歴史の、習慣の、将来の諸地層を前提としている。そして、これらの地層は、実際に道徳的地質と称されるような「堆積物」および「堆積岩」から形成されているのだ。では、こうした（虚構の）抽象化に対して、抽象機械は何をおこなうのか。つまり、地層に捉えられた抽象機械ではなく、或る地層化されないものにおいて展開される抽象機械は何を為すのか。機械と称される限り、抽象機械は、何を産出し、何を実現するのか。来るべき実在、新たな実在性のタイプ――〈抽象‐実在〉――を構成するもの、それが抽象機械である[1]。例えば、能産的自然は、思弁のもとで考えられた思弁的実在性ではなく、まさに〈抽象‐実在〉のもとで構成された神である。器官なき身体は、身体を抽象化したものではなく、自ら器官を抽象するような充実身体である。それは、〈器官‐属性〉からなる諸地層を脱地層化する身体である――つまり、身体における抽象機械。〈脱地層化のエチカ〉の第一の問題は、何よりも無限実体から器官なき身体への内在的な変化である。

　この実在性は、単に地層の外部に存在するものの抽象的な実在性ではない。それは、大地における道徳的地質を変質させるだけでなく、それ自体が脱地層化の絶対的な運動をもった実在性である。しかし、この実在性を限りなく無へと消滅させる方法がある。それは、物の本質である力能とその物の現働的存在とを分離することである（これは、まさに反動的諸力が能動的諸力に勝利する仕方である[2]）。つまり、人々が諸地層のなかでの抽象化作用とその表現を意志する度に、あらゆる物の〈本質（エッサンス）〉は、その物の〈存在（エグジスタンス）〉から絶えず分離されることになるのだ。われわれに経験上与えられる物の現実存在は、その物自身が為しうることから分離されたものである。したがって、同様にわれわれ人間の現実存在がこうした物の状態に帰属しないということは、不可能であろう。この道徳的地層においては、「堆積物」は不活性な抽象物としての物の本質からなり、また「堆積岩」は現働性を欠いた物の存在からなる。そして、その地層全体は、それらが無数に沈澱して出来上がったものである。これに対して、われわれは、〈抽象‐実在〉をどのように考えたらよいのか。それは、たとえ対応する具体的なものが存在しなくても、実在的であり現働的であるようなものである。つまり、それは、強度の差異という存在の実在性である。それは、例えば、スピノザにおける「存在しない様態」（modus non existens）の存在の実在性にかかわるものでもある[3]。ここでは、ドゥルーズ＝ガタリにおける「道徳の地質学」とスピノザの様態化論を用いて、とりわけ〈自然〉の脱地層化という、永遠性とは別の絶対相に光を当てて、そのエチカを展開したいと思う。というのは、現代のエチカの問題は、ポスト・モダン——あるいはポスト・ヒューマン——という地層の特化でも、その年代測定でもなく、またその地質調査でもなく、むしろポスト・モラルという、こうした諸地層に絶えず現前する脱地層化の思考から形成されるからである。こうした思考が存立しうる（これについての分析的と総合的という二つの過程が成立しうる）ということ、それこそが器官なき身体の存在を示している。そして、この構成は、思考のうちで展開される実験ではなく、思考それ自体が実験となる地点まで赴かなければならないであろう。

属性以前に〈自然〉は存在するか

自然は、つねに脱地層化する。しかし、この同じ自然が、絶えず地層化されるのである。前者を能産的自然と呼び、後者を所産的自然と言うことは、できるであろうか。いずれにせよ、次のような神によって、自然の身体あるいは自然の大地は、地層化されるのである。「神は巨大なロブスター、あるいは二重挟み、ダブル・バインドである」。このような神は、けっしてスピノザの神あるいは自然ではない。しかしながら、スピノザの神でさえ、この巨大なロブスターの抽象的図式に捕獲されることがないとは言えないのだ。問題は、こうした〈神‐ロブスター〉が自然のうちに地層化という仕方で内在しているということである。もはや超越神（超越的原因）など、この神の影にすぎないであろう。この〈神‐ロブスター〉は、自然（あるいは器官なき身体、あるいは存立平面）――以下、この意味での自然を〈自然〉と記す――を内容と表現からなる二重分節の諸地層で充たす最大の道徳生物である。そして、これによってあらゆる地層は、「神の裁き」で、あるいは神となった人間の言語的判断（言語表現の形式がもつ「超線形性」をコード化すること、例えば、あらゆる記号のうちにシニフィアンをもち込むこと――言わば〈地層の地層〉）で充たされることになる[4]。しかし、この巨大生物が破壊され解体されて、死にも等しい収縮点を受け入れるのも、この同じ〈自然〉においてである。この巨大生物は、地層のなかでつねに自らの死を理解しているような生物である。これに対して、〈自然〉は、自らを何と心得るであろうか。〈自然〉は、一つの大地、一つの身体であり、したがって自らの観念、この身体についての観念をそれ自身有している。ただしそれは、スピノザに倣って言えば、自己を対象として捉えた観念ではなく、それ自身が思考する限りにおいてのみ形成されるような〈自然〉の観念である[5]。しかしながら、この場合の観念とは、非意味的な記号性の〈流態‐微粒子〉群であり、したがってスピノザ的な思惟属性の様態より以前の脱地層化の要素にほかならない。それゆえ、〈それ自身が思考する限りにおいて〉とは、言わば〈外の思考において〉ということでなければならない。何故なら、ここではあの属性やこの属性と呼ばれるような特定の属性は形成されておらず、それゆえ思惟属性も未だこの〈自然〉には帰属せず、この〈自然〉の本性を構成するア・プリオリな諸形相の一つであるとはけっして言われないからである。実体は属性によって形質化されるが、系譜学的にそれ以前に存在するのは、無形相の実体ではなく、或る形相化されない〈質料＝素材（マチエール）〉である。そして、それが器官なき身体なのである。

もう一度、問う。「地球は、自らを何と心得るか」。これが、道徳の地質学の基本的な問いである。地球は、球体でも地平でもない。地球は、内在平面である。地球は、一つの大地、一つの身体であり、したがって、並行論の観点から言うと、この身体についての観念をそれ自身有している。しかしながら、この点をわれわれは、二つの仕方で理解すべきであろう。第一に、人々が「地球」という言葉のもとで自然を理解する限り、それは単に宇宙全体のなかの一つの惑星であり、一つの巨大な地層的様態である。しかし第二に、もしわれわれが一つの大地あるいは一つの身体という観念のもとで「地球」を把握しようとするならば、それは「神あるいは自然」として現われるだろう。何故なら、ここでは、外延的な宇宙のなかに地球が内在しているのではなく、地球という内在性のうちにしか宇宙は存在しないからである。言い換えると、前者が地球の領土的理解であるとすれば、後者はその脱領土化的理解である。大地は、領土の外にあり、それゆえ「〈脱〉の運動」のうちにしか存在しない——「大地こそ、氷河こそ、すぐれて〈脱領土化〉なのだ。まさにこの意味で、大地は、コスモスに属し、人間が宇宙の諸力を捉える際の素材として現前する。脱領土化したものとしての大地は、それ自体〈脱〉の厳密な相関物であると言われるだろう」[6]。スピノザにおける神とは、唯一の実体であり、その本質（＝存在）が無限に多くの属性によって構成的・力動的に表現される自己原因、すなわち自然そのもののことであった。しかし、ここでは何よりもこうした実体の本質を構成する属性以前が問題となる。というのも、例えば、思惟属性とか延長属性という場合に、思惟や延長は、まったく大前提となっているからである。問題は、属性それ自体を発生の対象にすることである。ただし注意しなければならない。これは、卓越性、類比、多義性、目的論（伝統的で典型的な道徳的思考の諸形態）に特有の、属性に優越し、またその限りで属性に先立つような一般的な実体概念、要するにあらゆる属性を捨象して得られるような抽象的実体（言わば、裸の実体）が改めて問題になるということではまったくない。というのは、実体は、属性によって形質化される限りで実体になるからである。言い換えると、神の実在的定義において、属性はまさに神の発生的要素としてしか考えられないからである。では、この場合の〈より以前〉あるいは〈より以後〉は、どのように考えられるのか。実体の本質を構成する属性以前とは、言わば強度的・度合的な意味で把握されるべき、属性の（あるいは実体の）*より以前*ということである。つまり、それは、構成と特性に先立つ産出のことである。逆に言うと、属性の*より以後*とは、こうした強度の差異とこれによってのみ区別される微粒子が内容的に選択され、属性のもとで表現的に組織化されることだからである。つまり、それは、構成と特性の水準での地層化と領土化が生起するということである。われわれは、こうした〈より以前〉によって〈属性化〉という概念を、〈より以後〉によってこの属性化のなかでの〈様態化〉あるいは〈タイプ化〉の概念を相対的に理解するであろう。

二つの〈脱〉化の運動

さて、ドゥルーズ＝ガタリの「道徳（モラル）の地質学」[7]は、哲学的観点からとくに二つの重要な課題を有していると考えられる。一つは、ニーチェにおける道徳の系譜学的要素を今度はその地質学的要素として新たに反復することである。もう一つは、スピノザにおける表現（三つ組）の問題を表現と内容（二重分節）の問題として徹底化することである。系譜学的要素、それは力能の意志である。力能の意志によるもっとも脱地層的な作動配列は、生成に存在を刻印すること、生成と存在を、すなわち差異と反復を根源的に接近させること、それらを相互に干渉させ交差させることである[8]。生成とは差異のことであり、反復とはそれら生成についてのみ言われる一義的存在の発生のことである。そのとき、一義的存在としての永遠回帰は、まさに器官なき身体の叫びあるいは気息になるであろう。これらは、残酷な無様相である。また、二重分節論によってスピノザにおける表現の問題（絶対的自然学）を相対化することで、脱地層化のエチカという別の思考の仕方を提起しうるであろう。いずれの場合も、それは新たな部品を作動配列するような抽象機械が必要となる。しかしながら、そのなかでも、この〈モラルの地質学〉は、何よりも自然のうちに〈脱地層化のエチカ〉を書き込もうとする抽象機械の活動であるということ、この点をわれわれは強く意識する必要があるだろう。道徳の系譜学では、とりわけ「脱欺瞞化」（démystification）という絶対的運動によって問いが構成される。そこでは、まず人間における反動的生成から能動的生成への転換が、例えば、文化の目標と、国家、宗教、道徳の目的とを判明に区別することといった問題が提起されるのだ。道徳の地質学では、絶対的運動としての「脱地層化」（déstratification）が問いを構成する。そこでは、単に人間における地層化した意味と価値からの脱出ではなく、地層という相対的なもののうちに現前する絶対的なものの運動、例えば、非意味的で価値転換的な〈記号‐微粒子〉群が問題提起されるのだ[9]。〈記号‐微粒子〉群は、器官なき身体上の強度という無様相の産出体であって、あらゆる様相とともに生起する量と質の記号素などではない。しかし、この脱欺瞞化と脱地層化という二つの「脱」は、けっして異なるものではない。それらはむしろ同じ中心を脱するために、同じ問題を構成するようなものである。ニーチェはすでに、ニヒリズムという歴史化した大地の道徳的な諸地層（＝大地の皮膚病）を批判するとともに、超人をまさに脱地層化のエチカ（＝大地の意義）として語っていたではないか。別の仕方で感じること、それが超人の感性であり、その感覚の存在は、形相化されない〈質料＝素材（マチエール）〉そのものの被知覚態あるいは情動である。そして、スピノザも同様である。実体と様態を混同しないこと、神の本質と人間の本質を混同しないこと、完全性は不完全性の相関概念ではないこと、十全なものも非十全なものも同じ必然性を含んでいること……。これらのすべてが欺瞞と地層に対する抵抗運動であり、欺瞞化と地層化に対するエチカの闘い、抽象機械の闘いである。そして、フーコーの思考もまったく同様である。

地層と外の思考

神、国家、聖書、等々は事物であり、それらは地層のうちにある。それゆえ、神学、政治学、歴史学、等々は、地層についての学、擬人化されたものについての科学である。スピノザもニーチェも、この点をよく理解していた。『エチカ』は絶対的な脱地層化を対象とした書物であり、一つの地層を形成する書物や装置、すなわち聖書や国家を対象とするのが、『神学・政治論』や『政治論』である[10]。後者にも、脱領土化（あるいは再領土化）が考えられるが、それは、あくまでも相対的なものにとどまる限りでの〈脱〉化の運動と静止である。たしかにこの両者、あるいは三者は、相互に還元不可能であり、スピノザにおいては、それらの弁証法的な総合などまったく無意味である。しかしながら、それらは、けっして総合されえないほど互いに異質なものとして、あるいは相互外在的なものとして単に並置されているわけでもない。絶対的な脱地層化の諸要素を対象とするのが〈エチカ〉であり、聖書や国家や政治という諸地層における相対的な脱領土化あるいは再領土化の諸条件や諸原因を対象とするのが〈神学〉であり、〈政治学〉である。したがって、〈エチカ〉だけが地層化それ自体とこれに対する絶対的な脱領土化とを問題の対象とすることができるのである。つまり、〈エチカ〉は、つねに擬人化や国家装置の外部があることを論証し続ける戦争機械である。言い換えると、理解すべきことは、存在以前の政治と存在以後の政治とをけっして混同してはならないということ、しかし両者は同じ必然性のもとにあるということである[11]。存在以前の政治とは、まさに脱地層化の諸要素を対象とするのだ。それは、地層のなかの政治から観れば、まったく非政治的なもののように映るかもしれない。しかし、ここから〈存在以前の政治〉における次の四つの問題領域を考えることができるのである。第一に、あらゆる地層以前のものを単に〈地層化されないもの〉と考えるのではなく、それらを最初から脱地層化の原理のもとで把握すること、第二に脱地層化から地層化への方向を必然性と捉えること、第三にたとえ地層のうちにあっても、絶えず現前し続ける脱地層化の諸要素といかにして結合するかを問題にすること、第四にたとえ地層のうちにあっても、いかにしてこれら三つの問題について地層的なものに依拠しない思考を形成するのかと問うこと。この思考は、〈外の思考〉である。外の思考とは、「絶対的な外」の思考である。この絶対的な外とは、脱地層化の内在平面である[12]。この思考そのものが、この平面上に産出された一つの脱地層化的な要素なのである。言い換えると、外の思考にも、観念の観念の系列が、あるいは諸観念の機械状作動配列がある。しかし、その系列は、けっして原因と結果の系列に等しいものではない。外の思考は、既存の諸関係を経巡るような思考ではない。それは、分裂症化した無限知性を形成するような、有限知性に生起する思考である。外の思考は、形而上学的思考ではなく、自然学的思考であり、モラルの思考ではなく、エチカの思考である。

脱地層化の原理

われわれのうちには、たしかにこうした抽象機械を作動させる力がある。しかし、新たなエチカにおける抽象機械は、自己原因の定義から、あるいは実体の本質の系譜学から始めるのではなく、器官なき身体とそのうえを流れる強度、微粒子群、特異性から、すなわち脱地質化の諸要素（抽象的対象）から始めることになる——要するに、産出の原理としての〈強度＝0〉と、器官なき身体を覆う諸々の強度、あるいはこうした強度の差異、あるいはこの差異によってのみ区別される〈流態‐微粒子〉群、あるいはこれら微粒子群の最初の特質である特異性から。この抽象機械が〈自然〉のうちに書き込む最深の逆説とは、以下のようなものである（この書き込みとは、デリダの言葉を用いるならば、〈エクリチュールの内在性〉を示す限りでの「原‐エクリチュール」あるいは「原‐総合」であると言える）[13]。すなわち、強度の差異によってしか区別されない〈流態‐微粒子〉群は、絶対的な脱地層化の〈質料‐運動〉であるにもかかわらず、それらの群自体において属性という地層化への傾向的諸特性を有するということ、つまり、それらの群自体から〈自然〉の諸属性が発生するということである（言い換えると、この逆説は、例えば、「平面態（プラノメーヌ）」と「統合態（エキュメーヌ）」という抽象機械の二つの状態として、平面上の二つのヴェクトルの差異として表象されるものである。端的に言うと、前者は器官なき身体という脱地層の原理へのヴェクトルをもち、後者はこの身体を有機的に構成しようとする地層化あるいは領土化のヴェクトルを有している。また、器官なき身体上の〈流態‐微粒子〉群を脱地層化の〈質料‐運動〉として考えるならば、器官なき身体それ自体は、この絶対的な脱地層化の〈質料‐静止〉ということになる。この意味においてのみわれわれは、器官なき身体を「不動の動者」あるいは「死の本能」として理解する必要があるだろう——死の充実身体。しかし、この二つを区別することは、やはり思考上の区別にすぎないのだ。つまり、器官なき身体は、その限りで内在平面においては〈質料‐運動と静止〉である）[14]。それゆえ、器官なき身体における強度の差異、すなわち〈自然〉が産出するその内在的様態（〈自然〉の唯一の絶対的様相）は、実体を力動的に形質化する属性の様態的変様ではなく[15]、脱地層化の純粋強度である。それは、まさに新たな実在性のタイプとしての〈抽象‐実在〉である。何故なら、それは、〈脱属性的〉という積極的な意味において抽象的であるような、完全に実在的な要素群、原質群だからである。

すでに述べたように、ドゥルーズ＝ガタリにおいては、スピノザの「神あるいは自然」と言われるこの自然に代わって、器官なき身体あるいは存立平面としての〈自然〉が論じられている――すなわち、「神あるいは自然」ではなく、「〈自然〉あるいは器官なき身体」。しかし、これに関してわれわれは、多大な注意を払うべき点を有している。それは、スピノザの『エチカ』のなかでさえこうした意味での内在性の観点を、つまり脱属性的な〈自然〉あるいは非地層的な存立平面を見出すことができるということである。『エチカ』は、本質的に脱地層化の〈エチカ〉であり、また同時に地層化の自然学でもある。それゆえ、ここではじめてスピノザにおける神も、同様に〈自然〉（＝器官なき身体）と記すことができるであろう。しかしながら、これは、神が脱地層化の原理以外の何ものでもないという限りにおいてである。スピノザにおける自然（＝神）を〈自然〉（＝器官なき身体）という仕方で把握してみよう。一つの重要な定理のなかの「神」を〈自然〉に置き換えてみよう。「〈自然〉、あるいは各々が永遠で無限の本質を表現する無限に多くの属性からなっている実体は、必然的に存在する」（〈自然〉のこの構成的側面をN^1と記す）。「〈自然〉の本性の必然性から無限に多くのものが無限に多くの仕方で（言い換えると、無限知性のもとで把握されうるすべてのものが）生じなければならない」（〈自然〉のこの産出的側面をN^2と記す）[16]。この二つの定理が表現している事柄の間にあるのは、もっぱら思考上の区別であり、存在論的にはつねに一つの〈自然〉である。何故なら、〈自然〉は、存在する限りは産出し、産出する限りは認識するからである（存在＝産出＝認識）――ただし、N¹の構成の水準において、すでに〈構成＝存在＝認識〉が成立することにはとくに注意されたい。〈自然〉は必然的に存在するが、その限りで無限に多くのものを産出し、そのすべてを無限知性のもとに知覚する。しかし、この思考上の区別に関しては、さらに思考の別の二つの仕方が、すなわち区別されるべき二つの思考（あるいは理性）――形而上学的思考と自然学的思考――があると言えるだろう。この唯一同一の〈自然〉の事柄については、当然のことながら、これを〈N¹→N²〉（構成→産出）という実体の系譜を前提とした正則的な――言わば〈建設的‐前進的総合〉に対応した――方向性のもとで理解するのが常であり、これが形而上学的な思考による秩序と区別である。これに対して、〈N²→N¹〉（産出→構成）という産出の第一次性のもとでの変則的な――言わば〈前進的‐逆行的総合〉に対応した――方向性をもつのが自然学的な思考上の秩序と区別である。要するに、いかなる意味においても最初から地層化の方向に捉われた〈進化の思考〉が形而上学的思考であり、これが概念の「適用の秩序」を支えるのである。これとは反対に、あるいはこの方向とまったく同時に、非地層的なものへと向かう〈逆行の思考〉が自然学的思考であり、これが概念の脱‐適用的な「形成の秩序」を可能にする思考である[17]。これらの思考の差異の本性は、どこにあるのか。つまり、この二つの方向性の差異は、言わば〈属性的内在性〉と〈脱属性的内在性〉との区別を促すものである。N¹においては、たしかに実体の永遠で無限な本質が無限に多くの属性によって構成的に表現されるが、しかしこれら属性のうちに、例えば、この段階で思惟属性や延長属性が含まれると言うことはけっしてできないだろう。何故なら、N¹において唯一想定されうるのは、諸属性そのものではなく、ただ諸々の属性の間の区別である実在的区別だけだからである。われわれにとって重要なことは、このような言明に達するのは、〈N^2→N^1〉という実在的移行――言い換えると、脱属性的な強度の様態化から属性的形質のもとでの様態化への移行、あるいは属性なき様態化から属性化の様態への移行――の相関者である自然学的思考（外の思考）だけだという点である。したがって、N^2における「無限知性」には、この意味での外の思考が含まれていなければならない。ドゥルーズ＝ガタリの哲学は、スピノザと同様、形而上学として成立するものでもなければ、その哲学のうちにいかなる意味でも「別の形而上学」が成立するような余地をもつようなものでもないであろう[18]。

スピノザにおける神、すなわち唯一の「絶対に無限な実有（エンス）」とは、各々が永遠で無限の本質を表現する無限に多くの属性からなる実体のことであった。しかし、われわれの自然学（＝抽象機械）においては、地層化以前にはいかなる属性についても語ることはできない。何故なら、属性は、地層化の〈端緒（アルケー）〉だからである。地層が発生したものである以上、属性でさえ発生の対象として考えられ、その系譜が問われなければならないのだ。つまり、こういうことである。『エチカ』の第一部における「属性」は、たとえこれが実体を形質化するア・プリオリな存在論的条件として、あるいは実体の本質と存在を構成的に表現する形相として考えられるにしても、抽象機械においてはむしろよりア・ポステリオリな発生の対象として、またその限りでのみ実体の本質を力動的に表現するものとして捉えられるのである。スピノザにおける属性が有している或る種の絶対的なア・プリオリ性は、器官なき身体を形質化し、この身体上の〈質料（マチエール）＝素材〉を形相化することによって思考可能になる能産的自然（実体）に対する特性であり、また十全で能動的な地層から非十全で受動的な地層の末端までの所産的自然（様態）に対する特性である。この限りでのみ属性は、それ以上遡行不可能な或る種のア・プリオリな傾向性を有しているのだ。しかしながら、実体以前の存在の仕方、すなわち属性によって構成的に表現されるより以前の物の存在の仕方は、〈産出から構成へ〉という〈自然〉の存在の仕方――〈$N^2 \to N^1$〉――以外の何ものでもないであろう。この逆行の過程のなかで理解された「無限に多くのものが無限に多くの仕方で産出される」という事柄は、属性による実体の本質の構成以前の産出を意味しているのだ。それは、脱属性化され、脱タイプ化される〈自然〉である。言い換えると、この限りでの〈自然〉は、神としての能産的自然にも、様態としての所産的自然にもけっして還元されえない、この二つの自然に絶対的に共通なものである。原因の能産性と結果の所産性は、〈自然〉の存立平面においては、むしろ二つの結果的な項としてしか成立しえないもの、あるいは属性とともに二つの地質として定立されるにすぎないものである――すなわち、「堆積物」としての能産的自然、「堆積岩」としての所産的自然。器官なき身体における属性以前の或るものの様態化、すなわちその本質的に脱属性的な様態化と、実体における形相上の条件としてア・プリオリに措定される特定の属性のもとでの様態的変様とをけっして混同してはならない[19]。この完全な実体変容としての様態化こそが、能産的自然としての無限実体についての自然学上の発生的要素であり、また同じことであるが、この実体の本質を構成する無限に多くの属性についての地質学上の発生的要素である。この脱属性化の相から観れば、スピノザにおける属性でさえ自然学的（＝抽象機械的）には、よりア・ポステリオリなものとして考えられるであろう。しかしながら、属性のこの特殊な事後性は、いかなる持続的な意味も、つまり時間的な前後関係ももたないし、属性の永遠性に抵触するものでもなく、また論理的な前後関係のもとでこのように言われるのでもない。そして、当然想定されうる属性以前の或る種の永遠性は、しかし抽象機械の図表（ディアグラム）に完全にとって代わられるのである。ここでは、永遠性という特性も減算されることになる。

真の無名性の原理

ここで、反道徳主義としてのエチカにとって哲学上きわめて重要な問題が浮上してくる。ドゥルーズの哲学を構成するもっとも重要な理説の一つに「〈存在〉（エートル）の一義性」がある。その一般的な定義は次のようなものである――「〈存在〉（エートル）は、〈存在〉（エートル）〔在る〕が言われるすべてのものについて唯一同一の意味において言われる」[20]。〈存在〉（エートル）を多義的にではなく、一義的に用いることは、それだけで一つの内在平面を必然的に創建することになるだろう。〈存在〉（エートル）の一義性は、エチカそのものである。それは、形而上学的表面を構成の平面によって振り払い、あらゆる存在論を組成の平面によって非地層化する。〈存在〉（エートル）の一義性は、スピノザにおいては第一に「属性の一義性」として定義される。何故なら、属性は、その存在の仕方が絶対的に異なる二つのもの――その本質が存在を含む物（実体）とその本質が存在を含まない物（様態）――に共通の形相、つまり共通の〈有〉（エッセ）であり、それだけでなく、実体の本質を構成し、かつ様態の本質に含まれるものとして知性によって現実に知覚されるからである。スピノザにおいては、〈本質〉（エッセンチア）は、単に〈有〉（エッセ）によって〈存在する〉（エクシステレ）のではない。実体は、その本質が属性によって構成される限りで、存在するのである。すなわち、〈有〉（エッセ）としての属性は、実体の本質を構成すると同時に、実体の存在をも構成するということである[21]。属性は、本性上必然的に存在する実体と、これを原因として必然的に存在する様態とに共通の形相である。つまり、属性は、実体と様態という存在が言われるもの――〈存在する〉と言われるもの――について唯一同一の〈有〉（エッセ）なのである。スピノザの絶対的内在性を肯定しつつ、実体をその様態のまわりで回転させること、あるいは同じことであるが、様態を発生的要素として実体そのものを実在的に定義することは、いかにして可能であろうか（これは、まさに思考されるべき、存在以前の政治問題であろう——いかにしてアナーキズムをアルケー以前に戴冠させ、その内在性を肯定するのか、言い換えると、どのようにして地層化以前に脱地層化の原理を思考するのか）[22]。言い換えると、問題は、形式化されない〈質料（マチエール）＝素材〉としての絶対的内在性においていかにして永遠回帰の〈機能〉を実現するのか、あるいは、永遠回帰という〈脱根拠化の原理〉と器官なき身体という〈脱地層化の原理〉、この両者をどのように総合するのかということである。要するに、器官なき身体上では、すでに述べたように、スピノザにおける属性の一義性は脱属性化の一義性として、またその属性的内在性は脱属性的内在性として把握されなければならないのだ。この脱属性化の一義的平面とは、何よりも実体の脱属性化と様態の脱タイプ化との等しさを示している。この前者は脱地層化の原理に、後者は脱地層化の先端にそれぞれかかわるのだ。これらは、まさに諸身体の非因果的な多様体形成と諸観念の非言語的な表現活動——身体の機械状作動配列と言表作用の集団状作動配列——を同時に描き出すような、きわめて抽象的な実在性である。言い換えると、これは、原理の先端と知覚の先端で定義され、構成される抽象機械である。そして、この両者の間に絶対的な反-実現性の作動配列が構成されることによって、はじめてこの一義性は、われわれにとってプラグマティックな実践上の機能をもつことになるだろう。反-実現は、実現の秩序と過程、産出の秩序、諸原因の連結を〈切断-結合〉するような、属性横断的な器官なき身体の欲望によって存立する。欲望機械は、こうした作動配列として機能するものである。しかし、これは、もはや欲望機械ではなく、むしろ抽象機械の非形式的な機能なのではないか。いずれにしても、欲望機械は特性の〈質料-機能〉であり、抽象機械は構成の〈質料-機能〉である。抽象機械は、産出の原理としての器官なき身体を〈形相化されない質料〉と〈非形式的な機能〉として構成しつつその平面を描き出すのである。抽象機械は、器官なき身体を構成する平面を描き出す力能を有している。それは、器官なき身体の〈強度＝0〉が産出する純粋強度から〈表現〉と〈内容〉を抽出するのだ。この抽象は、つねに強度の地図あるいはその傾向を反転させつつ、この二つの変数を形成することにある。

さて、ドゥルーズ＝ガタリは、デンマーク人の言語学者ルイ・イェルムスレウを「スピノザ主義的地質学者」と称して、彼が提起する言語における〈表現／内容〉の二重分節論を大地のあらゆる地層に適用する。ソシュールの「シニフィアン」と「シニフィエ」という関係あるいは区別に代わって、イェルムスレウが提起するのは、「内容」と「表現」との間の関係あるいは区別であり、またその各々が「形式」と「実質」という二つの観点あるいは様態を有することになる。ドゥルーズ＝ガタリがイェルムスレウの言語学から引き延ばしてくる最大の特徴は、いかなる超越的審級にも依拠することのない純粋に内在的な領域を追究すること、シニフィアンとシニフィエとの間の「従属関係」（シニフィアンのシニフィエに対する優越性）に代わるのは、内容と表現の間の「相互前提」の関係、内容の形式と表現の形式との間の反転可能な関係であること、したがって、こうした表現の平面と内容の平面における二つの脱領土化した流れから一つの存立平面を理解すること、また、内容であれ表現であれ、その形式と実質との間には思考的区別あるいは様態的区別が、内容と表現との間には実在的区別があること、等々[23]。イェルムスレウの考え方は、並行論の観点からまったく異なる関係性と内在性を与えることになる。それは、スピノザの内在性に残る超越性を告発することになるだろう。そのすべては、脱地層化の速度にかかわっている。スピノザにおける精神と身体の並行論（思惟属性と延長属性）、存在論的並行論（諸属性）、認識論的並行論（神の二つの力能）は、すべて内在性の思考のもとに構成された差異と対等性についての並行論である。哲学の表現主義を構成する表現の三つ組〈表現そのもの、表現するもの、表現されるもの〉と、哲学の新たな内在主義を促す〈表現／内容〉の二重分節との相違、あるいはむしろ前者から後者への転換は、われわれにいかなる問題を提起しているのであろうか。こうした遠近法のもとで、はじめて表現の三つ組が一つの地層化にかかわっていることが明らかになるであろう。まず〈質料＝素材〉とは、器官なき身体のことである。それは、「形相化されず、有機化されず、地層化されない、あるいは脱地層化された身体」である。ここでは能産的自然の〈形相的‐実在的〉な占在体としての無限実体でさえ、属性によって形質化される限りでの〈質料＝素材〉にほかならない。では、実際にそれは、どのように考えられるのであろうか。スピノザ哲学において原理上もっとも重要なことの一つは、実体としての神は無限に多くの属性をもつということである。ドゥルーズ＝ガタリは、ドゥルーズ自身が論じたような、〈存在〉の一義性におけるスピノザの無限実体からニーチェの永遠回帰への価値転換的な移行に依拠することなく、むしろこの無限に多くの属性によってその本質が表現的に構成される無限実体を自ら脱属性化するものとして、すなわちわれわれの言葉で言えば、まさに〈自然〉として提起するのである。これによって〈存在〉の一義性全体を被っていた出来事としての形而上学的表面は完全に破られる（このことに対応して、経験に与えられる現象——ここには幻想さえ含まれる——は、もはやいかなる特権性ももたず、それに代わってむしろ身体の変様が、あるいはその情動が特権的流れをつくっていることにわれわれは気づくであろう）。スピノザ哲学における唯一の無限実体を器官なき身体にする一つの仕方がここにある。属性は神の真の名性（＝動詞）として捉えられるが、この脱属性化によってわれわれは、器官なき身体をまさに真の〈無名性の原理〉として把握することができるようになるのだ[24]——器官なき身体の理解し難さは、実はいかなる動詞的表現ももたない身体を想像することの困難さと同じである。動詞的表現は、至るところに形而上学的表面の形成と不可分な傾向を有している。無名性の原理としての器官なき身体、それは、能産的自然から所産的自然へと移行することによってではなく、この両者に共通の自然そのものを脱属性化することによって可能となる。これこそが存立平面、あるいは器官なき身体と呼ばれるのに相応しい絶対的に内在的な〈自然〉であろう。何故なら、属性は、思考上ではあるが、実体の様態化＝様態的変様に先立って、実体を形質化し、〈質料＝素材(マチエール)〉を形式化する形相だからである。要するに、属性は、大地を地層化する、あるいは器官なき身体を実体化する第一の要因だということである。しかし、器官なき身体が単に地層化されない〈質料＝素材(マチエール)〉であるだけでなく、強度の母胎でもあるのは、自らのうちに脱地層化の要素である強度を産出するからである。器官なき身体は、この限りでまさに脱地層化の原理である。こうした〈強度‐様態〉は、地層へと吸収されることなく、それゆえ実在的に区別されるものの壁を乗り超えるという意味でも、脱地層化の要素だと言われるのである。あらゆる地層のうちにはこの実在的区別の亀裂が存在するが、しかしそれは、その性質を変えながらも地層化の証拠となるような活断層を走らせる。しかし、実際にこうした活断層は、地層を破壊するものではなく、むしろ地層間の相対的な脱領土化であり、それ以上に大地の地層化を促進するものである。

様態の第一理論――様態的切断

器官なき身体を〈エチカ〉のもとで定義することにしよう。器官なき身体は、(1) 能産的自然と所産的自然から分離された唯一の〈自然〉、あるいはむしろこの二つの自然の絶対的な〈間(あいだ)〉であり、

（2）絶えず脱属性化の運動がその唯一の様相、その産出の唯一の姿であるような絶対的な〈実体変容〉そのものである。ここではまだ類推の域を超えてはいないが、一応述べておくと、（1）はスピノザにおける「実体の本質の系譜学」あるいは「真の構成」に、（2）は「諸物の真の産出」に対応すると言える[25]。単に「地層化されないもの」（le non-stratifié）が問題なのではない。何故なら、それは、言わば属性なき実体の様態化のことだからである。そうではなく、脱地層化の原理は、脱属性化する限りでの様態化それ自体である——非形相的なものから脱形相的なものへ（つまり、〈形無し（かたな）〉から〈形破り（かたやぶ）〉へ）。すでに前提してきたことであるが、特異性についての学、つまりこうした〈自然〉についての自然学は、まさにドゥルーズ＝ガタリが言う「抽象機械」である。この自然学によって属性以前の相（第三の相）のもとで、言い換えると、〈永遠の相〉〈第一の相〉と〈持続の相〉〈第二の相〉との区別なしにスピノザ哲学における唯一の「絶対に無限な実有（エンス）」を考察するならば、それはこの二つの相の絶対的〈間（あいだ）〉、すなわち〈自然〉（あるいは器官なき身体、あるいは存立平面）としてしか考えられないであろう。誤解を畏れずに言えば、器官なき身体とは属性なき実体である——ただし裸の実体ではまったくない——ということになるが、しかしながら、それはむしろ脱属性化を意味する器官なき充実身体であり、逆行の無限運動によって地層化の場所を積極的に欠いていくような属性以前（器官なき）の充実身体である。何故なら、属性によって形質化された実体は、地層化の端緒だと考えられるからである。この限りで器官なき身体は、脱属性化された実体である。さて、ここに言う実体変容は、脱属性化のもとでの直接的な様態化のことである。この実体変容を含まない様態は、存在しない。抽象機械が物の本性のうちに書き込むのは、こうした変容である。それは、第一に実体における単に思考上の区別でしかない本質と存在とを様態的に切断することである。言い換えると、こうした様態化は、脱属性的な力能と一つのものである。様態的切断、それは、実体を本質的に非実体化すること、積極的に言うと、その〈質料（マチエール）＝素材〉の過程と不可分な実体変容のことである。実体変容は、単に地層のうちに〈その本質が存在を含まない物〉（様態）を産出するだけではない。それはまた、自己の脱属性化の流れを様態の先端としての脱タイプ化に接続する限りで、唯一の絶対的な様態化である。それゆえこの実体変容は、こうした意味において先の様態的切断に対応した「結合の様態」だと言われるべきである[26]。この実体変容は、まさに器官なき身体の自己変様である。それは、器官なき身体の脱地層化の原理が有する効果の一つである。

　スピノザにおいて、実体という〈その本質が存在を含む物〉（＝それ自身のうちに在る物）は、自己の本性の必然性によって様態という〈その本質が存在を含まない物〉（＝他のもののうちに在る物）を産出する。実体は、まさに実体である限り、『エチカ』第一部における「自己原因」の定義、あるいはその他の諸定義によって別の実体を産出することはけっしてできない――「私は、自己原因とは、その本質が存在を含む物、あるいはその本性が存在するとしか考えられないものである、と解する」[27]。物の自然のうちには実体と様態しか存在せず、また自己原因と作用原因は唯一同一の意味において言われる（原因の一義性）以上、実体は、その絶対的本性から必然的に様態を産出する。これらは、自明のことである。実体は、実体を産出しない。それは、様態を産出する。言い換えると、〈その本質が存在を含む物〉は、〈その本質が存在を含まない物〉を必然的に産出するのである。つまり、実体の本性は、自己の本性のうちにとどまりながらも、脱本性的に唯一の実体変容を遂げるのである。こうした意味で、実体は、一方で属性によってその本性が構成され、他方でその属性のもとで様態を産出するのである。様態の本質におけるこの〈存在を含まない〉という否定的事柄を肯定的に言い換える必要がある。それが、無限様態である。無限様態は、絶対的に肯定される。これが、スピノザにおけるいわゆる「直接無限様態」と「間接無限様態」である[28]。正確に言うと、前者は〈その本質が存在を含まない物の本質〉を、後者は〈その本質が存在を含まない物の存在〉をそれぞれ肯定的に言い換えたものである。したがって、無限様態は、二つしかないのである。しかし、様態の産出に関する問題の真の特異性は、いったいどこにあるのか。それは、産出された〈物の本質〉はその存在を絶対的に含まないという点に秘められている[29]。言い換えると、では、物の本質に含まれない存在とは、何であろうか。それは、（1）単にその物の有限な現実的存在のことだけでなく、（2）実はこの産出された物の永遠で無限な本質に対応する存在、すなわちその本質それ自体の存在でもある。それゆえ、この〈本質の存在〉は、この〈存在の本質〉と同様に永遠で無限である。したがって、実体の「様態的変様（モディフィカチオ）」、すなわち様態化は、この二つの存在に応じて必然的に二様に区別されることになる。つまり、〈自然〉の或る属性の永遠で無限な様態的変様に変様する存在の仕方か、あるいはその同じ属性の定まった存在をもつ有限な様態的変様に様態化する存在の仕方かである[30]。重要なことは、スピノザにおいてこの二つの〈存在の仕方〉は、その本質が存在を含まない物の存在にかかわる限り、永遠であれ持続的であれ、無限であれ有限であれ、ともに間接無限様態のもとで言われるべき区別だということにある。その本質が存在を含まない物の存在の産出、すなわち様態の存在の産出は、それが無限であれ有限であれ、〈自然〉あるいは〈自然〉の或る属性の様態的変様から生起する。何故なら、それは、様態の存在そのものにかかわる産出だからである。これに対して直接無限様態は、様態の本質である限り、こうした様態的変様なしに〈自然〉あるいは〈自然〉の或る属性から直接的に産出されることになる。間接無限様態において二様に区別される存在に対応して、同様に直接無限様態においても、今度は様態の形相的本質と現働的本質とが区別されることになるのだ。直接無限様態における本質の二つの区別は〈強度〉と〈コナトゥス〉との差異であり、間接無限様態における存在の二つの区別は〈強度の差異〉と〈量と質における差異〉との間の区別である。別の位相から言い換えると、存在（持続）しない様態において、その様態の本質は強度であり、その本質の存在は強度の差異である。また、持続する様態の本質はコナトゥスであり、その本質の存在は質と量における差異である。

地層内の事例——無限様態についての解釈

スピノザにおける直接無限様態と間接無限様態は、〈自然〉の或る属性の絶対的本性から必然的に生起する以上、唯一同一の無限な実在性をなしている（ただし、これは、スピノザ的に言えば、〈本性ゆえに〉ではなく、〈原因ゆえに〉である）。しかし、それらは、その生起の仕方がまったく異なる限りで様態的に区別されなければならない。無限様態は、〈自然〉の或る属性の絶対的本性から直接的に生起するか、あるいはこの属性が様態的変様に変様した限りでの——つまり、この意味でのみ間接的に——この同じ本性から生起するかである。何故、そうなるのか。端的に言うと、前者はその本質が存在を含まない物の〈本質の産出〉であり、後者はこの本質の存在の産出、すなわちその本質が存在を含まない物の〈存在の産出〉だからである。間接無限様態と言われる場合の、この「間接」は、けっして直接無限様態を媒介物として産出されたものであることを示しているのではない。要するに、それは二次性の無限様態を示しているのではない。そうではなく、間接無限様態は、〈自然〉の或る属性そのものの様態的変様を媒介して産出されるものを表わしているにすぎない。言い換えると、この二つの無限様態は、〈自然〉の或る属性の絶対的本性からともに直接的に産出されるものである[31]。それゆえ、それらは、その産出の仕方そのものの絶対的な差異の表現として相互に「直接的に」あるいは「間接的に」と言われるにすぎない。つまり、これらの無限様態はこの限りで様態的に区別されるが、それ以上に重要な点は、〈自然〉はこれら二つの様態の産出に関して絶対的な差異をもつということである。二つの無限様態は、まずは産出するものの内在的様相の差異であって、産出されたものの差異を最初に意味するものではない。直接無限様態と言われる場合の、この「直接」は、様態の第一の意味であり、〈その本質が存在を含まない〉という限りでのその物の本質の産出のことである。この産出される物の本質は、〈自然〉の絶対的本性から必然的に産出されるものである。ところが、形而上学的思考——つまり、可能的知性——においては、こうした物の本質が存在するか否かが問われるかもしれない。しかしながら、スピノザにおける自然学の思考は、こうした問いを最初から無意味なものとして不問に付す。この自然学は、本質的には様相に依拠していない。これに対して、形而上学的思考は、第一に様相に依拠した思考を展開するのがつねである。しかし、様相は、単に一つの特性であるということをつねに注意すべきである。というのも、哲学においては、特性とともにつねに構成と産出が問題化されなければならないからである。原因の一義性あるいは産出の一義性によって、様態の本質は、必然的に産出され存在する。実体の様態化の第一の意味がここにある。実体は、〈自然〉において唯一その本質に存在が含まれる物である。したがって、実体の本質は産出された物の本質ではない。様態のように〈本質の存在〉という仕方で、実体の存在が問題になることはけっしてない。というのも、自己原因としての実体においては、その本質そのものが存在でもあるからだ。要するに、第一に、その本質に含まれる存在と、産出される物の本質の存在という場合のこの存在とを、けっして混同してはならないということ（つまり、本性によって〈その本質が存在を含む〉という場合と原因によって〈その本質が存在する〉という場合との間の絶対的な差異）、また第二に、自己原因と作用原因とは唯一同一の意味で言われる以上、そのどちらの物の本性も必然的に存在するとしか考えられない――ただし、〈存在の仕方〉は絶対的に異なるが――ということである。様相の一義性は、無様相の一歩手前にある。

さて、「例（サンプル）」とは、個別性のことである。概念の一般性は、それに対応する外延上の対象を個別性としての単なる例にする。それは、あくまでも後のもの、結果の認識である。再認とは、既知の物の特質が習慣的に回帰することである。それゆえ、「例」は再認以上のものを知性に与えないだろう。何故なら、個別としての例は、一般的なものの相関者にすぎないからである。「例」をやたらと欲する人間は、間違いなく下劣である。そうではなく、〈前もって〉知っている未知の事柄が重要なのである。それは、〈個別-一般〉以前に知られている事柄である。それゆえ、「例」として把握された、産出された物の相互の差異――異なる産出の仕方を示す産出物――から逆算して、二つの無限様態の区別を確定するようなことはやめなければならない。結果の認識は、原因の認識に依存しているからである。無限様態は、何故二つに区別されなければならなかったのか。同じことになるが、無限様態は、何故二つだけなのか。これを、スピノザに即して再度考えてみる必要がある。スピノザ自身が「書簡六四」で挙げているのは、あくまでも無限様態の「諸々の例」（exempla）である[32]。それよりも重要なことは、無限様態を二つに区別することの充足理由の方である。この点が何よりも明示される必要があるだろう。というのも、「例」は、最初から地層（沈澱した一般性）のもとで表象可能となった個別的なものを用いることでしか提起されえないからである。無限様態は、イマージュなき様態である。直接無限様態は様態の本質であり、間接無限様態はこの本質そのものの存在である。直接無限様態は間接無限様態の本質であり、間接無限様態は直接無限様態の存在である。あるいは、直接無限様態の存在が間接無限様態であり、間接無限様態の本質が直接無限様態である[33]（スピノザの哲学体系においては、実体の本性を構成する諸属性の間の実在的区別がつねに重要となり、したがって、個物における精神と身体の並行論がこの実在的区別を前提として問題となる。しかし、それとは別により本質的な問題提起となるのは、実はその本質と存在との関係である。そこには、まったく異質な結晶的並行論がある。それは、様態における本質と存在との非従属的で非属性的な並行論である——「或る物の本質には、それが与えられれば、その物が必然的に定立され、またそれが除去されれば、その物が必然的に取り除かれるようなものが属する、あるいはそれがなければその物が、また逆にその物がなければそれが、存在することも考えられることもできないようなものが属する、と私は言う」[34]。これは、物の本質について驚嘆すべき定義を与えている。つまり、これは、物の本質について、第一の〈物は、本質がなければ、考えられないし存在することも不可能である〉という言説と、第二の〈本質は、物がなければ、考えられないし存在することも不可能である〉という言説とが完全に等価であることから定義されている。つまり、この定義は、その等価性が物の本質と物の存在との間の反転性から定義されているのである。様態について言うと、これはその本質、これはその存在という仕方で固定化することは、もはや意味を失う。それと同時に、こうしたタイプの固定化には、或る種の超越性が含まれていることが理解されるのだ。様態の本質と存在は、相互前提のもとに配分されるが、しかしそれらの相互反転の可能性を理解することによって、不可識別な脱領土化の運動に至るであろう。ここには、〈対応〉や〈一致〉の並行論ではなく、〈反転〉の並行論がある。これを捉え損なうと、属性のうちに本格的な階層的地層化が実現し始めるであろう）。したがって、ここから明らかになるのは、第一に、有限な個物の持続上の存在は、間接無限様態としてのこの〈本質の存在〉を必然的に内含した、つまりこれを「媒介して」生起する様態の現働的存在であるということだ[35]。第二に、これと同様に直接無限様態としてのこの〈存在の本質〉は、単に〈自然〉の力能の度合あるいはその強度的部分であるだけでなく、その様態の現働的本質でもあるという点である（この現働的本質の存在は、これと様態的に区別されるが、しかし分離不可能な現働的存在（個物の「存在の本性そのもの」）であり、相互に異なる存在の肯定性を有している。これを持続上の現実的存在と考えることは、この現働的存在を単に外在的な存在の仕方から理解することであり、それゆえ非妥当な観念がそこで形成されることになる[36]）。これが、非属性的な並行性である。それは、個物の心身並行論ではなく、様態の本質と存在の並行性あるいは結晶性である。いずれにせよ、スピノザの偉大さは、無限様態を様態の本質としてだけ考えるのではなく、様態の〈本質の存在〉を、すなわち様態の有限な存在とは別の永遠の存在を明確に理解したことにある。「或る様態の本質は、対応する様態の存在と混同されない或る存在をもつ」[37]。すでに述べたように、この〈本質の存在〉は、永遠かつ無限であるが、それにもかかわらず、実体とはまったく異なった存在である。何故なら、それは、その本質が存在を含まない物の存在であり、その原因ゆえに永遠かつ無限であると言われるからである——すなわち、その本質に含まれない存在の永遠性と無限性。ドゥルーズは、これを様態の本質の側面から次のように肯定している。「様態の本質は、論理的な可能性でも、数学的な構造でも、形而上学的な存在者性でもなく、自然学的な実在性、自然学的な物（res physicae）である」、と。このように断言できるのは、まさに産出された物の〈本質の存在〉が間接無限様態として肯定的に把握されているからである。

間接無限様態こそ、スピノザ哲学における様態の理論の特異性を示すものだとさえ言えるだろう。様態の本質は、この本質の存在と様態的に区別されるが、しかしながら唯一同一の実在性をなしている、ということをけっして忘れてはならない。そして、様態の本質が肯定であるとすれば、この〈本質の存在〉はまさにその肯定の肯定である。様態の本質は〈自然〉の一定の強度であり、またこの強度は必然的にその差異としての存在を有している。つまり、強度の差異、それは本質の実在的存在である。それは、言わば〈けっして差異化されえない差異〉(スピノザの例で言えば、「全宇宙の姿」)のことである。これに対して様態の現働的存在においては、今度は〈差異化されることしかできない差異〉が表現されるのである。

第六章　器官なき身体の地層化

アンチ・モラリアについての備考（3）――哲学の戦争機械

いかなる諸学も、立てることができない問題を提起すること。これが、哲学の機能である。哲学という〈思考‐機能〉は、他の諸学の思考が構成不可能な問題を構成するのである。〈あらゆる価値の価値転換〉、いかなる思考がこんな問題を構成できるのか。哲学は、他の諸学の成果についての批評空間ではない。哲学は、宗教、社会、科学、国家、経済、生活、見解、マスメディア、娯楽、等々の圧倒的な諸権力を無視しない。哲学は、ただそれらに対してつねに多様体の思考を形成するだけである。「諸権力は、外在的であることだけに満足せず、私たちの各人のうちに入り込んでくるが、哲学のおかげで絶えず自分自身との折衝やゲリラ戦のうちにあるのは、まさにその私たち各人なのである」[38]。折衝やゲリラ戦を通して、多様体は、形成されるのである。多様体の思考とは、まさに生物多様性と同じ意味である。個人が特異性そのものになるのは、そうしたときである。さて、定住的思考とは何か。あるいは遊牧的思考とは何か。定住的思考は、旅行やそれにまつわるすべての特質を好む傾向をもつ。定住民と遊牧民との差異は、移動距離の大小の問題ではない。それは、外延量の差異の問題ではなく、強度の差異の問題である。それは、習慣の違いではなく、経験論の違いである。開かれた一義的空間へとあらゆる諸物を分配すること、そうした習慣（内在平面）を描きつつ、生成変化すること、それが〈遊牧性〉である。それは、言わば関係の外在性を生きることである。関係の外在性は、ラディカルな遊牧性経験論を部分的に構成するものである。それは、つねに関係を関係項から外在化することである。この経験論は、経験を単なる規定され制限され条件づけられたものにするのではなく、経験を脱領土化の作用を有するものに生成変化させるのである。ということは、今度は関係が諸項に内部化されていることが〈定住性〉を定義することになるであろう。定住民とは、問題構成することなく、すべてを再認の対象（解）にすることである。遊牧民とは、こうした対象の連関のなかに、結びつきの不在を見出し、実在的に区別される諸物（問題）についての知覚と情動をもつ者たちのことである。連合の諸原理は、関係の原理である。関係の外在性の思考は、与えられた諸項の間の関係の不在を意味すると同時に、諸項を関係づける原理が精神の側にあることを示している。関係の外在性は、経験論のもっとも重要な思考を与える。しかし、それが外部性の思考につながっているかどうかは、さらに重要な事柄である。定住民は、関係を諸項に内在化し、またその関係性を内面化しようとする傾向性から定義されうる。これに対して、遊牧民は、関係を諸項から外在化するだけでなく、その関係性が自己のうちに内面化不可能であることを知っている。後者は、関係の外在性を外部性の思考へつなげていくのだ。すなわち、それは、ドゥルーズ＝ガタリが言う〈戦争機械〉である。「機械は、装置に対して外在的であると主張するだけでは不十分である。戦争機械を外部性の純粋形相そのものとして思考しうるのでなければならない。それに対して、国家装置は内部性の形相を構成しているが、われわれはこの形相を習慣的にモデルとみなし、あるいはこの形相に従って思考する習慣を身につけてしまっている」[39]。意味と価値を以って関係の外在性について考えるならば、それは、戦争機械というこの外部性の純粋形相を有していなければならないのだ。

旅行者の愚鈍さのすべては、定住地に帰ることを前提とした振舞いから生じるものである。それは、留学の醜さと同様である。非旅行者は、定住民とは違う。定住者は、つねに主体を前提とした旅行者である。つまり、旅行者になれるのは、定住民だけである。旅行者は、いかなる場所にあっても表象しかもたないことから定義されるような人間の一つの様相である。現代の人間は、より多くの遊牧性を失った分だけ、旅行者の身分からより多く規定されるのである。或る場所に住むことは、あたかも定住と旅行との間での意味しかもたないかのようである。判断をつねに欠くのが旅行者である。何故なら、旅行者は、訪れた観光地でつねに子供のように見たり振舞ったりしたいだけだからである。崇高さは、どこにもない。さて、外部性の形相という場合の、この外部性とは何か。この外部性は、内部性の相関者という意味をまったくもたない。それは、一つの過程の完成である。その過程の形相は、したがって或る完全性を意味しているであろう。ここでの外部性とは、内部性と何らかの二元論の関係をなすようなものではない。「戦争機械は、国家装置を裏打ちする知とは形相的に異なった抽象的知のうちに投射される、と言えるだろう」[40]。戦争機械が投影される抽象的知は、いったいどのような知性を構成するのであろうか。それは少なくとも、問題的知性であり、分裂症化した無限知性のうちの一部、つまりその強度的部分である。意識中心主義に占有された精神にとっては、身体は、外部性の形相であり、まさに戦争機械である。〈善／悪〉あるいは〈真／偽〉のもとでの定理的思考にとっては、〈よい／わるい〉あるいは〈十全／非十全〉はまさに外部性の形相であり、問題提起的思考を構成する戦争機械である。見解や命題、あるいは議論や無駄話に抗して、外の思考としての哲学がいくつかの概念に外部性の形相を与えることで、戦争機械へと生成する。それは、潜在的なものの現働化を単なる適用の秩序から解放する〈反‐実現〉の力能である。器官なき身体は、こうした外の思考の〈質料‐素材（マチエール）〉なのである。それは、無能な第一質料ではなく、絶対的な産出の原理である。いかなる構成も特性も、これに先立って機能することはないであろう。

分子的様態とモル的様態について

器官なき身体のうえには、地層化という不可避的な現象が生起する。何故なら、脱地層化と地層化は、同じ本性の必然性から生じるからである[41]。地層は幾層にも及ぶが、しかしそのこと自体が問題なのではない。何故なら、地層化は、単に厚みを増し、稠密化するだけだからである。むしろわれわれにとっての問題は、そこに目的因や合目的性を想定したり、あるいは同じことであるが、あらゆる地層に記号や意味作用をもち込んだりするような人間主義——人間による人間自身の擬人化——に固有の虚偽に対抗して、これらを完全に無化することであり、また「人間的本質」を前提とした道徳的思考を批判的に暴きだし、それを完全に失効させることである。道徳に関して、つまり善悪や真偽に関して言うならば、そこにあるのは道徳の地層化ではなく、地層の道徳化だけである。スピノザこそ、まさにこうした道徳化につながることなく、言い換えると、人間的本質をまったく想定することなく、そして人間的本性を最初に宣言することなく、地層を単に稠密化しもっぱら厚みを増すだけの内在平面として論じた最初の哲学者である——それにもかかわらず、ニヒリズムのなかで地層は、歴史、国家、宗教、等々の形態をとって必然的に道徳化するのだが。スピノザは、絶対に無限な実体、すなわち神を何よりも非地層的な「絶対に無限な実有」として証明したのである。しかし、この非地層的なものは必然的に地層化するだけでなく、その諸地層は道徳化と不可分な事象として生起する。では、ドゥルーズ＝ガタリが「道徳の地質学」のなかで明らかにする地層の道徳化とは、一体どのように形成されるものであるのか。『エチカ』の抽象機械である自然学は、いかにして地層的な形而上学的構造へと還元されてしまうのか。脱属性的な様態化は、いかにして地層的理解へと回収されてしまうのか。どのようにして大地は、そもそも地層化するのか。地層とは、表現と内容という二重分節から構成されるものである。この二重分節の第一次分節は、次のように規定される。すなわち、〈内容〉にかかわるこの分節は、「不安定な〈流態‐微粒子〉群から、分子状の、あるいはほぼ分子状の準安定的単位（実質＝実体）を選び採って、これらに連結と継起の一定の統計的秩序（形式＝形相）を課すだろう」[42]。この最初に言われる「不安定な」という言葉には注意が必要である。というのは、ここで言われる〈流態‐微粒子〉群は、〈表現‐属性〉のもとでは実在的に区別される場合があるにもかかわらず、脱‐実在的区別のなかでの、それゆえ脱地層的な〈質料‐流態〉を形成しているからである。つまり、この不安定性は、非属性的なものの一つの特性を示しているのである。しかし、あらゆる地層化は、諸属性の間の〈実在的‐形相的〉区別とともに始まり、また諸地層内でのこの区別の相対的変化とともに進捗する[43]。そして、これらの〈質料‐流態〉から、統計的秩序としての諸形式（あるいは諸属性）とともにこれらが課せられるべき諸実質（あるいは諸実体）が採取される。言い換えると、この不安定な〈流態‐微粒子〉群がそれ以外のさまざまな傾向性や特性を、すなわち一定の統計的秩序をもち始める——言い換えると、ここで〈被知覚態（ペルセプト）〉になる——とともに、〈内容〉の実質と形式は、現実に知覚されることになる。この〈流態‐微粒子〉群から、例えば、〈思惟〉や〈延長〉

という質的傾向性とともに、これらの属性がそれぞれ課せられるべき「思惟する物」(res cogitans) あるいは「延長する物」(res extensa) が分子状の準安定的単位として選び採られ、これによって〈内容〉の形式(形相)と実質(実体)が同時に成立することになる[44]。しかし、ここで終わりではない。では、この〈内容〉の第一次分節は、何によって知覚されるのか。それは、知性によってである。この現実的知性(可能的知性ではない)は、実体の本質を構成するものとしてその属性を、あるいは実質の本性を形成するものとしてその形式を知覚するからである(この知性が歴史的形成物としての地層との関係で捉えられるならば、それは、例えば、フーコーが言うような「知」を完全に担うことになる)。また、ここには知性における特異な知覚を必然的にともなった、実体の属性の形相的本質から産出される物の現働的本質への必然的移行がある。あるいはむしろ、前者のうちに包含された後者が、必然的に存在に決定されるのである[45]。これによって、単なる実体だけの本質の系譜学ではなく、直接無限様態を含めた、スピノザにおける実体と様態の〈本質の系譜学〉が、内容の実質と形式の〈道徳の地質学〉として成立することになる(既に述べた〈$N^2 \to N^1$〉の自然学的移行を考える限りでのみ、このように言えるのである)。このように考えると、無限知性は、神の観念(神の思惟する力能の想念的原理)を地層化し囲い込むものであることがわかる――形相的有としての無限知性に対応する想念的有としての神の観念。神の観念は、単に能産的自然であったり、単に所産的自然であったりするのではない。それは、一方で器官なき充実身体の観念ならざる観念(〈流態‐微粒子〉群)への逆行的総合を可能的に含み、他方で無限知性という直接無限様態に対応する想念的有への前進的総合を必然的に含んでいる。

では次に、間接無限様態は、こうした道徳的地層化のなかでいかなる位置を占めるのか。このとき間接無限様態は、この地質学においては、直接無限様態と実在的に、しかしもっぱら相対的に区別されるものとして現われる。それは先の〈内容〉と実在的に区別されるような〈表現〉であり、この表現としての間接無限様態が今度は別の一つの層を形成すると考えられるのである。そこで、二重分節の第二次分節は、次のように規定されることになる。すなわち、〈表現〉にかかわるこの分節は、「稠密で機能的な安定した構造（形式＝形相）を配置し、これらの構造が同時に現働化されるようなモル状の複合物（実質＝実体）を構成するだろう」。一般的に考えられているように、スピノザにおける間接無限様態は直接無限様態を媒介して生起すると捉えることは、まさに間接無限様態をこうしたモル状の表現的様態として、直接無限様態をその分子状の内容的様態として理解することに等しいであろう[46]。しかしこれは、二つの無限様態についての地層的理解以外の何ものでもない。何故、多くの解釈者たちが直接無限様態を媒介して間接無限様態が産出されると考えるのか。端的に言うと、抽象が、足りないからである。つまり、抽象が、具体的なものあるいは事例的なものの抽象にとどまっているからである。思弁が、思弁にとどまり続けているからである。つまり、〈抽象機械－内在的原因〉が、解釈や遠近法に含まれていないからである。こうした思考は、すでに道徳的に地層化されており、例えば、つねに単純なものから複雑なものへと、あるいは永遠の特性から有限な持続上の存在へと向かっていくような、有機的な形成や産出の秩序しか考えられないからである（思考する条件として、思考そのものに内属する形而上学的習慣）。つまり、遠近法主義が、あるいは系譜学的な逆行が欠けているのだ。それは、二つの無限様態の関係を相対的にしか理解していない証拠である。とりわけ間接無限様態は、限りなく曖昧なものとして、あるいは媒介的でモル的なものとして解されることになる。その結果、様態の〈本質の存在〉としての機能は、完全に消滅していく。そのとき二つの無限様態は、明らかに伝統的な優劣関係のもとでしか、あるいはむしろ道徳的な存在論的階梯のなかでしかもはや把握されないであろう。スピノザによる延長属性の「例」（まさに地層内の事例）を用いると、二つの無限様態の二重分節における在り方は以下のようになるだろう——〈内容の形式〉としての運動と静止、〈内容の実質〉としての個体の存在する力能、〈表現の形式〉としての全宇宙の姿（あるいは運動と静止の諸関係の総体）、〈表現の実質〉としての無限に多くの仕方で変化する無限に多くの個物の存在。これが、二つの無限様態によって形成される道徳的な地層である。しかし、われわれがすでに考察した間接無限様態とは、何であったか。それは、その本質が存在を含まないにもかかわらず、それゆえ様態的に区別されるにもかかわらず、その本質（＝直接無限様態）と唯一同一の実在性を形成し、したがってその本質と同様に永遠で無限であるような絶対的存在のことであった。しかし、この二つの無限様態は、相互に反転し合うものでもある[47]。それらは、反転する限りで不可識別となって、むしろ一つの実在性を形成するのである。あるいは、それらは一つの実在性を形成する限りで反転するのである。この実在性は、言わば〈強度〉と〈強度の差異〉あるいは〈強度の存在〉からなるので、完全に自然学的な実在性である。それは、地層化された様態のシステムにおいてさえつねに現前するような脱地層化の実在性である。解釈あるいは遠近法は、つねに一つの具体的な作動配列を示していなければならない。そして、それは、単に具体的なのではなく、〈抽象機械－内在的原因〉を現働化する限りで具体的だと言われるのである。したがって、この具体的なものは、単なる表象物ではなく、抽象機械を具体的に作動させるような、観念をも含んだ、諸部品の作動配列そのもの——特異性の法則、具体的規則——である[48]。

非‐存在の様態とは何か

脱地層化の諸要素は、どのように地層のうちに存在する物に現前するのか。『エチカ』における問題概念の一つに、「存在しない様態」――以下では、端的に〈非‐存在の様態〉と表記する――という観念がある。それは、単に様態の本質としてだけ属性のうちに包含されているものではない。この非‐存在の様態は、まさに様態の本質とその本質の存在とが一つの実在性をなして属性のうちに存立する〈強度〉と〈強度の差異〉からなる〈自然学的な物〉のことである。言い換えると、非‐存在の様態とは、この実在性を直接的な〈質料＝素材（マチエール）〉としている様態のことである。したがって、それは属性のうちに単に包含されているだけの可能的なものでも、中立的なものでもない。まず、この点から考えてみよう。ここでの「存在しない様態」とは、特定の時間と空間のうちに持続的に存在しない様態という意味である。つまり、非‐存在の様態とは、物の自然における永遠存在のことである。たしかに人間は、こうした非‐存在の様態を存在する様態との比較から無際限に想定することができる動物である。例えば、われわれは、眼前の個物aのさまざまな特質から出発して、それらを差異化させた諸特質からなる無際限に多くの存在しない個物を想像することができるだろう。しかし、それは、永遠に存在するような個物として表象されているだろうか。それは、現実に存在する可滅的な存在者の似姿にすぎないではないか。永遠存在の領域は、この現実存在の領域よりもけっして大きくはない。それどころか、それら二つの領域は、唯一同一の存在の領域であると言えるのだ。端的に言うと、存在する様態は、存在しない様態を含む限りでしか存在することができない。これに対応して、非‐存在の様態は、単に存在する様態のうちに中立的に内含されているわけではなく、様態の力能として脱領土的な機能素として存立しているのである。ガタリにおける、実存的領土（T）から非身体的領界

（U）への主観的脱領土化、あるいは物質的流れ（F）から機械状系統流（Φ）への客観的脱領土化は、まさにこうした関係を示している。前者の脱領土化は情動として、後者のそれは効果として存在するのでなければならない。

スピノザにおいては、神あるいは自然から必然的に産出された現実存在する個物あるいは個物の観念は、この神あるいは自然の永遠で無限な本質を必然的に含んでいなければならない。しかし、スピノザによれば、この「存在（エクシステンチア）」は、持続のことではないし、これによって持続上の存在は理解できない。持続上の存在は、言わば抽象的に考えられた「一種の量」である。言い換えると、それは「存在の本性そのもの」ではない。存在の本性（強度）がこのように非計量的であるのは、神あるいは自然のうちに存在する限りの「個物の存在そのもの」が永遠の存在だからである。各々の個物が存在に固執するその力、すなわちその現働的本質（コナトゥス）は、神あるいは自然の絶対的本性から必然的に産出されたものである。したがって、この本質には、存在（あるいは持続）は含まれない。しかし、この本質に存在は含まれないが、必然的に産出される限りにおいて〈この本質は存在する〉としか考えられない。つまり、現働的本質の存在こそが、「個物の存在そのもの」であり、個物に与えられる「存在の本性そのもの」なのである。言い換えると、それは、或る個物を、他の個物との比較において観想することによってではなく、それ自身において理解することによって、つまり現働的本質の観点から知覚されるものである[49]。スピノザの倫理学は、脱持続化の速度と反意識（記憶や習慣における）中心主義の運動とからなる。〈持続の相〉は実存的領土（T）と物質的流れ（F）から、〈永遠の相〉は非身体的領界（U）と機械状系統流（Φ）から構成することができる。スピノザは、明らかに幾何学的方法を用いた脱領土的な地図作成者である。

スピノザにおける非‐存在は、たしかに可能的な中立的存在などではないが、しかし、特定の属性のうちに持続上の存在なしに包含された様態の形相的本質であり、またその様態の観念（想念的本質）である。当然のことながら、実在的に区別される諸属性によって構成された唯一の無限実体の変様は、非‐存在の様態の産出においても完全に属性化の様態としてしか産出されえない。特性と構成を産出に先立つものとして思考上の秩序のもとで固定する限り、ここには或る種の超越性の残滓があるのだ。しかし、分裂症化した無限知性と脱属性化した無限身体は、本質的に脱化の速度を有する様態の流れからなるものである。というのも、その限りでこの無限知性と無限身体は、抽象機械における〈非形相的な機能〉と〈形相化されない質料〉に完全に由来しているからである。非‐存在とは、こうした意味での機能と質料からなる存在という意味である。それは、他の有限で限定された様態のうちに実在的に含まれている脱地層化の要素、脱属性化の様態である。非‐存在の様態は、言わば様態の異例性（アノマリー）であり、諸々の個物のなかの異例者（アノマル）である。それは、抽象機械による直接の贈与物である。われわれが存在している世界、すなわち外部の原因によって産出されたものしか現実に存在しない世界は、その本質が存在を含まないという仕方で現実に存在する物の総体である。しかし、この考え方は、本質主義にも実存主義にも属さない。〈本質は存在に先立つ〉と考えようが、〈存在は本質に先立つ〉と考えようが、大した違いはないのだ。一方は様態における永遠の存在を無視し、他方は様態における現働的本質を取り逃がし、また一方は神を人間化し、他方は人間を神化しているだけである。これらの何が問題であるかは、これまで述べてきたとおりである。要するに、それらは、地層内のニヒリズム的思考の相関物である。能産的自然における産出の秩序そのものである、所産的自然における直接無限様態、間接無限様態、有限様態――あるいは、ドゥルーズ＝ガタリが記述する三つの地層、すなわち物理化学的地層、有機的地層、人間的形態——は、まさに地層化の一連の系列を、あるいは様態へと地層化されたシステムを表わしていると言える。しかし、それらは実際には、単に完全性・不完全性に従って秩序づけられたような、あるいは否定性が有り余ったような多義的で存在論的な序列（ヒエラルキー）の考え方とは異なる、地層の単なる厚みあるいは薄さの問題であり、言い換えると、一義的で自然学的な平面の「層」あるいは「薄層」の重なり合いの問題でなければならない。というのは、地層化とは、「重ね合わせの秩序」に属する問題だからである。少し後で述べるが、これはまた哲学的時間に、つまり哲学的思考の秩序に属する問題なのである[50]。

結合態と平面態における抽象機械

地層に捕らわれた抽象機械、すなわち「結合態」とは、われわれの言葉で言えば、実在的区別を前提として、その属性化のもとで〈自然〉の道徳的で形而上学的な諸解釈を再生産し続けることである。これに反して、脱地層化の平面を〈自然〉の力能によって描き出す——つまり図表化する——抽象機械、すなわち「平面態」とは、そこにおいて無限数属性の間の実在的区別がそのまま一つの平面に折り込まれていく状態であり、脱属性化の諸運動としての様態がその無数の実在的区別の線に沿って機械状に結合していく状態である。これに従って、ドゥルーズ＝ガタリにおける「実在的区別の理論」を二つの様式に区別することができるだろう。すなわち、第一に、デカルトにつながるような、スコラ哲学と中世神学を基本とした、地層化とともに変化する実在的区別。第二に、一つの存立平面に折り込まれて欲望機械を実現するような、スピノザにおいては属性の間でのみ成立していたような実在的区別。さて、道徳的緊張を高めること、それは、諸地層をどれほどまで擬人的なものとして分節化するか、あるいは地層化をどれほどまで多義的で存在論的な序列（ヒエラルキー）として活かすかということである。しかし、こうした〈様態の緊張〉にはまったく別の側面が、つまり実在的区別にかかわる緊張がある[51]。それは、諸属性の間の実在的区別をプラグマティックな実践上の対象とする限りで生起するような緊張である。精神と身体の並行論がもし二つの属性の間の形而上学的関係としてのみ捉えられるとすれば、それは単に地層のなかでの〈個物（レース・パルティクラーリス）〉を問題にしているだけである。様態の唯物論には、けっして避けることのできない一つの前提がある。それは、様態化の唯物論である。というのは、様態化には、物の本質の産出が含まれているからである。それに対して様態は、他の様態の持続上の存在の原因となりうるだけである。しかし、ここに様態の真のプラグマティックな実践哲学がある。すなわち、様態は、様態化を実践の対象とする限りにおいて、脱地層化（＝脱属性化）の要素となりうるのである。実在的区別は、スピノザとは異なって、一つの平面に折り込まれるのである。これは、実在的区別の様態化である。これは、実体と様態の混同をけっして前提してはいない。

ドゥルーズ＝ガタリが言う「抽象機械」は、単に具体的なものを抽象化するための、つまり感性的対象であれ理性的対象であれ、その物から非本質的なものを捨象するための機械ではない。逆である。様態化とは、無数に多くの実在的区別を一つの平面に折り込むような、運動と静止からなる「強度の地図」である。抽象機械は、まさにこの地図を器官なき身体に描く図表（ディアグラム）である。われわれの思考も、こうした抽象機械の一部ではないのか。その際にわれわれの精神を構成する諸観念は、〈流態－微粒子〉群として現実に存在するのである。言い換えると、われわれの思考は、つねに〈外の思考〉でありうるということ、絶えず戦略の領野に存在する「抵抗の諸々の特異性」に触れているということである。抵抗は、地層の変化を可能にするだけでなく、非地層的な〈外〉に直接的に関係しているのだ

――要するに、〈抵抗〉とは、権力においてつねに最初のものである[52]。スピノザは、明らかに知性と身体を一つの脱地層的な要素として捉えているのではないか。共通感覚にかかわる記憶と習慣の秩序に対して、知性の秩序は、こうした習慣や記憶との間に〈逆(パラ)-感覚(サンス)〉の関係を実現するような一つの脱地層的要素である。したがって、この〈逆-感覚〉そのものとしての思考のうちには、習慣と表象像によって有機化＝組織化された身体に痕跡を残す道徳的で言語的な成分（シニフィアン、シニフィエ……）は、少しも含まれない。というのも、そこでの思考と身体は、究極の並行論へと、表現と内容の脱領土性並行論に達しているからである。言い換えると、シニフィアンとシニフィエから構成されるあの「無際限な退行のパラドクス」は、こうした相互の反転可能性や脱領土性並行論を無際限に回避しようとする、或る種の反動的ニヒリズムに依拠していることがわかるだろう。シニフィアンの形式は、〈あれか、これか〉の、すなわち〈シニフィアンか、シニフィエか〉の配分を前提とした系列である。この系列からは、道徳的匂いが漂ってくる。これに対して、反転の並行論は、二つの形式の間に〈あれであれ、これであれ〉を、すなわち〈表現であれ、内容であれ〉という識別不可能性をもたらすのである。並行論は、まるで思考者――あるいは概念的人物――のようである。この外の思考、外の感覚は、このように生ける現在と過去の諸層を道徳的地層として捉えるだけでなく、それらを破壊し解体する〈自然〉の存立平面を描出するような抽象機械の完全な部分である。それは、スピノザが言う「対象との関係を離れて」という意味での抽象機械、つまり〈地層におけるあらゆる相対的なものとの関係を離れて〉という意味での抽象機械である[53]。それだけでなく、この思考は、精神のうちに存在しない様態――非-存在の観念（これはけっして〈無〉の観念などではない）――を産出する機能を有している。それでは、外の思考の相関者であるような地層化されない身体は、何を為しうるのか。身体は、その本性から気息あるいは叫びを発する。しかし、その身体が脱地層化の原理である限り、そこから発せられる気息や叫びは、非物体的変形の連続体である。したがって、概念が情動を通過するように、身体は気息から気息へと、叫びから叫びへと通過するのである[54]。すなわち、器官なき身体は、自らが通過する気息を必然的に吐き出すのである。言い換えると、〈自然〉の存立平面は、地層化のうちでも絶えず現前する脱地層的な無限様態で自らを充たすのである。気息とは、大地の呼吸あるいは叫びであり、さらに言うと地質に対する気象でさえある。しかし、こうした意味での身体と気息も、地層における内容の形式と表現の形式の関係に入っていく可能性があるだろう。

第七章　大気層――器官なき身体の気息

第四の地層

大地は地層化する。しかし、それと同様に実は大気も地層化するのだ。これは、大気が表現になるということである。近年の「地球高温化」で人類が気づきはじめたことも、一つの地層化的現象であり、〈大気〉(air) や〈成層圏〉(atmosphère) の道徳的な地層化である。大地と大気は、それぞれが二重分節的に地層化するだけでなく、この両者が一つになって地層を形成するのである。すなわち、第一次分節の内容としての大地と第二次分節の表現としての大気。これらの関係は、身体とその気息との関係に対応する。あるいは、それらは、器官なき身体とこれの非身体的な属性（表現されるもの）に対応する。気候はこうした〈大地‐身体〉の〈表現されるもの〉であり、気象はその表現それ自体である――「内容の形式が身体の組合せによって構成されるように、表現の形式は〈表現されるもの〉の連鎖によって構成されるであろう」[55]。したがって、気象あるいは気象現象は、物体的であるがゆえに、人間活動の直接の対象となりうるが（雨風を凌ぐ、台風に備える、浸水を防ぐ……）、しかし、気候あるいは気候変動は、非物体的変形そのものであるがゆえに、〈凌ぐ〉〈備える〉〈防ぐ〉〈避難する〉……といった身体的に対応可能な対象ではない。要するに、われわれは、気候あるいは気候変動と直接的に闘うこと、すなわちそれらと物体的に混合することができない。たしかに気候変動の地質への介入は、人間によって地層の分析を通して確認することができる。しかし、それは、言わば気象現象による地層化された大地への諸作用――減速、加速、後退、分離、結合、等々――であり、またそれらの痕跡化、沈澱化にすぎない。条理空間と平滑空間を単純に地層化と脱地層化に重ね合わせることはできない[56]。問題はむしろ、〈地層を条理空間化するか〉〈国家装置〉あるいは〈地層を平滑空間化するか〉〈戦争機械〉ということであり、この二つの間での闘争がまさに開始されなければならないのだ。何故なら、地層からこうした諸空間への問題転換に際して、抽象機械は、戦争機械の作動配列を導くからである。このようにして、大気の地層化は、まさに〈道徳の地質学〉から、さらに〈道徳の気象学〉とでも言うべき思考方法に引き継がれる必要がある。大気も成層圏も、地層化するのである[57]。

気象哲学――ルクレティウスの自然主義

一般的に言うと、「気象」(météore)とは、大気のうちに生起する諸現象のことである。これに対して「気候」(climat)とは、気象学的に言うと、第一には気象的諸要素――気温、降水量、降雪量、大気圧、湿度、風速、等々――の数十年間(基本的には、およそ三〇年間)の平均値あるいは平均的傾向のことである[58]。要するに、気候変動とは、数十年間のいくつかの気象的要素の平均値の変化の動向のことである。この意味において、気候あるいは気候変動は、われわれにとって実は現実的なものではない。つまり、気候それ自体は、われわれにとって現働的には存在しないのである。あるいはより肯定的に言うと、気候あるいは気候変動は、単に観測可能な気象的諸要素の平均値という〈非実在的なもの〉ではなく、むしろ積極的な意味での〈非物体的なもの〉あるいは〈非物体的変形〉として、つまり気象現象によって〈表現されるもの〉として捉えられる必要がある。地層化された大気そのものにおいては、気候変動は内容の形式であるが、これに対して気象現象は、〈大気‐乱流〉を表現の実質としてもつような表現の形式である。しかし、地層化された大地を内容の形式として考えた場合、気象現象は、今度は気候変動を表現の実質としてもつような表現の形式となるのである。器官なき身体は、脱領土化の大地である。そして、この身体の効果が非身体的変形である。言い換えると、気候変動は、この大地の特性なき非身体的変形である。

ミシェル・セールは、気象学について次のように述べている。「〈気象学〉は歴史の一つの被抑圧物である。つまり、諸科学と哲学の大小の歴史の。私が言っているのは気候のことではなく、気象のことである。（……）気象の時間が、歴史の時間と出遭うことはない」、と。雲、雨、風、雷、霧、竜巻、等々、どの時代にあっても、これらの気象現象に絶えず配慮しているのは科学者たちではなく、むしろ彼らが見向きもしない人々、農民や漁民や船乗り、水力技師や農業技師、旅行者や屋外労働者たちである。しかしながら、気象学が抑圧され不当に貶められてきたのは、気象現象が、単に無秩序ゆえに予測できず、多くの偶然性を含むがゆえに定式化できないからではない。そうではなく、気象学が、むしろ「本質的なものの出来事の環境」にかかわっているからである[59]。これは、経験論の問題である。稲妻や雷鳴の経験であって、美的なものや崇高なものについての反省的判断ではない。さまざまな気象現象における気象的諸要素は、第一に外延量として測量され、第二に内包量として知覚されうるものである。しかし、大気の表現としての気象そのものは、つねにわれわれの質的な解釈をともなった強度である。「時にはあちらで、時にはこちらで」、つまり至るところで絶えず最大の変化を起こしているもの、それが気象である[60]。歴史と社会の経験論、要するに記憶と習慣の経験論とはまったく別の経験論のもとで、人間は、気象現象や気候変動と出会わなければならないのだ。歴史の時間は、気象の時間と交叉する瞬間を完全に失ってしまった。しかし、ニーチェは、こうした出会い損ねを最初から肯定していたのではないか。「非歴史的なものは物を被う大気（アトモスフェーレ）に似ているが、この大気のなかでのみ生は自らを産み出し、その大気が否定されると、生もまた消滅する」[61]。この非歴史的なものの包皮、つまり歴史の時間とけっして交錯しないような大気の時間、気象の時間は、われわれに単に別の仕方で与えられるようなものではない。それは、歴史とは異なる、或る総合性をもった時間ではないのか。

さて、気象現象のなかに〈正常（ノルマル）〉や〈異常（アノルマル）〉と言われるべき現象など一つもない。〈気象が存在すること〉それ自体が特異性なのである。気象の「存在そのもの」がまったくの異例性（アノマリー）なのである[62]。それゆえ、この〈気象‐異例者（アノマル）〉についての思考は、歴史的にも文化的にも、長い間抑圧され忘却され続けるのである。しかしさらに、気象哲学というものがあるとすれば、それは、気象学以上に、言い換えると歴史的に抑圧される以前に、すでに思考そのもののうちで抑圧されてきたのである。気象と気候の差異は、もはや気象学だけの問題にとどまらない。地球高温化（大気の地層化）の諸現象に端を発したこの両者の問題を、現在の気象学、政治、経済産業は、消極的にであれ積極的にであれ、とにかく引き受けようとするが、しかしこの二つの間の差異は実は哲学の問題である（道徳の系譜学から道徳の地質学へ、そしてそこから道徳の気象学へ。これは時間の前後関係のなかでの推移ではない。哲学的時間のなかでの〈重ね合わせ〉である)。この意味においても、ルクレティウスの哲学とこれについて書かれたいくつかのテクストは、実はわれわれに気象哲学の重要性を伝えているように思われる。何故なら、われわれにとっては、ルクレティウスこそ大気の地層化を最初に問題化した自然哲学者だからである。そして、それは、〈エチカ〉としての自然主義の始まりでもあった。一般的に言われる自然主義のすべては、言わば所産的自然主義である。例えば、フッサールが定義する自然主義あるいは自然主義的哲学は、「厳密な自然法則に従う、空間的時間的な存在の統一という意味での自然の発見の成果」をうけて徐々に強固になってきた理想主義あるいは客観主義のことである[63]。こうした意味での理想主義や客観主義は、要するに、われわれの認識の対象は物理的な対象であること、そしてそうした対象だけが存在に値すること、すなわちそうした対象はこの空間的時間的な世界の一部に帰属するという意味で存在すること、といった考え方に還元されるであろう。つまり、こうした自然主義のすべては、〈所産的自然〉主義と称するべき立場にほかならない。ルクレティウスの自然主義は、これとは違う。「〈自然主義〉のもっとも深い恒常性の一つは、悲しみであるものすべて、悲しみの原因であるものすべて、自己の能力を行使するために悲しみを必要とするもののすべてを告発することである。ルクレティウスからニーチェまで、同じ目標が追究され、達成された。〈自然主義〉は、思考を肯定に、感性を肯定にする」[64]。これが肯定されるべき〈自然主義〉、すなわち〈能産的自然〉主義。どのようにして気象哲学は、こうした肯定性のもとで成立するのであろうか。

道徳と気象――ペストの力能について

そうだとすれば、ルクレティウスの『物の本性について』の第六巻がペストによるすべてのものの

〈死〉という悲劇的な描写で終わっていることを、どのように理解したらよいのか。何故、ペストの話で終わるのか。何故、その最終巻である第六巻は、気象論から始まってすべてのものの崩壊――或る意味では、天災と人災の融合――で終わるのか。崩壊へと向かう際の起点となる重要な詩句は、次のようなものである。「それゆえ、たまたまわれわれに馴染まぬ空が動き、有害な空気が這い始めると、それは霧や雲のように少しずつ這って、その進むところすべてを掻き乱し、異変を生じさせる。またわれわれの空に来ると、その空を痛めつけ、自身と同化させて、われわれとは相容れないものにしてしまうことがある。そして、この新たな災悪、すなわちペストは、すぐに水中に落ちるか、あるいは穀物のなかに落着くか、あるいは別の人間の食物や家畜の飼料のなかに落着くか、あるいはその力を空気そのもののうちにとどめておく。そして、われわれがこれの混入した空気を吸い込むと、そのものも必ず身体のうちに吸い込むことになる」[65]。地層化の悪しき流れは、気象現象の表現のもとですべてを掻き乱し、われわれの本性とは相容れない新たなペストを発生させる。ドゥルーズは、こうした描写に対して次のように述べている。「ペストの悲劇的描写をこの詩の結末と見なすことができないのは明らかである。この描写は、一人のエピクロス派の悲しい個人的結末を示すために、キリスト教徒たちが広めた狂気と自殺の伝説にあまりに一致している」[66]。この言明は、自然主義の立場から言うと、当然の主張であろう。ペストによる悲惨な状況の描写、その終末論的な記述は、ひとが現実に存在するためには悲しみが不可避であるという考え方と不可分であり、またその限りで、この世界でいかにして喜びを肯定し、それを増大するのかという〈自然主義〉と相容れるものではないだろう。しかし他方では、気象論からペストへの一連の流れが、一つのきわめて印象的で特異なテクストを形成していることも事実である。したがって、次のように言えるのではないか。ドゥルーズのこの言明は、第六巻の前半を占める気象論からの流れを考慮しない限りでのみ妥当する主張ではないのか、と。興味深いことに、ベルクソンは、ドゥルーズとはまったく反対の考え方を示している。気象論の記述を考慮しつつ、ペストの悲惨な叙述のうちにベルクソンが見出すのは、「自然法則」が人間と神々に対してどれほど卓越しているかを示そうとするルクレティウスの意志である。「病原菌を含んだ風が大地に吹けば、疫病が生じるだろう。そして、詩の終わりはアテナイのペストの恐るべき叙述である。ルクレティウスは、自然法則の前での人間どもや神々の〈無力能〉（impuissance）を示したかったのである。彼は、描写が戦慄的であり、悲しみがわれわれの魂に浸入し、またそれがわれわれの最後の印象である、ということを望んだのである」[67]。気象現象のもとでの病原菌の拡散とこれによる天災と人災の融合とは、むしろ人間のうちに刻み込まれるべき「最後の印象」としてもっとも相応しいものであろう。この究極の融合は、まさに気候変動によって生起するのだ。

さて、ベルクソンとドゥルーズの二つの解釈は、実は互いにそれほど対立するものではない。というのも、両者はともに、ペストの叙述を悲劇的で恐るべきものと見なしているからである。ペストを含む病原菌は、現実には無際限に反復されるような、つねに二義性を帯びたような元素、種子、要素である。それは、破壊と再生である。ルクレティウスのペストの叙述は、前四三〇年にアテナイを襲ったペストに関するトゥキュディデスの記述を用いたものである。しかし、ルクレティウスの叙述には、クリナメンを含んだ原子論と気象論がある。すなわち、こうした自然主義が対象とする自然は、けっして全体化されえない無限に多くの部分を配分する力能そのものなのである。したがって、すべての物の産出も破壊も一回で表現されることも実在することもありえない。それは、歴史上の一回的な出来事であるよりも、むしろ自然のうちで何度も反復されるような出来事である。人類のとりわけこの数世紀に亘る活動が、自然破壊というかたちで表現されるようになってきた。しかし、人類が一万年前に農耕技術を獲得したときから、すでに大規模な環境破壊とそれによる人災としての温暖化は、始まっているとも言える。では、これが意味するのは、自然のなかでの人類の行為はけっして崇高なものではなく、むしろ愚劣なものの連続であった、ということであろうか。道徳と不道徳は、より抽象的に言えば、否定とその否定の差異化は、つねに批判されるべき事柄であるだろう。人間に固有のこれら二つの態度は、人間相互の関係、あらゆる物や社会との関係、あるいは自然そのものとの関係、あるいはあらゆる時代との関係といったような、さまざまな関係を規定したり、解体したりする。このエジプトに由来するペストは、以後の人類に何をもたらしたであろうか。すでにこのペストも、それに襲われた地域にとっては実際には何度目かの集団的感染症である。とりわけ人間が密集して暮らす集落や都市は、天然痘、チフス、コレラ、ペスト、インフルエンザ……に度々襲われた。しかしながら、その度にそれら病原菌に対する免疫力や遺伝性の抵抗力が人類に備わった。つまり、その都度の対自然的な諸問題を克服した者たちは、そうではない者たちを容易に征服しえた。また逆に、病原菌は、都市や集落に住む人々に死をもたらすのと同様に、侵略にやってきた異邦の人間たちに襲いかかることによって結果的にその都市や集落に生をもたらすこともある。人類の戦争の歴史が伝えていることの一つは、戦争において勝利するかどうかは悪い病原菌、ペストに対して免疫をもっているかどうかである[68]。アルトーは、ペストによるこうした勝利あるいは救いについて次のような仕方で述べている。「真性のペストは、ナイル河の収縮によって露出した墓地から立ち昇るエジプト産のペスト以外にはないことになる。聖書もヘロドトスも、一致して記しているのは、一夜にしてアッシリア軍の兵士一八万人を倒し、それによってエジプトを救った電撃的なペストの発生である。もしこれが事実なら、この大災害は、宿命と呼ばれるものと密接な関係をもつ、或る知的な力の直接的な道具あるいは物質化と考えなければならないだろう」。ペストの発生は、アッシリア軍からエジプトを救えるぐらいの力をもった、或る知性の物質化である、とアルトーは言う。ペストは、自然における一つの力能である。「ペストは最高の害悪だ。何故なら、その後には、死か極端な浄化しか残さない完璧な危機だからである。同様に、演劇も一つの害悪である。何故なら、それは破壊なしには手に入らない最高の均衡だからである。それは精神を、その活力を発揮させる錯乱に招くのだ」[69]。アルトーが言うペストは、非歴史的なものの大気のようである。アルトーの精神は、ペストの描写をけっして悲劇的と捉えず、またそれ以上に、自然の法則に対する人間の無力能などという発想をけっしてしない。アルトーの思考は、ペストの気象学である。ここには、ベルクソンが言うような無力能とはまったく異なった無力能がある。前者の無力能は、自然における人間存在の何らかの有能性を信じているがゆえに生じてくる或る種の悲しみの感情である。しかし、それとは別の無力能は、真の残酷の情動をともなっている。それは、欠如や否定のない実在的な無力能である。アルトーには、そうした人間存在の無力能による人間本性の連続的変形の残酷さがある。ペストは、無力能性の問題である。演劇も同様であるならば、それは、どこか気象的でなければならない。

気象的時間の第一の総合——恐怖と希望

　大気の地層化における時間は、一つの哲学的時間である。それゆえ、地層のなかで問われる気象と気候の差異は、まさに哲学の問題なのである。歴史の時間は、たしかに気象の時間と交叉する機会を失ったままである。何故なら、気象の時間とは、それが哲学の問題である限り、まさに「層位学的時間」のことだからである[70]。しかし、それにもかかわらず、気象的時間の総合は、気象と歴史との、あるいはむしろ歴史を生み出すニヒリズムとの総合でもあるのだ。ここでは、大気の地層化を三つの時間、あるいはむしろ三つの時間的総合として示すことにしよう。

(1) 気象的時間の第一の総合——それは、とくに時間を問う動物(人間)の死滅・破壊までの時間、すなわち或る最高の〈害悪 - ペスト〉(例えば、現代の最大のペストとしての地球高温化)に襲われるまでの「現実的時間の間隔」である。これが人間の時間意識を発生させる。それゆえ、それは、われわれにとって否定的な「不都合な時間という時間」(temps contretemps)として現われる。それは、絶えず時計の時刻を刻み続けるような時間、すなわち分節可能な時間としてのクロノスのことである。しかし、それは、同様に崩壊を何とか先送りしようとする者たちが逆に必然的に生きざるを得なくなるような現実的時間の間隔でもある(これは、反動的ニヒリズムに対応している)。言い換えると、それは、こうした者たちの死滅までの残酷な〈合 - 間〉(entre-temps)である。しかし、これはけっして歴史以後を意味しているのではない。というのも、すべては、形成された歴史としての地層の時間でもあるからだ。気象の時間は、歴史の時間と交叉しないが、人間的、あまりに人間的な歴史を生み出すニヒリズムとの総合を含んでいる。また、こうした反動的ニヒリズムとは別に、ここではこうした「運動の数」だけを表示する時計そのものを摩滅させ、ペストに襲われた、地層化した大地を冷却するような、ような時間が同様に考えられる(これは、受動的ニヒリズムの時間的間隔でもある)[71]。この二つの時間は、具体的には次のように考えられる。現代の気象予報は、人間にとって物質的対応がほぼ不可能であるという意味での〈非物体的変形〉と言えるような、大規模な気候変動に対してはまったく卑小な活動である。この気象予報という人間の行為に典型的に現われているように、人類は、短期あるいは長期の気候ではなく、もっぱら個々の気象現象との間での取引に従事してきたのである。その限りで、気候平面の可変性、すなわち地球高温化の問題とは、実はわれわれ人間活動の「脆弱さの規模」(scale of vulnerability)を反映したものにほかならない。「かつて存在した多くの文明と同様、われわれも単に規模において取引したにすぎず、短期の干ばつや特別の豪雨の年のような、より頻繁に起こる小さな災害にうまく対処する能力を得る代わりに、めったに起こらない大災害に対する脆弱さは受け入れたのである」[72]。文明とは、気象に関して言えば、脆弱さの規模を取引してきた過程そのものだと言えるだろう。こうした人間の脆弱さの規模の縮小がとくに反動的ニヒリズムに固有の時間的間隔であり、したがってここでは気候平面の可変性はつねに可能性として把握される。これに反して、その都度の脆弱さの規模のなかで受動的ニヒリズムは静かに死を迎えることを教えるが、それは、言わば気候平面の非物体的変形を必然性として受け入れることである。いずれにせよ、この二つのニヒリズムは、人間の感情の体制、つまり恐怖と希望の体制が有している二つの方向性である(感情の幾何学に先立つ、感情の体制については後で述べる)。

気象的時間の第二の総合——残酷と感染

(2)この「不都合な時間」は、〈雲 - カオス〉というもっとも原初的な気象現象から帰結するものである。実際に雲は、気象現象における原初的なものであり、カオスでさえある[73]。ルクレティウスが「気象論」を雲から始めているのもそのためである。原初的な雲のなかから立ち現われるのは、稲妻と雷鳴である。これらは、その素材である原子のクリナメン——原子が直線から逸れる最小角度——を知覚可能にする[74]。クリナメンは〈雲 - カオス〉のうちに「乱流」あるいは「渦巻き」をもたらすが、これは、クリナメンがまさに乱流の「発生的な差異的要素」だからである[75]。しかし、クリナメンは、より本質的には一つの時間的総合のことである。何故なら、クリナメンが総合だと言われるのは、それがあらゆる原子に原初の方向性を与えるからであり、またこの総合が本性上時間的であるのは、その原初の方向性が「連続的な最小の時間よりも小さな時間において」与えられるからである。クリナメンは、すべての時間のうちに現前するだけではない。クリナメンの総合は、すべての時間的総合の平面である。これが、気象的時間の第二の総合である。クリナメンは、地層化する大気の端緒であるが、ここでは同様に脱地層化の要素でもある。言い換えると、先の「不都合な時間」は、クリナメンの時間的総合を表わした「不確実な時間」(incertum tempus)をその地層化の原初的要素とする。しかしそれと同時に、この不確実な時間は、とりわけクリナメンがこうした地層化に対して有する脱地層化的な特性を、すなわち、原因を全体化することに対する、あるいは準安定的単位および統計的秩序に対するそれら自体の〈不可能性〉と、またこの全体化不可能な各原因系列の相対的な〈独立性〉とを示していることも事実である[76]。原子は、クリナメンによって落下しながら相互に遭遇する。原子の落下が強度として器官なき身体(強度=0)を直接的に備給するものであるならば、クリナメンは、まさに強度の差異を総合する充足理由以外の何ものでもない。

気象現象と気候変動は、もはや気象学的に区別されるのではなく(気象的要素とその平均値)、言い換えると、人間の脆弱さの規模の取引において現れる差異としてではなく(気象における時間的空間的な規模の大小)、むしろ戦略的に、すなわち自然主義的にあるいは自然哲学的に区別される必要がある。それは、表現の形式としての気象現象と表現の実質としての気候変動との間の区別である。スピノザ的な自然の有能性がアルトーの無力能論との間で振動を始めると、これによって自然主義は、徐々に自然哲学になると言える。言い換えると、自然哲学は、自然主義に無力能の問題が付け加わることによって完成する理説である。人間の社会的構成物は、もはや地球の半径の距離、絶滅種の沈黙の叫び、氷河の軋む音、アスファルトの下で窒息死し続ける大地……と無差異ではいられない。人間は、猛威の力として現われる自然現象に対して差異的であること、つまりその都度の気象現象に影響を受けて人間活動が制限されることを嫌ってきた。それは、その圧倒的な力にその都度、翻弄されることである。しかし、もはやいかなる卑小な人間活動も、気象現象に配慮し、気候平面を意識せざるを得なくなっている。ここにおいて、国家装置にとって、とりわけ軍隊にとってもっとも遠い問題、あるいは国家権力と軍事力がまさに最大の無能力を曝け出すことになる課題が露わになる。それは、われわれの戦争機械としての気候変動である。ガタリは言う。「環境エコロジーを機械的エ、コ、ロ、ジ、ーと再規定することもできるだろう。というのは、宇宙に関しても人間の実践に関しても、機械——私はあえて戦争機械とさえ言いたい——がひとえに問題だからである。全時代を通して、「自然」は生に対して戦争態勢にあったのだ!」[77]、と。自然は、つねに脱領土化の運動を有している。そして、それは、時間の総合をもつのだ。この戦争態勢は、国家装置にとっては絶対的な外部性の形相のもとにある。戦争機械としての気候変動は、諸気象の新たな作動配列を可能にするような非物体的変形を含んでいる(戦争機械は、この非身体的変形を対象とする抽象機械である)。この意味において、気候変動は、一つの過程の完成のことである。何の過程か。大気の地層化としての地球高温化は、一つの外部性の形相でありうる。何故なら、これによってわれわれは、国家装置の一つの絶対的な外部性を日々のなかで理解しうるからである。気候変動としての非物体的なものの平面は、資本主義に対する外部性の形相であり、終わりのけっして見えないモダンの運動の外部である。人間は、これによって自分たちの有限性の歴史を各人が相対化できることになる。

気象的時間の第三の総合——情動と非物体的変形

（3）気象哲学においては、気象現象は、原子とその運動からなるクリナメンの平面を可視化し経験可能にする形式を有している。これに対して気候そのものは、われわれにとって或る種の「空虚」という領域になる。気象は物体のように存在するが、気候は出来事のように存立する。そして、この両者は、大地に対する大気という地層に共立するのである。したがって、これによって気象哲学は、単なる唯物論ではなく、気候変動を含んだ非物体的唯物論となるのだ。クリナメンそれ自体は、言わばこうした〈気候平面〉に属している。それゆえ、気候は空虚であるが、しかし気候変動は非物体的変形である、と考えることに一定の意味があることがわかる。前者は、あくまでも権利上、常識的な〈クリナメンなき原子〉から出発する限りで前提されるような空虚概念である。これに対して後者においては、第二の時間の総合で示したようなクリナメンと気象現象の素材としての原子とを媒介して、気象現象から気候変動への真の上昇過程が示されている。あるいは、それは、気象現象を媒介せずに、大地の絶対的効果としての気候変動へと上昇することである。ここに気象的時間の第三の総合が考えられる。それは、*クリナメンは原子なしにそれ自体で気候平面を構成している*という考え方である。つまり、気象に対する気候、あるいはむしろ気象現象に対する気候変動は、この〈原子なきクリナメン〉の総体であり、形相化されない〈自然〉の無限様態であると考えられるだろう。それは、器官なき身体の気息そのものである[78]。言い換えると、この第三の総合は、系譜学的で気象学的な価値転換の時間である。第二の「不確実な時間」は、地層化へと向かう時間であり、「不都合な時間」における因果系列の最終局面まで至る時間の総合である。この第三の総合は、クリナメンの本性としての脱地層化の運動と時間である。したがって、それは、原子の合成態についてのイメージやその感覚可能性をも欠いている。〈原子なきクリナメン〉は、思考されるべき物としての原子を欠いている。それは、思考にも感覚にも与えられず、それらに対応する四つの時間に帰属しない或る時間の総合をもつ[79]。それは、情動であり、その可変性である。身体が大地であれば、情動は気候である。個々の感情は気象現象であるが、情動は非身体的変形の気候平面である。情動は、思考や感覚とは異なる、脱領土化の速度である。原子なきクリナメンの平面に対応するのは、情動における強度的な連続変化である。それだけでなく、この変化は、思考や感覚の連続的変化を含んでいる。思考の力能の増大あるいは減少、感覚の力能の増大あるいは減少は、情動が情動である限りでの強度的変様を含んでいるのだ。何故なら、それらはすべて、身体の変様についての非身体的変形を含んでいるからである。言い換えると、それらの変化のうちには、情動の非身体的変形が絶対的に現前しているのだ。

ルクレティウスにおける〈雲‐カオス〉の原初性は、まさにこうした意味での気候変動あるいは気候平面そのものを示していたのではないだろうか。原子と空虚は、ここで〈自然〉という非地層的なものから、あるいは巨大分子（地球）から理解される。空虚は、ストア派においても非物体的なものの一つとして数えあげられていたが、しかし気候変動の平面としての非物体的変形になるのだ。この気候変動の非物体性は、とりわけ非計量性を意味することを忘れてはならない。同様に、このとき原子は、強度の差異によって区別されるまったくの〈流態‐微粒子〉群になる。クリナメンは、言わば原子の本性あるいは本質である。その際に原子は、今度は明確にクリナメンの存在そのものとして把握されるであろう。「（……）原子の諸形態は何よりもまず、大気、大海、そして大地といった非計量的な大集合体（magnae res）、つまり平滑空間を構成していることを忘れてはならない」[80]。先に述べたような、クリナメンが示している原因の全体化についての〈不可能性〉と、各個の原因系列における切断・結合の〈独立性〉という二つの相対的な特性は、どこに位置しているのか。それらは、地層化のなかにあってもなお気候平面の絶対的な非地層性に向けて捉えられるべき特性である。クリナメンは、むしろ地層のなかの諸様態に対する〈流態‐微粒子〉群の肯定性である。つまり、クリナメンは脱属性的運動の理由であり、不可能性と独立性はそれがもつ特性である。クリナメンは、単に原子間相互の「遭遇の理由」ではなく、脱地層化の運動の充足理由なのである。

気象とパトス

たしかに大気は、大地の地層化とともに地層化する。しかし、それと同じように、大気は、大地がもつ反道徳の地層学にかかわる「戦略」を気象的時間として表現するのである。われわれがここで時間の総合を提示したのは、これら気象学的な三つの時間の総合が実は道徳の地質学における地層化の新たな問題表現となりうるからである。つまり、これら三つの時間の総合は、（1）地層化とともに変化する相対的な、その意味で限りなく事象的な、実在的区別（〈実在的‐形相的〉から〈実在的‐実在的〉へ、そして〈実在的‐実在的〉から〈実在的‐本質的〉へ）に、（2）一つの実体を構成するのに代わって、一つの平面に折り込まれる、スピノザ的な意味での無限に多くの絶対的な実在的区別に、（3）この絶対的な実在的区別以前の、すなわち属性以前の脱地層化の原理の最初の効果、大気的要素に、すなわち器官なき身体の気息――非物体的なものの連続変形の平面――に、それぞれ対応しているからである。第一にそれは、器官なき身体上の平面も、同様に地層とともに、つまり実在的区別の変化とともに異なった様相を示す。つまり、器官なき身体を構成する平面は、地層のなかでまったく別の属性を刻印され、そのもとで反転不可能な〈表現〉と〈内容〉とを有するようになるのだ。絶対的な脱属性化の身体は、延長や思惟という属性ではなく、今度は封建制や資本主義という歴史的属性のもとで、あるいはニヒリズムと人間的諸形態という道徳的属性のもとで規定されることになる。

ポスト・モダンなど、未だに反動的ニヒリズムさえ脱し切れないような人間には程遠い未来である。現代の人間は、ニヒリズムのなかで、徹底して、あるいはどうしようもないほどモダンである。というのも、今でも人間を支配し続けている二つの古典的な根本態勢が、時代や社会に強烈に現前しているように思われるからである。それは、カントが言うような、「わが上なる星の輝く空とわが内なる道徳法則」である[81]。要するに、それは、科学と道徳である。言い換えると、これは、フーコーが言う意味での〈人間の誕生〉から〈人間の死〉までの間に張り渡された、人間による人間それ自身の擬人化、つまりあらゆるものの擬人化の最終形態あるいは完成態——言わば超越論的擬人化——である。ここでの人間における所謂〈精神 - 主観性〉は、前者の「わが上なる」可視的世界における〈真／偽〉の探求と、後者の「わが内なる」不可視的世界における〈善／悪〉の支配とに必然的に繋留されてしまっている。もはやいかなる批判的で創造的な諸問題も、ここから提起されたり、また構成されたりすることはないであろう。〈人間 - 様態〉は、不道徳さえも含むこの二重の道徳的態勢から、うまく身をかわす技術や生活法を身につけつつ、自分たちの生の平面を組成する必要がある。人間の頭上に第一に存在するのは、青く輝く晴天や規則正しく運行する星座ではないし、また人間のうちで第一に考えられるのは、感情を抑制する理性やあらゆる人間活動を一つの目的のもとにおくような最高善ではない。そうではなく、人間の頭部の上には、むしろ生命力を増大も減少もさせるような気象的諸現象、あるいはむしろ〈大気－乱流〉が存在し、人間の皮膚の下には、内部の自然――現働的本質の状態、強度的部分――を直接的に表示するような感情あるいは触発が存在するのだ。したがって、われわれにとって一方の問題は、星が輝く天空よりも、むしろわれわれ人間を含めたあらゆる表面を包含する大気の平面、すなわち気象現象と気候変動である。それは、〈抽象的嵐〉が吹き荒れる外の領域そのものである。また、われわれにとって他方の問題は、道徳法則よりも、むしろ情動、パトスであり、これらが通過する〈抽象機械〉である。それは、外の思考そのものである。気象とパトス。それらは、このような二つの抽象性から考えられるべきものとなる。要するに、〈わが上なる真理の輝き〉は、〈本性的に漠然とした本質〉を含むような、物質的な気象現象と非物体的な気候変動という諸問題に、また〈わが内なる道徳性〉は、〈本性的に混乱した観念〉である諸感情とそれらの関係を統制する感情の体制という非身体的なものの変形の諸問題に、それぞれ完全にとって代わられなければならないのだ。

人間の頭部の上にも、人間の皮膚の下にも、道徳や科学の無能力が露わになるような〈或るもの〉が存在し存立する。すなわち、人間身体を外側から包含するものにおいては、条理化された大気空間に対してつねにそれを脱領土化する非物体的な気候平面が成立し、また人間身体を内側から表現するものにおいては、一つの生がそこから直接的に誕生したり、あるいはそれによって直接的に破壊されたりするような脱地層化の或る身体が存在するのである。現代の人間は、かつてないほどに、あるいはむしろかつてとはまったく異なった理由から強烈に気象学上の自然の存在、すなわち大気そのものの存在を意識せざるを得なくなった。しかしそれは、身体のどこかの部位が痛んだときに、その部位をもった身体を意識するようになるのと同様の仕方で、自然の部分や全体を考えているにすぎないであろう。つまり、人間にとって都合の悪い事態を介して、つまり否定的な事態を介してこの自然を認識しているにすぎないのだ。それは、自然を消極的に認識することである。というのは、その否定的な事態が自然の認識根拠になってしまっているからである。したがって、ここでは、気候変動、自然破壊、大気や海洋の汚染、地球高温化、大地の砂漠化、等々の問題は、人類共通の解決されるべき新たな歴史的課題――除去されるべき痛み――となったかのようである。しかし、歴史的に蓄積された人間の活動全体が潜在的な気候平面に影響を与えてきたこと（地層化）と、この同じ性質をもった人間の別の諸活動によってこの非物体的な気候変動の、直接的であれ間接的であれ、〈準‐原因〉になろうとする現働的な企て（単に地層化以前に戻ろうとする意味での、相対的な脱地層化）とは、まったく異なった秩序に属する問題である。というのも、〈準‐原因〉に依拠していては、無限に多く存在する身体の〈機能‐質料〉をまったく無視した疑似革命を構成することしかできないからである。多くの場合、地層化と脱地層化という二つの運動は、完全に同じ人間本性を前提として考えられている。それは、あくまでも環境エコロジーにとどまることである。というのも、それは、地層化を複写したような脱地層化の企て以外の何ものも理解することができないからである。言い換えると、ここには、自然を消極的に理解する所産的自然主義と、これに対応して反対に人間を過大に評価する反動的な情感的主観性しか存在しないからである。〈人間‐様態〉自身が非物体的な気候平面に対する決定的な作用素へと生成するためには、つまり、非物体的変形の生産的な企てのためには、自然を積極的に理解するような能産的自然主義と、これに対応した新たな脱領土的でパトス的な主観性の生産とが必要となるだろう。大気の地層化の発生的要素とその脱地層化の発生的要素とが、同じ性質の様態、つまり同じ本性を有した人間存在――ニヒリズムの様態――であることなどけっしてないであろう[82]。

〈外〉の倫理地図――いかにして〈外の思考〉を獲得するか

〈精神‐主観性〉に関する古典的な根本態勢、超越論的態勢に対して、実は現代の人間が隷属している別の根本特性がある。それは、脱領土化という横断性である。「現代の人間は、根本的に脱領土化された存在である。彼らの生まれながらの実存的領土――身体、身のまわりの空間、家族、宗教――は、もはや一定の土地に固定されているのではなく、今や不安定で絶えず変転する表象の世界に結びつけられている」[83]。たしかに現代の人間は、つねに不安定な表象のもとで脱領土化された存在である。しかしながら、それは、つねに相対的な脱領土化の運動性に、つまり偽りのノマディスムにとどまり続けるような存在者であろう。いずれにせよ、それが資本主義的な心性や習慣であることに変わりない。これらは、記憶とともに欲望をつねに快楽と欲求に置き換えていくような一つの感情の体制のもとにある。環境問題が現われるのは、こうした相対的な差異化や脱領土化の運動が可能となるような大地についての意識化とほぼ同時である。言い換えると、それは、実存的領土の有限性についての潜在的知覚である。こうした大地についての観念に、大気についての観念が系譜学的に付け加わるのだ。気候変動は、非物体的変形の領界である。そして、現代の地球高温化という問題は、とりわけその変形の発生的要素に人間の生存活動が含まれているか否かという問いに還元されうる。私は、〈地球温暖化〉ではなく、あえて〈地球高温化〉という言葉を用いる。それは、事実としての地球温暖化に、人類の生存活動全体をその発生的要素として含めるという意味においてである。気候変動という非物体的変形の発生的要素に人間活動の総体を含めない限り、地球という巨大分子上の脱領土化の運動は理解されない。また、環境エコロジーは、ただの客観的で所産的な自然のもとでの活動性しか意味しないであろう。

さて、すでに述べたように、人間にとって気象現象と気候変動との差異は何か。それは、気象現象が実践の対象となりうる、すなわち物体的混合が可能であるのに対して、気候変動は、人間の意識化されたいかなる物質的活動もその変化や変動の原因とはなりえないということである。ガタリの地図作成法のカテゴリーを用いて言うと、〈実存的領土（T）〉から〈非物体的領界（U）〉への主観的で内在的な脱領土化の過程は、意識化できないということである。ガタリは、この論点について次のように的確に述べている。「偶然性Tの単項的不連続性は、非物体的な強度的（非言説的）多様体Uに単純に接合され得ない。（有限で言説的な）偶然性と（連続的で強度的な）自己‐超越との間には、異質な諸作用素が、機械状の諸関係Φの別の使用に起因するシナプス的作用素によって必ず介在されなければならない」[84]。言い換えると、非物体的なものの連続的変形の多様体（U）への接合は、物質的で信号的な流れ（F）の脱領土化した機械状系統流（Φ）における作用によらなければならないということである。つまり、ガタリが言っているのは、言わば〈並行論〉と〈反転論〉という二つの運動が不可欠であるということだ。それは、第一に主観的脱領土化（T↓U）と客観的脱領土化（F↓Φ）の必ずしも一致する必要のない並行論、すなわち非一致の並行論であり、第二にこの強度化され脱領土化された二つの機能素の反転論（Φ↕↕U）である。これは、単にaがbに転化したのでも転換したのでもない。ここでは、両者は不可識別となって、或る共可能性を形成するようになるのだ。これは、或る特定の領野からの脱領土化の運動ではなく、地層そのものを形成する〈表現‐内容〉からの脱化の速度である。器官なき身体を構成する平面においては、様相はまったく無化されている。

したがって、地図作成法の機能素ΦとUとの間にあるのは、共可能性ではなく、切断と結合が等価となる絶対的な脱地層化の運動である。言い換えると、ここには、無限身体と無限知性との間の完全な脱属性化——脱形相化と脱想念化という二重性をもつ——があり、また強度の差異によって区別されるだけの〈記号‐微粒子〉群がある。このようにして、存立平面において大地の機械状系統流が大気の非物体的領界と完全に反転するのは、この平面が器官なき身体の最初の構成だからである。対応、一致、反転、脱領土性、脱地層性は、器官なき身体の構成平面において存立する運動である。〈地球高温化〉は、気候変動を内容の実質とする内容の形式である。それは、多くの場合に、〈物質的流れ（F）〉と〈実存的領土（T）〉との間の関係のうちでのみ考えられてきたような事象である。それは、地層化のうちでの人間活動や生産活動の対象となりうるような大気の現象のことである。つまり、その限りで人間は、地球高温化という気候変動に対して自分たちの神の如き全知・全能を以って事に当たれば（これは、神の位置を占有する反動的人間たちの発想である）、自分たちに都合の良い方向に気候変動を変化させられると思い込むのである。この意味でも、地層化は、〈物質的流れ（F）〉と〈実存的領土（T）〉との間の横断性のうちにある限り、つねに擬人化されているのだ。〈非物体的領界（U）〉は、非物体的なものの連続的変形の多様体である。「自らを反復し自らを肯定するが、位置づけられず、有限でも言説的でもなく、しかしながら特異で、あるいはむしろ不可逆的に特異化する或るもの。これによって、私がやはり準拠の〈領界〉あるいは言表作用の〈領界〉と呼んだ非物体的〈領界〉が構成されるのである。スピノザの言葉を言い換えれば、非物体的〈領界〉には、本質的にそれ自体によって存在することが属していると言えるだろう」[85]。このガタリの言説は、単なる実体と非物体的〈領界〉の類比にすぎないが、きわめて重要な論点を捉えている。実体は、脱属性的な諸様態の機械状系統流と可逆的であるということになる。

唯一の器官なき身体は、それが形質化も形相化もされない〈質料＝素材（マチエール）〉である。器官なき身体は、その限りで、伝統的な意味での第一質料などではけっしてない。というのは、第一質料とは、実はすでに形質化された質料のことであり、地層における物理化学的な〈実在的‐形相的〉区別に対応する形相の単なる素材のことだからである。第一質料のもとでは、ひとはいかなる産出の原理も考えることができないのだ。器官なき身体という形相化されない〈質料＝素材（マチエール）〉は、むしろ第一質料に対する反〈物質＝素材（マチエール）〉である。しかし、こうした反〈物質＝素材（マチエール）〉は、地層化の第一質料の単に反対のものなのではなく、またそれ以上に形相化されない〈質料＝素材（マチエール）〉に対立するものでもない。器官なき身体は、脱地層化の原理を含んだ産出の原理である。この〈強度＝0〉には、抽象機械の二大要素である〈図表〉も〈系統流〉も存在しない。この抽象機械によって構成される平面は、こうした器官なき身体を単なる第一質料に対する反物質として、多層化した地層性のうちで組成しようとするのである。反物質とは、地層の〈外〉という意味での非‐存在の強度以外の何ものでもないだろう。したがって、反物質は、むしろ非地層化を、つまり地層のいかなる内部性の形相ももたず、それゆえ知覚されない脱地層化の速度がもつ特性を示しているのだ。反物質がもつあらゆる〈負価〉の側面は、地層の内部性の形相から押し付けられたものにすぎない。いずれにせよ、反物質それ自体は、器官なき身体という絶対的な〈強度＝0〉を共有していることに変わりないのだ。

注（Ⅲ）

1 Cf. *MP*, pp.53-55, 175-179（上・九三 - 九五、二八九 - 二九四頁）。スピノザの神あるいは自然は、まさにこうした抽象機械の作動によってはじめて獲得されるべき一つの〈抽象 - 実在〉である。

2 Cf. G. Deleuze, *NP*, pp.64-65（一一九 - 一二二頁）。

3 Cf. Spinoza, *Ethica*, I, prop. 8, schol. 2,「存在しない様態的変様」/ II, prop. 8,「存在しない個物あるいは様態」。この「存在しない様態」、すなわち、持続をもたない様態、時間のうちにその存在をもたない様態、要するに、〈永遠相〉における存在のみを有する様態についても知性は、真の観念を形成することができる。何故なら、その様態の本質は、他の物のうちに、つまり実体のうちに含まれており、この物によって考えることができるからである。これに関しては、以下の点だけをここで明記しておく。（1）様態の本質という場合、様態である限り、それは、産出された本質を意味している以上、つねにその本質の存在を含んで理解されなければならず（というのは、この両者——様態の本質とこの本質それ自体の存在——は、様態的に区別されるが、しかし絶対的に分離不可能だからである）、（2）存在しない様態の観念を形成するのは、知性という名をもつ抽象機械の一つであり、（3）現実に存在する物のうちに含まれた存在しない様態についての観念は、分裂症化した無限知性においては、絶対的な脱領土化の要素としてその観念が形成されうるものである。また、本文において、これ以後に頻出する「存在」という語は、とくにルビを附し括弧に入れた〈存在（エートル）〉(être) を除いて、すべて «existence», «existentia» に対応するものとして用いている。

4 Cf. *MP*, pp.81-82（上・一三八 - 一三九頁）。

5 Cf. Spinoza, *Ethica*, II, prop. 4, prop. 5, dem. スピノザの『エチカ』において、「神の観念」が直接無限様態であることが示唆されるのは第一部・定理二一であるが、明確に言われるのは第二部・定理四である。

6 *MP*, p.635（下・三一四 - 三一五頁）。

7 「道徳の地質学」に関しては、とくにピエール・モンテベロ「いかに自然を思考するか——ドゥルーズの自然哲学」（鈴木泉訳、『死生学研究』第九号所収、東京大学大学院人文社会系研究科、二〇〇八年）を参照せよ。これは、きわめて難解な「道徳の地質学」をその全体にわたって明快に解読・解説したテクストである（Cf. Pierre Montebello, *Deleuze. La passion de la pensée*, Vrin, 2008, pp.137-173）。また、訳者の鈴木は次のように述べている。「大地の地層化によって人間という形象が生まれるにしても、地層化を可能にしている大地は、形を有することのない力で満たされているから、固定化した有機的な形態を解体するような力が働いているのであって、物理‐化学的なレベルにおける下位分子的な物質、有機体における非有機的な力と同様に、人間を超え出る非人間的な生成変化が存在する以上、人間という形象においては生きていけないような、そして、人間という形象においては未だ生きられていない生のありようを解き放つことこそが、ドゥルーズ&ガタリの非人間主義の哲学の核心である」（「非人間主義の哲学――ピエール・モンテベロの仕事をめぐって」、前掲書所収）。

8　（1）「生成に存在の性格を刻印すること――これこそが最高の力能の意志である」。（2）「すべてが回帰するということは、生成の世界と存在の世界との根源的近接である。考察の頂点」（Nietzsche, *KSA 12: Nachgelassene Fragmente 1885-1887*, 7[54], p.312（『ニーチェ全集 第九巻（第Ⅱ期）遺された断想（一八八五年秋‐八七年秋）』三島憲一訳、白水社、一九八四年）。ドゥルーズの『差異と反復』は、言わばニーチェのこの二つの言明を差異と反復によって再開し、実現しようとする試みであると言える――すなわち、（1）「差異の概念」に「反復の本質」を刻印すること、（2）差異の理念の現働化とこれの脱根拠化との極限的近接（＝永遠回帰）を実現すること。つまり、『差異と反復』は、『ニーチェと哲学』の最後の部分で論じられた、二つの原理――ツァラトゥストラの原理とディオニュソスの原理（G. Deleuze, *NP*, pp.220-222（三六九‐三七三頁））――に対応する仕方で書かれているということである。『差異と反復』の多くの部分はほぼツァラトゥストラの原理によって書かれるが、それは、すべてディオニュソスの絶対的原理を目標にしてのことである。一点だけ指摘しておくと、前者から後者への十全な移行は、必然的に「臨床の問題」へとつながっていく（Cf. G. Deleuze, *LS*, p.102（上・一五四頁）; *CC*, p.133（二一九頁））。

9　言い換えると、この脱地層化の問題は、つねに以下のような仕方で問われなければならないということである。「実際、第一にあるのは一つの絶対的脱領土化、一つの絶対的逃走線であり、どれほど複雑で多様なものであっても、それは存立平面あるいは器官なき身体の脱領土化（〈大地〉、すなわち絶対的に脱領土化されたもの）である。そして、この絶対的脱領土化が相対的なものになるのは、ただこの平面上の、この身体上の地層化によってのみである。地層はつねに残滓であって、その逆ではない――或るものがどのようにして諸地層から脱するのかと問うのではなく、むしろ諸物がどのようにして諸地層のうちに入るのかと問わなければならない。したがって、相対的脱領土化のうちには恒常的に絶対的脱領土化の内在性が存在し、また、微分的関係と相対的運動を調合する、諸地層の間の機械状作動配列（アジャンスマン）は、絶対的なものへと向かう脱領土化の諸々の点をも有しているのである」（*MP*, p.74（上・一二七‐一二八頁））。

10　スピノザにおける、倫理を対象とする「倫理学」と、聖書を対象とする「神学」と、国家を対象とする「政治学」との間に厳格な区別を設定することに関しては、次の論文を参照せよ。上野修「ネグリのスピノザ解釈」（前掲書、『別冊情況』所収、一六四－一七〇頁）、「スピノザの群集概念にみる転覆性について」（『思想――特集＝思想史のなかのアントニオ・ネグリ』所収、二〇〇九年八月号、岩波書店、一〇二－一一六頁）。

11 Cf. G. Deleuze, *D*, p.24（三五頁）; *MP*, p.249（中・八八頁）。

12 Cf. *QP*, p.59（一〇六－一〇七頁）。

13 デリダは、イェルムスレウの言語学がいかに原－エクリチュールに対して従属的であり、また派生的であるかを論じている（Cf. Jacques Derrida, *De la grammatologie*, Minuit, 1967, pp.83-108『根源の彼方に――グラマトロジーについて（上）』足立和浩訳、現代思潮社、一九七二年、一一五－一三四頁））。「原－エクリチュールは、単に表記的表現の形式と実質においてだけでなく、非表記的表現の形式と実質においても作用を及ぼすであろう。それは、形式を、表記的であれ非表記的であれ、あらゆる実質に結びつける図式だけでなく、内容を表現に、それが表記的であろうとなかろうと、結びつける〈記号－機能〉（signe-function）の運動をも構成するであろう」（*ibid*, p.88（一二〇頁））。この図式と運動は、地図作成法からそれほど遠くにあるものではないだろう。いずれにせよ、イェルムスレウの言語学に対して批判的なデリダと、その言語学から自分たちの思考にとってもっとも重要な諸概念を引き出してきたドゥルーズ－ガタリとの違いは、きわめて示唆に富むものである。

14 「統合態」（Œcumène）とは、抽象機械が各地層のうちにとどまっている状態であり、これに対して「平面態」（Planomène）とは、抽象機械が脱地層化された存立平面上で展開される状態である。したがって、これら二つの状態は、一つの抽象機械の二つの存在の仕方に対応していると考えられる（Cf. *MP*, pp.66, 68-69, 82, 93（上・一一四、一一八、一四〇、一五九－一六〇頁））。また、死をも欲望し、また自らは動くことなく、欲望を動かすという意味で、器官なき身体が「死の本能」あるいは「不動の動者」として捉えられているのは、*AŒ*, p.14（上・二六頁）においてである。

15 Cf. Spinoza, *Ethica*, I, prop. 25, corol.「個物（res particularis）は、神の属性の変様、あるいは神の属性を一定の仕方で表現する様態にほかならない」。この第一部・定理二五の系を個物一般の名目的な言説として理解するならば、これに対して第一部・定理二八を「個物」（res singularis）の存在の発生的要素（＝最近原因）が明晰に示された実在的定義を含んだ定理として理解することができるだろう――「どんな個物も、あるいは有限であり決定された存在を有する物は何であれ、同様に有限であり決定された存在を有する別の原因によって存在し作用することに決定されるのでなければ、存在することも作用することに決定されることもできない。さらにこの原因もまた、有限であり決定された存在を有する別の原因によって存在し作用することに決定されるのでなければ、存在することも作用することに決定されることもできず、このようにして無限に進む」（スピノザは、必ずしも個別性（particularité）としての個物（一般概念のもとで把握された個物、あるいはその本質から切り離された個物の存在）と、特異性（singularité）としての個物（共通概念の形成とともに捉えられる個物、あるいはその本質と存在とが一致しつつある個物）とを判明に区別するために、とくにこの二つの語を使用しているわけではない。一例を挙げると、第一部・定理二五の系が証明の冒頭で用いられている第三部・定理六においては、「個物」として用いられている語は、«res particularis»ではなく、«res singularis»の方である。要するに、スピノザにおける「個物」は、すべて特異性としての個物である）。このように、或る有限な個物の存在と作用の最近原因は、他の有限な個物の存在と作用である。しかし、この有限な個物の存在と作用の最近原因となりうるような別の個物の存在と作用は、単にその個物の持続上の有限で決定された存在や作用ではない。それは、唯一の能産的自然（神）の或る属性が有限な様態的変様に様態化した限りで、存在と作用に決定された個物である（Cf. Spinoza, *Ethica*, I, prop. 28, dem. et schol.）。われわれは、或る個物の原因を求めて無際限に他の諸々の個物の系列を退行する必要はない。一つ遡れば、その作用原因を見出すことができるのである。このような仕方でこの系列を経巡ること、それは「退行」（régression）ではなく、「逆行」（involution）である（Cf. *MP*, pp.295, 331（中・一六五、二二九頁））。ここでの無際限な退行によってわれわれが理解するのは、能産的自然から存在論的に分離された所産的自然における因果の系列（例えば、玉突きなどで表象されるような因果の系列）でしかない。それは、単に第一原因を目指した無際限な遡行しか意味しないのだ。したがって、こうした第一原因は、因果関係の系列の観点から言えば、最初の結果に対する「遠隔原因」としてしか見出されず、また遡行の観点から言えば、「目的原因」としてしか想定されないことになる。これに対して、無限な逆行は、或る結果から一つ遡るだけでその十全な原因を見出すことのできるような遡行の仕方である。無仮説の原理への遡行は、系譜学的で価値転換的な意味での能動的な遡行過程を含んでいる。

16 Spinoza, *Ethica*, I, prop. 11, et prop. 16. ただし、この定理一六におけるすべてのものを把握する「無限知性」は、無限に多くのものが無限に多くの仕方で生じることにけっして先立つものではない。ここでの重要な論点は、スピノザの神においては、〈存在する〉限りは〈産出する〉、また〈産出する〉限りは〈認識する〉ということである。つまり、無限知性も、形相的にはそれ自体この産出に含まれているということである。たしかに脱属性化の〈質料 - 運動〉は、この無限知性の形相のもとに想念的に含まれる、あるいはその形相化された仕方で〈質料 - 静止〉として含まれるにすぎない。しかし、これによって無限知性の分裂的様態（一つの属性に折り込まれる無限に多くの実在的区別）が生じ、またここから唯一の器官なき身体という「実体変容」への、あるいは多数多様な器官なき身体における「諸実体の実在的推移」（*MP*, pp.204, 639（上・三三九、下・三二二頁））への諸々の実質的移行が可能となるのだ（無限知性の分裂症化と、これに対応するだけでなく、これを含み込むような〈無限身体〉（一つの平面に折り込まれる無限に多くの実在的区別）とについては、本書の「II　実在的区別の組成」を参照せよ）。

17　Cf. G. Deleuze, *F*, pp.92-93（一五九 - 一六二頁）。自然学的思考とは何か。それは、一つの「外の思考」であり、「抽象的嵐」（orage abstrait）で充たされた「地層化されないもの」のなかで思考することである。また、アントニオ・ネグリは『野生のアノマリー』のなかで、二人のスピノザを仮定して、『エチカ』における「第一の創設」と「第二の創設」を批判的に区別しているが、この区別はここで述べた二つの思考がそれぞれにもつ方向性の差異をむしろ前提にしていると言えるだろう（Cf. A. Negri, *AS*, p.99-129, 233-282（一三三 - 一七八、三二九 - 四〇二頁））。

18　ハイデガーの「最後の形而上学」にしても、モンテベロの「別の形而上学」にしても、スピノザ的な内在性がもつような、形而上学表面に対する機銃掃射も存在論的深層に対する表現主義も形成することができないであろう（Cf. Martin Heidegger, *Nietzsche*, 1961（『ニーチェ（I）』細谷貞雄・他訳、平凡社、一九九七年）; P. Montebello, *L'autre métaphysique. Essai sur Ravaisson, Tarde, Nietzsche et Bergson*, Desclée de Brouwer, 2003）。

19　〈特定の属性〉という場合のこの〈特定の〉に関して、『エチカ』においては二つの段階が考えられるべきであろう。一つは、無限様態の産出の際に言われる「神の或る属性」という場合のこの「或る」（alicujus）という段階である（Spinoza, *Ethia*, I, prop. 21-23）。もう一つは、「思惟は神の属性である」、「延長は神の属性である」というように、人間が知りうる属性が完全に特定される段階である（Spinoza, *Ethica*, II, prop. 1-2）。これらの間には、いかなる差異があるだろうか。それは、二重分節の定立とその具体的な実現との違いである。それゆえ、これと同様に留意すべき点は、〈思惟〉と〈延長〉という二つの属性はとくに脱属性化の実体（器官なき身体、つまり形相化されない〈質料（マチエール）＝素材〉）を構成する属性ではないということである。

20　G. Deleuze, *DR*, p.53（上・一〇九頁）。

21　Cf. Spinoza, *Ethica*, I, def. 4, prop. 9, prop. 20, dem., prop. 25, schol., prop. 30. ガタリは、これを次のように表現する。「スピノザにとって神と属性は、同じ平面上でともに闘う。それらの存立平面の間に断絶はない。神とともに連続体がある」（F. Guattari, *EACE*, p.375（三五三頁））。

22 Cf. G. Deleuze, *DR*, pp.59, 388（上・一二一 - 一二二、下・三五〇頁）。様態を発生的要素とした実体の実在的定義を可能にすることは、当然のことであるが、属性を発生的要素とした神の実在的定義（Spinoza, *Ethica*, I, def. 6）に現われる「属性」という言葉を単に「様態」に置き換えることによって達成されるわけではない。様態は属性ではないということではなく、この問題は、様態によってまさに属性以前の発生的要素が意味される必要があるということである。

23 Cf. *AŒ*, p.287-289（下・五四 - 五六頁）; *MP*, pp.57-60（上・一〇〇 - 一〇四頁）; F. Guattari, *EAŒ*, pp.291-320（二七九 - 三〇一頁）。

24 Cf. G. Deleuze, *SPE*, pp.36-37, 42, 92（三四 - 三五、四一、一〇〇頁）。〈匿名性〉（anonymat）と〈無名性〉（innominé）との違いは、明白である。前者は、或る名性によって規定されているものがそれを隠すことによって或る種の無規定性を獲得することである。これに対して、後者は、最初から名づけられることが不可能な、しかし完全な実在性を有したものの現前性である。

25 Cf. G. Deleuze, *SPE*, p.10（四頁）。

26 Cf. *MP*, pp.628, 633-634（下・三〇四、三一一 - 三一二頁）。ここで私が言う〈脱タイプ化〉とは、様態の生成変化がもつべき「あらゆる脱地層化の企て」のことであり、様態による実在的に区別されるものの間の横断あるいは結合のことである。したがってそれは、戦略上、必然的に相対的な脱領土化を含むものでもある。

27 Spinoza, *Ethica*, I, def. 1; cf. I, def. 3, 5, prop. 1-8, etc.

28 Cf. Spinoza, *Ethica*, I, prop. 21, prop. 22.「神の或る属性の絶対的本性から生起するすべてのものは、つねにかつ無限に存在しなければならない、言い換えると、それはこの属性によって永遠で無限である」（直接無限様態）。「神の或る属性がその属性によって必然的にかつ無限に存在するような様態的変様に様態化する限り、この属性から生起するすべてのものは同様に必然的にかつ無限に存在しなければならない」（間接無限様態）。

29 Cf. Spinoza, *Ethica*, I, prop. 24.

30 Cf. Spinoza, *Ethica*, I, prop. 28, dem.

31 Cf. Spinoza, *Ethica*, I, prop. 28, schol.; cf. M. Gueroult, *Spinoza I*, pp.342-343.

32 Spinoza, *EP*, 64. スピノザはシュラー宛のこの有名な書簡のなかで、直接無限様態の例として、思惟属性では「絶対に無限な知性」、延長属性では「運動と静止」を挙げ、また間接無限様態の例として、延長属性では「無限に多くの仕方で変化しながらもつねに同一にとどまる全宇宙の姿（facies totius Universi）」を挙げている。この延長属性における間接無限様態についてだけ言うと、とくにこの「全宇宙の姿」によってスピノザが言いたかったのは、延長属性のうちに産出された物の本質の不変的存在のことである。言い換えると、この不変的な「全宇宙の姿」、それは様態の本質の永遠で無限なる〈存在〉である。

33 Cf. M. Gueroult, *Spinoza I*, p.319.

34 Spinoza, *Ethica*, II, def. 2; cf. II, prop.49, dem.「抽象機械に依存しているのは言語学であって、その逆ではない。少なくとも抽象機械において図表（ディアグラム）の二つの状態を区別することができる。一つは、内容と表現の変数がそれらの非等質的形式に従って存立平面上で相互前提のもとに配置されるという状態、もう一つは、同じ平面の可変性がまさに諸形式の二元性に対して優位を占めて、それら諸形式を「識別不可能」にするので、もはや二つの変数を区別することさえできない状態（第一の状態は、まだ相対的な脱領土化の諸運動にかかわっているが、第二の状態は脱領土化の絶対的な閾に達してしまうだろう）」（*MP*, p.116（上・一九四頁））。スピノザにおける直接無限様態と間接無限様態との関係を、様態の本質とその存在との間の非属性的で潜勢的な並行性として問題構成し直すこと、それは、第一に、この二つの無限様態が様態的に判明に区別されつつ相互に識別不可能になり、それゆえ相互に反転し合うような言わば〈様態化‐結晶化〉の論理を有することであり、第二に、このことと同時に有限様態のもとで真の抽象的対象——非物体的変形——を実践上の課題とすることにある。様態は、有限であれ無限であれ、その本質と存在との結晶態である。

35 Cf. Spinoza, *Ethica*, I, prop.28, schol. 伝統的にも解釈が分かれるところではあるが、しかし、ここでスピノザが言う「媒介して」（mediantibus）は、二つの無限様態を媒介して生起する有限様態について用いられており、それゆえ定理二三・証明の間接無限様態において言われる「媒介して」（mediante）とは区別されなければならない。というのは、前者は、神の或る属性の絶対的本性から直接的に生起する二つの無限様態を媒介するという意味であり、これに対して後者は、神の或る属性という言わば様態の発生の原理そのものの様態的変様を媒介するという意味であり、したがって間接無限様態にのみ用いられているからである。

36 Cf. Spinoza, *Ethica*, II, prop. 8, corol., prop. 45, schol./ III, prop. 1, dem.

37 G. Deleuze, *SPE*, p.174（一九六頁）。

38 G. Deleuze, *PP*, p.7（七‐八頁）。

39 *MP*, p.438（下・一八頁）。

40 *MP*, p.448（下・三四頁）。

41　「非十全で混乱した観念は、十全な、あるいは明晰判明な観念と同一の必然性によって生じる」（Spinoza, *Ethica*, II, prop. 36）。スピノザはこのように言う。われわれはこれを以下のように解釈する。非十全な観念は地層化した限りでの身体の変様についての観念であり、十全な観念は、それにもかかわらずこの身体の変様に絶えず現前する非地層的なものの観念であり、さらに言うと、それ自体が脱地層的な諸要素なのである。そして、こうした地層化と地層化されないものは、同じ必然性を以って生じるのである。この定理は、こうした遠近法のもとでのみ意味と価値を以って理解される。

42　*MP*, p.55（上・九五頁）。

43　内容と表現との間の実在的区別は、〈実在的‐形相的〉、〈実在的‐実在的〉、〈実在的‐本質的〉という三つの類型のもとで語られる。「地層間で変化するのは、内容と表現の間の実在的区別の本性であり、形相化された質料としての実質の本性、相対的運動の本性である。実在的区別は、簡単に言って三大類型に区別することができる。すなわち、（1）大きさの諸次元に関する〈実在的‐形相的〉区別――ここに表現の共鳴が確立される（誘導（アンデュクシオン））、（2）異なる諸基体に関する〈実在的‐実在的〉区別――ここに表現の線形性が確立される（形質導入（トランスデュクシオン））、（3）特性あるいは範疇に関する〈実在的‐本質的〉区別――ここに表現の超線形性が確立される（翻訳（トラデュクシオン））」（*MP*, pp.92-93（上・一五九頁））。

44　Cf. Spinoza, *Ethica*, i, prop. 14, corol. 2/ II, prop. 1, prop. 2.

45　Cf. Spinoza, *Ethica*, i, def. 4, prop. 30, prop. 31, schol.

46　Cf. *MP*, pp.54-56, 75（上・九四‐九七、一二八‐一二九頁）。ただし、あらゆる地層において内容が分子的であり、表現がモル的であるということではない。しかし問題は、実在的区別の〈折り込み〉（Cf. A. Negri, *AS*, p.11（一四頁）、「ドゥルーズの序文」）が、地層の、つまり「神の裁き」のあらゆる特性を形成する仕方と、この〈折り込み〉とともに平面が機械状になる仕方との差異を明確に理解することである。前者はスコラ哲学と中世神学に基づく、相対的な実在的区別の折り込みであり、後者は〈実在的‐形相的〉区別と、つまり「最小限の実在的区別」と訣別した、スピノザにおける属性間の絶対的な実在的区別の折り込みである（Cf. *MP*, p.76（上・一三〇‐一三一頁）; P. Montebello, *Deleuze*, pp.163-169; G. Deleuze, *SPE*, pp.54-56（五五‐五八頁））。

47　Cf. Spinoza, *Ethica*, II, def. 2, prop. 49, dem.

48　原因としての抽象機械と結果としての具体的な作動配列については、G. Deleuze, *F*, pp.44-46（七三‐七六頁）を参照せよ。

49　Cf. Spinoza, *Ethica*, II, prop.45, schol./ IV, praef.

50　Cf. *QP*, pp.58-59（一〇四－一〇七頁）。

51　例えば、ネグリは「様態の緊張」について述べている（Cf. A. Negri, *AS*, p.124（一七〇頁））。

52　「権力の決定的言葉、それは、〈抵抗が最初にある〉ということである。権力の諸関係はまるごと図表（ディアグラム）のうちに収まっているが、これに対して、諸々の抵抗は必然的に、図表（ディアグラム）が生じる〈外〉と直接的な関係をもつからである。したがって、社会的領野は、それが戦略化する以上に、抵抗するのである。そして、外の思考は、一つの抵抗の思考となるのだ」（G. Deleuze, *F*, pp.95-96（一六六頁））。この抵抗のうちに〈外〉が現前し続ける限り、それは、存在以前の政治――脱地層化の速度――の探求へとわれわれを差し向けるであろう。また、すでにアダムの事例で詳しく述べたように、或る出来事の系列を分岐・発散させる、不等なものとしての〈抵抗－特異性〉は、すでにそれ自体がもつ外部性の形相に由来するものである。

53　Cf. Spinoza, *Ethica*, II, def. 4, prop. 18, schol., prop. 21, schol. ドゥルーズは、映画的イマージュを介して、ベルクソンにおける過去の諸層がもつ地層的な意義と、それらを無効にして解体するような存立平面――脱地層化の大地――を見出している。過去の諸層は存在するが、しかしそれらは「地層化されない実質＝実体」において解体され破壊される（Cf. G. Deleuze, *IT*, pp.147-151（一五六－一六〇頁））。これについては、財津理／江川隆男「時間の総合か、時間イメージか」（『現代思想――特集＝ドゥルーズ』所収、青土社、二〇〇八年一二月号）を参照されたい。あの逆立ちした円錐形は、もはやその形態を保持できず、溶解して物質面に落下していくであろう（時間イマージュと運動イマージュの円環）。そして、ここにおいて、はじめて純粋知覚もそれ固有の実在性――脱現働化の直接的知覚――をもつことになる。というのは、このときもっぱら機構的（メカニック）に理解された物体は、まさに機械的（マシニック）な運動イマージュとなって、〈質料（マチエール）＝素材〉としての一つの存立平面に、すなわち「超（メタ）映画」としての内在平面に帰属するからである（Cf. G. Deleuze, *IM*, pp.86-88, 90（一〇六－一〇七、一一〇頁））。この意味で、時間イマージュと運動イマージュは、不可分な運動をなしつつ一つの回帰を形成している。この回帰の運動は、〈過去そのものの脱地層化〉と〈現在そのものの脱現働化〉という二つの異なる脱化の〈運動と静止〉からなる。

54　Cf. Antonin Artaud, «Trois textes écrits pour être lus à la Galerie Pierre», «*Le théâtre et la science*», in *Œuvres*, pp.1536-1548（「ピエール画廊で読まれるために書かれた三つのテキスト」、「演劇と科学」佐々木泰幸訳、『アルトー後期集成Ⅲ』所収、三九二－四一八頁）。「ところで、身体は気息と叫びをもっているが、これらによって身体は、有機体の腐敗した最深部において自らを捉え、また高次の身体が待ち構えている、気息と叫びの高く輝かしい平面へとはっきりと自らを移行させることができるのだ」（*ibid.*, p.1547（四一五頁））。アルトーにとっては、気息あるいは叫びそのものが外の思考に等しいものである。言い換えると、それらは、まさに残酷演劇がもつ「戦略」の地帯である。

55　*MP*, p.109（上・一八四頁）。

56　内容としての大地へのこうした諸作用については、*MP*, p.110（上・一八五頁）を参照せよ。

57　抽象機械と戦争機械との関係については、*MP*, pp.639-640（下・三二一 - 三二二頁）を参照せよ——「戦争「機械」は、したがって国家装置がそうであるよりも、はるかに抽象機械に近い（だから「機械」と呼ばれるのだ）。国家装置は、戦争機械からその〈変身の力能〉を奪うのである」。戦争機械は、脱地層化的な平面態の上で展開される抽象機械を、いくつかの具体的な作動配列のもとで実現する表現の形式である。戦争機械は、この意味において〈外〉に関するあらゆる戦略にかかわるものである——「諸々の地層が大地に属するとすれば、戦略は大気的あるいは海洋である」（G. Deleuze, *F*, p.129（二二九頁））。また、海洋、砂漠、大気、成層圏、等々の条理化あるいは平滑化については、*MP*, pp.597-602（下・二五六 - 二六四頁）を参照せよ——「平滑的なものは、条理化されたものよりもつねに高次の〈脱領土化の力能〉を有している」。

58　小倉義光『一般気象学』、東京大学出版会、一九八四年、参照。

59　Michel Serres, *La naissance de la physique dans le texte de Lucrèce. Fleuves et turbulences*, Minuit, 1977, pp.85, 108-109［以下、*NP* と略記］（ミッシェル・セール『ルクレティウスのテキストにおける物理学の誕生——河川と乱流』豊田彰訳、法政大学出版局、一九九六年、九九、一三〇頁）。

60　Titus Lucretius Carus, *De rerum natura*, with an English translation by W. H. D. Rouse, revised by M. F. Smith, The Loeb classical Library, 19, II, 214, VI, 199, etc.（『物の本質について』樋口勝彦訳、岩波文庫、一九六一年；『事物の本性について』岩田義一・藤沢令夫訳、『世界古典文学全集21　ウェルギリウス／ルクレティウス』所収、筑摩書房、一九六五年）。

61　Nietzsche, *Unzeitgemässe Betrachtungen*, in *KSA 1*, p.252（『反時代的考察』大河内了義・三光長治訳、『ニーチェ全集　第二巻（第I期）』所収、白水社、一九八〇年、一二三頁）

62　セールは、次のように的確に述べている。「気象現象は、安定でも完全に不安定でもない。それらは、存在そのものの、つまり静力学の外にあるこの静力学という言葉の明らかな範型である」（M. Serres, *NP*, p.110（一三二 - 一三三頁））。

63　Edmund Husserl, *Philosophie als strenge Wissenschaft*（「厳密な学としての哲学」小池稔訳、『世界の名著　ブレンターノ／フッサ

ール』所収、中央公論社、一九八〇年、一一〇‐一一四頁）。

64　G. Deleuze, *LS*, p.323（下・一七九頁）。ドゥルーズは、この「ルクレティウスとシミュラクル」という短いテクストのなかで、「自然」（Nature）と「自然主義」（Naturalisme）という語をすべて大文字で表記している。「自然」とは能産的自然と所産的自然との間に存在する知覚不可能な〈自然〉のことであり、「自然主義」とはこの〈自然〉を知覚することしかできないものとして肯定し続ける運動である。

65　Lucretius, *De rerum natura*, VI, 1119-1130.

66　G. Deleuze, *LS*, p.323, n.30（下・一八二頁）。また、ドゥルーズは、次のようにも述べている。「ルクレティウスの本がペストの叙述で終わるのはありえないということ、また、悪意ある思想家が不安と恐怖のなかで生涯を終えねばならないことを示すのは、そう望んだキリスト教徒の作り話であり、捏造であるということ、これらのことを示すために、私は道徳科学アカデミーで注解することを夢見ている」（G. Deleuze, *D*, p.22（二九頁））。「Kの処刑で終わるというやり方は、この小説のあらゆる進行と、「訴訟」を規制している「際限のない引き延ばし」の状態と矛盾している。Kの処刑を最終章として課すことは、文学史のうちに一つの等価物を有しているように思われる。つまり、それは、ルクレティウスの書物の最後にペストについての有名な叙述を置いた人々である。この二つの事例において重要なのは、一人のエピクロス派の哲学者は最後には苦しみに屈服することしかできないということ、あるいはプラハの一人のユダヤ人は自分を苦しめている罪を受け入れることとしかできないということを示すことにある」（*K*, p.81（八九頁））。

67　Henri Bergson, *Extraits de Lucrèce, avec commentaire, etudes et notes*, Librairie Delagrave, 1955, p.XXIII（「ルクレーティウスの抜粋」花田圭介・加藤精司訳、『ベルクソン全集　第八巻　小論集Ｉ』所収、白水社、一九六六年、五九‐六〇頁）。

68　Jared Diamond, *Guns, Germs, and Steel: The Fates of Human Societies*, W. W. Norton & Company, 1997, pp.196-197（ジャレド・ダイアモンド『銃・病原菌・鉄——一万三〇〇〇年にわたる人類史の謎』倉骨彰訳、草思社、二〇〇〇年、上・二九〇‐二九一頁）。

69　A. Artaud, *Le théâtre et son double*, in *Œuvres*, pp.512, 521（『アントナン・アルトー著作集Ｉ　演劇とその分身』安堂信也訳、白水社、一九九六年、二六、四八頁）。

70　「哲学に属する時間は一つの層位学的時間（temps stratigraphique）であり、そこでは、〈前〉と〈後〉はもはや重ね合わせの秩序しか示していない。（……）このように哲学は、〈前〉と〈後〉を排除しないが、しかし、それらを一つの層位学的秩序のなかで重ね合わせるような、共存在の或る壮大な時間である」（*QP*, p.58（一〇四 - 一〇五頁））。したがって、『差異と反復』のなかで論究されたような、習慣（現在）、記憶（過去）、永遠回帰（未来）のもとでそれぞれに総合される三つの時間は、まさにこうした層位学的時間として捉え返されなければならないだろう。つまり、一方の時間の総合から他方の時間の総合への移行は、単なる否定的な乗り超えではなく、一つの層位学的秩序の形成と同一の事態として把握される必要があるということである。経験論、超越論、脱根拠化論はすべて、時間の諸地層を形成する時間の総合の類型である。

71 Cf. M. Serres, *NP*, p.110（一三二頁）。

72 **Brian Fagan, *The Long Summer: How Climate Changed Civilization*, Basic Books, 2004, p.252**（ブライアン・フェイガン『古代文明と気候大変動——人類の運命を変えた二万年史』東郷えりか訳、河出書房新社、二〇〇五年、三四四頁）。

73 Cf. Lucretius, ***De rerum natura***, VI, 96-120.「雲は、原初的なものである。雲は、カオスを造形化したものである。カオスは雲であり、雲はカオスである」（M. Serres, *NP*, p.108（一三〇頁））。さらには、ギャヴィン・プレイター＝ピニー『「雲」の楽しみ方』桃井緑美子訳、河出書房新社、二〇〇七年、も参照されたい。これは、まさに雲への愛に満ちた本であり、「雲を擁護するため」に書かれたものである。こうした観点を成立させるような意志は、一つの自然哲学的な観点を、つまり気象哲学的な遠近法を有しているように思われる。「雲」とは、（1）不当に貶められてきた対象であるが、（2）しかし、自然の〈気息 - 詩〉としての様態であり、（3）青空中心主義の思考体制——「青空一辺倒の思考」——に対して闘争を仕掛けるような脱地層化的な要素であり、（4）大気の大いなる気分を表現するものであり、（5）反精神分析的な対象である。

74 Cf. M. Serres, *NP*, pp.102-103, 108-109（一二二、一三〇頁）。セールは、ルクレティウスの『物の本性について』の第二巻におけるクリナメンの記述の直前に、気象現象に関する叙述（II, 213-215）が置かれている点にとくに注目している——「ここでは、気象学的モデルが［クリナメンの］理論に先立っている」。このことは、きわめて興味深い事柄につながっていくであろう。

75 Cf. M. Serres, *NP*, pp.13-14, 108-109（六 - 七、一三〇 - 一三一頁）; *MP*, p.610（下・二七七 - 二七八頁）。

76 Cf. G. Deleuze, *LS*, pp.311-312（下・一六三 - 一六四頁）。クリナメンが示しているのは、諸々の原因系列を統一化することの「不可能性」であり、また、この不可能性を担っているのは、原因系列の遭遇においても保存される各原因系列の「独立性」である。これらは、〈思考可能な連続的最小時間よりも小さい時間〉における総合がもつ二つの特性と考えることができる。

77 F. Guattari, *TE*, p.68（六五頁）。

78 Cf. M. Serres, *NP*, pp.228, 230（二八六、二八九頁）。ここでセールは、「クリナメンなき原子」について論述している。

79 思考と感覚との間の、あるいはクリナメンとシミュラクルとの間の類比関係によって導き出された四つの時間とは、次のようなものである。「（1）思考可能な最小時間よりも小さい時間（クリナメンによって実現される不確実な時間）。（2）思考可能な連続的最小時間（同じ方向にある原子の速さ）。（3）感覚可能な最小時間よりも小さい時間（シミュラクルによって占有される時間点）。（4）感覚可能な連続的最小時間（対象の知覚を保証するイマージュに対応する）」（G. Deleuze, *LS*, p.318（下・一七三頁））。

80 *MP*, p.450（下・三七頁）。

81 イマヌエル・カント『実践理性批判』、「結び」、参照。

82 こうした意味において、まさにエコロジーの思想は、主観性の生産という非物体的なものの変形に関するエコロジー、すなわち潜在的なもののエコロジーの思考である。これをわれわれは、ガタリとともに、「生態哲学（エコゾフィー）」と呼ぶ必要があるだろう。「来るべきエコロジーの意識化は、空気の汚染、地球高温化による予測可能な諸帰結、多数の生物種の消滅といったような環境要因に取り組むことだけに満足してはならないだろう。しかし、その意識化は、同様に社会的領野と心的領域でのエコロジー的荒廃にも向けられなければならないだろう。集団的な心性や習慣の変形がなければ、物質的環境にかかわる「取り戻し」という方策しか取れないだろう」（ガタリ「エコゾフィーの実践と主観的都市の復興」（F. Guattari, Pratiques écosophiques et restauration de la Cité subjective）、『フェリックス・ガタリの思想圏——〈横断性〉から〈カオスモーズ〉へ』所収、杉村昌昭編訳、大村書店、二〇〇一年、一一九－一二〇頁。この論文も含めて、雑誌『シメール』に掲載されたガタリの諸論文（原文）は、ChimèresのＷｅｂサイト（http://www.revue-chimeres.fr/drupal_chimeres）で公開されている）。

83 ガタリ「エコゾフィーの実践と主観的都市の復興」、一〇七頁。

84 F. Guattari, *CS*, pp.93-94（一一五頁）。

85 F. Guattari, *CS*, p.196（二四六頁）。

第二平面　〈情動－強度〉論——多数多様な器官なき身体

Ⅳ-1 変様——脱領土性並行論

第八章　身体の変様について

器官なき身体における三つの位相

唯一の器官なき身体は、存立平面において構成され、無限身体として組成される。しかし、これには注意が必要である。何故なら、器官なき身体は、何よりも脱地層化の産出の原理であり、これが存立平面になるのは、この平面が組成の平面として分裂的総合のもとで構成されるときだからである。また、これによって器官なき身体は、無限身体という特性をこの平面上で獲得することになる。さて、われわれは、唯一の絶対に無限な実有と唯一の器官なき身体とを考察することによって、この唯一の器官なき身体についての三つの構成的なあるいは組成的な位相を、より正確に言えば、二つの構成的平面と一つの前‐構成的位相を明らかにしてきた。構成に関する限り、それらの位相差は必ず実在的区別を起点として成立するものである。しかし、構成は、それが特性と切り離せないのと同様、産出とけっして分離されえない。「組成の平面」の三つの側面とは、第一に実在的区別を地層化の先端にまで〈適用すること〉、第二に実在的区別そのものを〈産出すること〉、第三にこの適用における必然的地層化と産出における絶対的傾向性とに対する〈脱〉化の運動としての〈反産出すること〉である。器官なき身体上には、これらによって差異化されるような位相差が存在する。言い換えると、ここにおいてスピノザ的な構成は、〈適用〉、〈産出〉、〈反産出〉という三つの位相に依拠する限りで成立するものとなる[1]。つまり、これが意味しているのは、スピノザ的な構成は、この場合の〈適用〉に対してのみ思考上先行するだけであって、〈産出〉においては一つの極限としてのみ、また〈反産出〉においてはまったくの相対的なものとしてのみ成立するということである。ドゥルーズ＝ガタリにおける組成の平面としては、それが器官なき身体の平面である限り、構成は実在的区別を用いた限りでの構成であり、したがって反産出はもっとも生産的な脱構成の流れである（属性は、こうした流れの傾向性を抽象化し一般化したものである）。

ここでは、まずこれらの各位相に対応する〈身体の変様〉という存在の仕方を提示することにしよう。（1）器官なき身体上の地層化のなかで変質していく実在的区別の位相、あるいは器官なき身体の地層化のなかで生起する人間身体の変様が帰属する平面（地層に対応した組織の平面）。非地層的なものが形相化も形質化もされない〈質料＝素材（マチエール）〉として絶対的に存在するのと同様、その地層化への前進も進化も必然的に存在する。この場合に器官なき身体は、無限に多くの属性によって形質化された無限実体になる。器官なき身体は、実体でも様態でもない、絶対的な〈強度＝0〉である。実体は形相化された〈質料－素材〉であり、様態は量化された〈質料－素材〉である。実体の様態は、人間的諸形態にまで至る地層の様態である。自然法則や道徳法則、歴史や記憶、あらゆる表象化は、地層化であり、それらは必然的に成立し存在する。地層とは、一方では器官なき身体という非地層的なものの空虚化、あるいは器官なき身体の有機的形成とその癌化であり、その結果としての世界のニヒリズム化でもある。しかし、それは、他方ではいくつもの地層が単に積み重なっていくだけの平面の稠密化あるいは厚さの形成でもある。言い換えると、前者はニーチェが言う皮膚病の大地であり、後者はスピノザにおける原因から完全に分離されたという意味でまったく所産化されたような自然である。あらゆる属性が地層化の端緒として存立するのがこの位相である（「組織と発展の平面」）。この平面に帰せられる諸身体の変様は、諸身体の作用・被作用の受動性のうちにあり、したがって非身体的変形を生み出すことのない複数の身体の混合状態あるいはそれらの網状組織をなしている。これを一つの〈内容の形式〉と考えるなら、これに対する〈表現の形式〉は、こうした身体の変様の諸観念の集合体である。身体の力能の諸変様は、身体が様態である限り、つまり外部の物体によって引き起こされる必然的な結果、痕跡である限り、言わばカントの「知覚の予料」のもとにある。この変様に対応した、精神の力能において表現される諸変化（情動）は、それゆえア・プリオリに記号性を帯びたものになるのである。言い換えると、身体の感覚の予料を内容の形式とするならば、それと実在的に区別される表現の形式は、精神の感情の記号性である。ここでの情動としての欲望あるいは感覚としての衝動は、たしかにともに存在するが、しかし依然として因果系列のうちでの働きや決定にとどまる。つまり、ここでの欲望は、原因と結果の連関を切断し、その関係を非物体的に変形するような特性ではないということである。むしろこうした欲望は、感情系を調整し支持するような欲求や快楽という、主体の公理系における一つの機能素になっている[2]。ここでは、様態の本質としての強度は、あるいは様態の本質の存在としての強度の差異は、形相化され形質化された自然における量あるいは質として捉えられている。また、この場合の情動としての強度は、情感や情念として表象的で可換的な幾何学のもとで捉えられ、また諸感情の因果関係のもとで、その強さ、方向性、関係性が決定される諸力能の変化として把握されている。

（2）器官なき身体を構成する存立平面のうちに折り込まれる無限に多くの実在的区別の位相、あるいは実在的区別の結合の増大のなかで生起する人間身体の変様が帰属する平面（組成の平面）。器官なき身体の特性である欲望によって、原因・結果の秩序あるいはその連結は、切断され変形される。しかし、それと同時に、あらゆる関係の、あらゆる結びつきの不在のなかで、今度は実在的に区別されるものがそこで結合されて作動することになる（ただし、実在的区別においては、切断も結合も同じ意味で言われる。というのは、この区別には、いかなる様相もないからである）。言い換えると、自己原因と作用原因の一義性に基づく物の連結に代わって、欲望の作動配列（アジャンスマン）が、すなわち抽象機械の図表（ディアグラム）がこの平面を組成することになる。自己原因は、この平面においては、欲望というまったく異なった特性にとって代わられることになる。属性に代わる内在平面――〈実体‐属性〉ではなく、〈器官なき身体‐存立平面〉――が、ここではじめて明確になるであろう。この平面における器官なき身体の脱地層化の強度的流れは、脱属性化の様態的変様の流れとして器官なき身体そのものの存在になる。すなわち、この存立平面は、器官なき身体を〈強度＝0〉としての絶対的な産出の原理としてではなく、器官なき身体を脱地層化の原理として考える限りにおいてこの身体と一つのものとなるのである。何故なら、この存立平面のもとでは、器官なき身体は、つねに構成あるいは組成されるものとして存在し、また考えられるからである。「〈器官なき身体〉と〈平面〉は同じものなのか。いずれにしても、組成するものと組成されるものとは同じ力能を有している」。地層化が器官なき身体を内部性の形相のもとに領土化する組織（オルガニザシオン）の平面（組織と発展（デヴロップモン）の平面）であるとすれば、脱地層化は、器官なき身体という絶対的な〈外〉を含む外部性の形相の平面（存立（コンシスタンス）あるいは組成（コンポジシオン）の平面）に依拠している[3]。言い換えると、存立平面における器官なき身体は、地層という〈内部性の形相〉に対して、無限に多くの属性をむしろ脱属性的な流れという一つの〈外部性の形相〉として肯定する限りで存在するのである。ここでの諸身体の変様は、明らかに脱地層的な度合を有したものである。すなわち、それは、第一の平面における指標、図像、象徴といった記号性を有していたり、それに先立って共存する記号の諸体制のうちに存したりするような諸変様からの、あるいは感情の幾何学からの〈脱〉化の運動を含んでいる。欲望を器官なき身体の特性とするこの平面に内在する人間本性は、諸感情の幾何学的関係を〈切断-結合〉し、実践哲学に代わって存在論的プラグマティックのもとで、つまり喜びの増大に代わって実在的に区別されるものの増大のもとで、それらを機械状に結合した作動配列（アジャンスマン）を与えるのである。人間本性は、主体ではないし、人間的主体性でもない。それは、むしろ主体性の形而上学を決定的に裏切るものである。このように第一と第二の位相は、それぞれ異なった平面をなす。それだけでなく、この二つの平面は、相互に対立するが、それと同時に交叉してもいる。したがってわれわれは、この二つの平面がいかなる関係にあるのか、一方から他方への移行、一方のうちでの他方の現前、等々を考えなければならない。

（3）器官なき身体という絶対的な脱地層化（脱属性化）の原理、あるいは〈強度＝0〉という産出の原理。これは、構成的あるいは組成的平面に現前する産出の絶対的内在性の位相である。したがって、この位相それ自体は、つねに前-構成的である。つまり、それは前-実在的区別——前-表現と前-内容——であり、そこには強度の産出と強度の差異があるだけである。それは、〈特性〉と〈構成〉に先立つ絶対的な産出の位相である。ここには、いかなる地層も属性も存在しない。属性は、発生の対象となり、より後のものになる。これが、スピノザの神と器官なき身体との間のもっとも強力な差異である。スピノザは「神あるいは自然」と言い、ドゥルーズ＝ガタリは「器官なき身体あるいは存立平面」と言う。しかし、器官なき身体は、この自然以前の〈強度＝０〉の身体である。また、器官なき身体は、それ自体が存立平面なのではない。器官なき身体は、構成の位相から観れば、あるいは平面態の側面から言えば、存立平面と一つのものとなる。しかし、器官なき身体は、産出の側面から観れば、まったく〈前‐構成的〉である。これは、器官なき身体が単に無仮説の原理であるということではない。原理としての器官なき身体は、単に前進的、総合的、構成的なのではない。それは、絶えず逆行的な原理である。われわれは、たしかに新たな無仮説の原理を求めて、実体から器官なき身体へと、属性から平面へと逆行の過程を進んできた。逆行は、新たな遡行の方法である。〈特性↓構成↓産出〉、これがスピノザの倫理的思考の自然学的順序である。これを文字通り逆行すると、〈産出↓構成↓特性〉という器官なき身体に固有の方向性が成立する。器官なき身体は、いかなる属性によっても形質化されず、したがって属性によって構成される能産的自然以前の〈大自然〉、すなわち脱属性的な産出的自然である。〈強度＝０〉、これが産出の原理である。これによって産出されるのは、諸々の強度である。器官なき身体はこうした強度からなる非地層的なものであり、産出される無限に多くの強度は器官なき身体へと落下することでこの身体そのものをなしている。したがって、存立平面における脱領土化の流れや脱地層化の運動は、すべての強度がこの〈強度＝０〉へと落下することなしには成立しえない。器官なき身体は地層化するが、しかし存立平面の位相はつねにこの地層化の平面に無数の器官なき身体を現前させるのだ。器官なき身体は、多数多様な速度で現前する。それは、地層のなかの逆行の運動とともに現前するのである（**図B**）。

図B　器官なき身体の三つの位相

実在的区別の変質	**地層化の位相** 〈実在的－形相的〉 →〈実在的－実在的〉 →〈実在的－本質的〉	**組織あるいは発展の平面** 記号の諸体制、感情の諸体制、感情の幾何学、身体なき器官
実在的区別の増大	**脱地層化の位相** 実在的に区別される物の一つの平面への折り込み （脱属性化の様態）	**構成あるいは組成の平面** 観念における言表作用の集団状作動配列（アジャンスマン）と身体における機械状作動配列（アジャンスマン）
実在的区別以前の〈自然〉	**脱地層化の原理** 無限に多くの強度の差異によって存在する〈質料＝素材（マチエール）〉	**器官なき身体** あらゆる平面の構成や特性に先立つ産出の原理 （〈強度＝0〉）

存立平面とは何か――脱タイプ化の変様

器官なき身体は、産出の第一次性のもとで理解された〈質料－素材（マチエール）〉である。脱地層化の機械状の流れとは、形相化されないこの絶対的な〈質料－素材（マチエール）〉の唯一の内在的様態のことである。器官なき身体上の流れは、たしかに脱地層化の強度的諸速度そのものである。それは、あらゆる構成に先立つ産出である。しかし、この〈質料－素材（マチエール）〉が属性によって形質化された実体へと変化するとともに、すなわちその地層化とともに、あるいは構成の平面から組織の平面への移行とともに、その流れは、因果性の、持続の、時空上の、様態的区別の、記憶や知覚の、そして表象や感情の流れへと変様する。あらゆる平面は、器官なき身体を構成するものである。これは、スピノザにおいて属性が実体の本性を構成する要素であるのと同じである。属性は、実体と様態という存在の仕方が絶対的に異なるものに共通の形相である。言い換えると、ここでは、属性が存在の一義性をなしている。属性は、実体と様態について一義的である。属性は、実体と様態についての内在平面を描いている。言い換えると、この二つの絶対に異なる存在の仕方、すなわち絶対的差異は、属性の内在性を形成している。これは、構成するものと構成されるものとの間の共通の力能を示している。それにもかかわらず、属性の内在性は、存立平面にとって代わられる。何故なら、属性の内在性は、思惟、延長、等々の形質を前提としているからである。それらは、たしかに実体のア・プリオリな存在論的諸条件であるが、しかし発生したものである。存立平面は、無限に多くの属性の二つの類型から、すなわち無限知性と無限身体との認識論的並行論から出発して、その発生論的な系譜学を展開する。分裂症化した無限知性は、脱属性化した無限身体に対応していたのだ。精神の分裂症化は、身体の脱属性化である。無限知性の分裂症化とは、思惟属性において、属性を異にする様態についての諸観念の間の〈想念的‐形相的〉区別が切断され結合されることである。これに対応して、無限身体の脱属性化とは、属性を異にする諸様態の間の〈実在的‐形相的〉区別が切断され結合されることである。この二つの〈脱〉化の相対的運動は、欲望の絶対的速度から生じる。それは、存立平面においてしか成立しない運動と速度である。というのも、存立平面は器官なき身体の組成の平面であり、欲望は器官なき身体の特性だからである。そして、この知性と身体の間に成立する表現と内容の不可識別な実在的反転性によって、属性の二つの類型化もさらなる〈脱〉化の強度に至るのである。すなわち、それは、ドゥルーズ＝ガタリが言う〈記号‐微粒子〉群である。存立平面は、器官なき身体それ自体（ヌーメーヌ）でも、その現象（フエノメーヌ）でもない。それは、器官なき身体の〈平面態（プラノメーヌ）〉である。欲望は、あらゆる様相を無化する。というのも、欲望機械は、抽象機械の一部だからである。様相は、もっとも人間的な特性の一つである。スピノザは、たしかに必然性という様相しか認めなかった――様相の一義性――が、しかしそれは、様相それ自体の無化を目指していたのである。

器官なき身体は、それが存立平面に帰せられる場合、実在的区別の増大あるいは減少という変様のもとで構成される。欲望は、知覚に実在的区別を、あるいは実在的に区別されるものをもたらす。これこそ、欲望が知覚に対して有しているもっとも強度的な問いに対する解である。例えば、或る構造の諸要素の一つ（c）が他の諸要素（a、b、d……）から実在的に区別されるということは、いったいいかなる事態として考えられるのか。これは、様態的区別を実在的区別と混同することではない。というのも、こうした混同には、いかなる脱タイプ的な分裂的総合もないからである。そうではなく、それは、その要素（c）が別の身体系属性のもとで理解されることである。これが、潜在性や可能性や偶然性という様相のもとで捉えられていたその物についての新たな理解の仕方である。さまざまな様相は、この限りで脱タイプ化の先触れである。欲望は、実在的区別を差異から発生させるのであり、また非物体的なものとしての関係を変形させる。真に経験的であると言われるべき経験、つまりア・ポステリオリな経験についての観念とは何であろうか。それは、〈関係は関係項に対してまったく外在的である〉という思考である。この「関係の外在性」（extériorité des relations）は、ラディカルな経験論を通過して、欲望機械論における〈結びつきの不在によって結びつく〉という作動配列の観念へと至る。つまり、欲望が実在的区別を増大しつつ、実在的に区別される物の機械状の流れを実現することに、関係の外在性は依拠している。経験論における欲望は、〈関係＝連関（ルラシオン）〉を外在化するだけである。しかし、欲望機械を一つの部分機械として含む抽象機械は、外在化不可能な関係性としての〈関係＝比（ラポール）〉でさえも或る非物体的な連続変形へともたらすのである。こうした変様、運動、速度、変形が存立平面を構成するのである。器官なき身体に関する構成あるいは組成の問題は、すべて〈平面〉において生じるのである。言い換えると、絶対的な産出の原理である器官なき身体は、いかなる平面においてであれ、平面のうちでは一つの機械として、つまり諸々の欲望機械あるいは抽象機械として働くのである。ドゥルーズ＝ガタリは言う。「ひとは次のように言うことさえできる。すなわち、微粒子の数々を放射し組み合わせる諸々の抽象機械は、統合態と平面態というきわめて異なった二つの存在の様式を有している、と。あるときは、諸々の抽象機械は、地層化に捉われたままで、あれこれの限定された地層のうちに包まれて、その地層のプログラムや組成の統一性を規定し（〈抽象的動物〉、〈抽象的化学体〉、〈即時的エネルギー〉）、地層上の相対的な脱領土化の諸運動を調整する。またあるときは、抽象機械は、逆にあらゆる地層化を横断し、唯一それ自体で存立平面上に自らを展開し、その平面の図表（ディアグラム）を構成するのである（……）」[4]。この存立平面に帰属する無限に多くの身体は、こうした抽象機械によってこの平面上に構成される、図表的機能、すなわち変身機能として配分されている。情動は、主体性とは何の関係もない、あるいは主体性に還元されえない脱領土化の変様である。情動は、身体の脱タイプ化に対応した変様である。スピノザの〈感情の幾何学〉は、因果性の流れを根本に据えた——外部的であれ内部的であれ、原因の観念をともなった——感情論である。受動から能動への倫理的転換においては、どのようにしてこうした因果性の流れを切断し結合するのかという問題構成がつねに最重要となる。言い換えると、スピノザの実践哲学には、多くの切断・結合の思考があるということである。受動感情の流れを形成する因果関係を切断して、より十全な結合を知覚へともたらすこと、これこそが欲望の第一の働きである。この人間の本質である欲望作用は、完全に抽象機械に依拠した作動配列を意味しているであろう。

強度的縦座標――〈物体＝身体〉の内包的運動論

スピノザの物体論の基本は、何よりも〈物体＝身体〉の内包的運動論にあると言える。一見すると、それは、外延化された等質的な空間のなかの運動論に思われる。しかし、他方でそれは、非等質的で非外延的な諸部分の内包的な強度空間において、物体の力能が運動論として展開されるのである。幾何学というよりも地図作成法の観点から考えると、前者の外延的運動論は「経度」(longitude)に、後者の内包的運動論は「緯度」(latitude)にそれぞれかかわる。「或る力能の度合に応じて、あるいはむしろそうした度合の諸限界に応じて、一つの身体がとりうる諸情動を緯度と呼ぼう。経度が或る関係のもとでの外延的諸部分からなっているように、緯度は受容性のもとでの内包的諸部分からなる」[5]。これは、とりわけ延長属性における〈物体＝身体〉の二つの側面を言い換えた言説である。一方には、経度として把握されるべき〈運動‐静止〉の形相的で外延的な諸部分の配置があり、他方には、これによって表現されるべきその内包的な諸部分が緯度に対応して存在する。たしかに経度と緯度は、外在化した物質の流れにおいて存在する人間身体の二つの側面――前者の外延的表現としての〈運動と静止〉、そして後者の内容的強度としての〈コナトゥス〉――に対応する。しかし、経度と緯度は、むしろ分裂分析的地図作成法の二大要素である。すなわち、この〈物体＝身体〉論は、幾何学的空間のなかの単なる〈運動‐位置〉論としてではなく、むしろ内在平面における〈運動‐力能〉論として把握されなければならない。しかし、スピノザによってそれが論じられたのは、『エチカ』の第二部・定理一三の後に続くわずか数頁だけである。これは、次の三つの部分からなる。(1)最単純物体について(二つの公理、三つの補助定理、二つの公理)、(2)複合物体について(一つの定義、一つの公理、四つの補助定理）、（3）人間身体について（六つの要請）[6]。

スピノザの偉大さは、延長属性を単に外延性あるいは外延量だけでなく、内包性あるいは内含量においても捉えている点にある。この物体の内包的運動論では、延長属性における一方には「運動と静止」（直接無限様態）によってしか区別されない最単純物体――微粒子――があり、もう一方には「全宇宙の姿」（間接無限様態）である一つの個体――一つの巨大分子――があると考えられる。これが、この運動論の外延性（＝経度）にかかわる側面である。これは、能産的自然から産出された様態の物質的側面にかかわる。その物体の外延的諸部分は、運動と静止という延長属性の直接無限様態の形相を有している。つまり、運動と静止は、物体の本質そのもの、すなわちその力能ではない。それは、内包的な力能と不可分な形相なのである。或る力能の度合のもとで、その〈物体＝身体〉が可能とする情動の総体がその内包性（＝緯度）にかかわる側面である。さて、「最単純物体」（corpora simplicissima）は、間接無限様態における無限で永遠の存在上の最小単位（無限小の部分）である。要するに、それは、あらゆる個体における存在の素材――形相化されない要素群――である。しかし、それはけっして原子ではない。何故なら、こうした最単純物体群は、〈運動と静止〉あるいは〈速さと遅さ〉によってのみ相互に区別されるものであり（公理一、公理二）、したがって、それらは個体の外延的諸部分を形成する物体だからである。つまり、最単純物体は、相互に様態的に区別されるものであって、実体に関しては、つまり実在的には区別されない（補助定理一）。延長属性におけるこの様態的区別は、すべての物体に共通するものであり、したがってこれらの点で――〈運動と静止〉という運動の仕方をもつ、あるいは〈速さと遅さ〉という運動の度合を有するという点で――、すべての物体は一致している（補助定理二）。ここで注意すべき点は、第一に、この共通性に対応する表現の形式は、一般性のもっとも高い共通概念、すなわち〈延長属性〉概念あるいは〈運動と静止〉概念であること、第二に、すべての物体に〈共通なもの〉は、各個の個物の本質を構成するものではないということである[7]。これらは、言わば存立平面において身体が規定される物質的要素の総体を示す経度である。そして、この物体の運動の規則は、定義されるものの最近原因が含まれた「発生的定義」によって、つまりこの場合で言えば、物体の運動あるいは静止の発生的要素が示された実在的定義によって規定される(補助定理三)。

さて、ここでとくに考えたいのは、複合物体(=個体)の運動論が何を問題にしているのかということである。それは、個体はどのようにして多様な仕方で変様するのか、またそれにもかかわらず、個体はその形相を変えることなく以前と同じ本性を保持し続けることがいかにしてできるのかという問いである。或る個体を構成する各部分が、それ以前のすべての運動と静止の構成関係を維持しつつも、〈より大きく〉あるいは〈より小さく〉変化するならば、その個体の本性もまた保持される(補助定理五)。そして、また同様に、或る個体を構成する各部分が、それ以前のすべての運動と静止の構成関係を維持しつつ、或る方向への運動をたとえ転ずるように強いられたとしても、その個体の本性はまた保持される(補助定理六)。この〈より大きく〉あるいは〈より小さく〉は、何を意味しているのか。これは、例えば、子供の身体あるいは諸器官が成長とともに徐々に大きくなっていったり、あるいは老年を迎えるとともにその身体あるいは特定の器官が徐々に小さくなっていったりすることを示しているのではない。この〈より大きく〉あるいは〈より小さく〉は、身体の内包的変様を意味しているのだ。その変様とは、或る人間身体の活動の増大あるいは減少——力能の度合の差異——のことである(身体の強度的縦座標)。言い換えると、この増大あるいは減少は、人間身体の活動力能の変様を表現する人間精神の思考力能の増大あるいは減少である。それは、人間の自由意志や主体性にけっして回収されない〈身体の情動〉である（以下では、〈身体の情動〉は〈身体の活動力能の変様〉という意味で用いる）。つまり、情動とは、身体の非身体的な連続的変形のことである。また、スピノザがここで言う「方向」とは、身体の外延的な時空的座標における運動方向ではなく、身体の内包的縦座標における実在的移行としての〈より大きく〉あるいは〈より小さく〉を意味している。つまり、これは、実在性そのものの増大あるいは減少である。ここには、徹底した内包的運動論がその根底にある。つまり、これは、物体の活動力能（存在力）の増大あるいは減少についての運動論である。しかし、最単純物体の無限集合がこのように外延的部分と考えられるのは、間接無限様態において持続上の有限様態としての個物が現実存在のもとで問題になる限りにおいてである。「そして、もしこのようにして無限に進むなら、われわれは、全自然が一つの個体であり、その諸部分、すなわちあらゆる物体が全体としての個体に何の変化ももたらすことなしに、無限に多くの仕方で変化することを容易に理解するであろう」[8]。つまり、これは、無限様態という一つの個体あるいは一つの巨大分子の内包的物体論を基礎にしている。こうしたスピノザの物体運動論をこの線上で推し進めたのが、ドゥルーズ＝ガタリの言わば身体変様論である。それは、人間身体の変様を経度と緯度という地図作成法のもとで構成することである。それは、物体的個体化でも人間的主体化でもないような、身体の言わば非精神的な特異化にかかわる。人間身体は、実体ではなく、様態である。したがって、身体は、その本質に存在が含まれていない仕方で存在する様態である。ということは、身体の存在の仕方は、精神によって予めア・プリオリに把握することのできないような或る特異性の法則を有していることになる。地図作成法は、身体の経度と緯度という二つの要素から構成される脱領土化の運動と速度を描き出すのである。われわれは、幾何学的な運動論と記号的な地図作成法から訣別しなければならない。記号論は、いくつかの構造あるいは作動配列を前提とした脱領土化論にしかなりえないからである。

アンチ・モラリアについての備考（4）——身体倫理学

〈革命〉は、人類が相続できない遺産である。過去に関する事柄についてのみ、人は遺産という言葉を用いることができるからである。そうであれば、〈革命〉についてのすべての過去の事柄は、遺産相続がけっしてできないような出来事である。それゆえ非遺産的と言われるべきである。というのも、〈革命〉は、人間の未来の生産だからである。〈革命〉は、或る継承不可能な生産にかかわっている。何故なら、〈革命〉は、特性も構成もなしにおこなわれる生産だからである。それは、或る非形式的な機能である。それゆえ〈革命〉は、非物体的変形を絶対に含んでいなければならない出来事そのものであり、またカオスモスの形成なのである。それは、永遠回帰があらゆる価値の価値転換——あらゆる人間的諸条件の非物体的変形——の未来的な時間総合であるのと同じ意味を有している。その限りで、〈革命〉は、人間的変革ではなく、人間本性の変形である。この変形は、人間の形相が変化すること（人間が馬に、鳥に、神に、等々になること）ではなく、人間の非物体的なもの（価値、意味、意識、無意識、構造、幻想、諸能力、欲望、等々）の変形のことである。道徳は、とりわけ精神の問題であった。また、道徳ほど、身体について敏感であり、それについて意識してきた思考はないであろう。それは、つねに精神の卓越性を保持するために、身体をいかに無視するのかという思考である。道徳的思考は、身体を恐れているのだ。というのも、身体は、思考に劣らず計算をするからであり、道徳的計算よりもはるかに最小の時間のうちで決定をくだすからである。道徳的思考は、精神と身体との間の差異を喜ぶような思想を形成することなどけっしてできない。

身体についてのもっとも偉大な哲学的言明は、スピノザのものである。すなわち、「身体は何をなしうるのか」。これは、近代の意識中心主義に抵抗するもっとも偉大な言説である。ここから、真の倫理学が、すなわち身体倫理学が始まったのである。アルトーは、身体についての最高の哲学者である。スピノザが表のエチカであるなら、アルトーの思考は裏のエチカを形成している。スピノザは、生成変化する心身並行論において、身体をモデルとしながらも、「別の身体」への移行過程についてはは、精神の認識様式を中心とした考察になっている。しかし、アルトーは、「別の身体」への移行をまさに身体の本性そのものの変形として捉えていた。スピノザにおける至福とアルトーの残酷は、相互前提のなかで反転の強度を有しているであろうか。いずれにしても、そうした反転は、器官なき身体においてしか生じえない。身体の外延的部分と内包的部分について新たな概念や思考のイメージを提起するような、哲学的思考がある。精神は、身体が現実に持続する間だけしか、物を表象したり過去の事柄を思い出したりすることができない。言い換えると、われわれの精神は、自分たちが身体以前に存在していたことをけっして思い出すことができない。何故なら、われわれの観念は、身体の変様なしに成立しえないからである。われわれの精神は、身体の変様の観念を有することによってのみ外部の物と自分の身体を知覚し、またこの身体の変様の観念を知覚する限りにおいてのみ精神自身を認識するからである[9]。しかし、それにもかかわらず、人間精神は、その人間身体の存在とともに完全に破壊されず、精神の或るものは〈永遠なもの〉として残ると考える。精神は、知性によって把握するものを記憶のうちにあるものと同じように感じることができるのだ。つまり、われわれは、われわれが永遠であることを「感じ、経験する」。何故、このような言明ができるのか。それは、現実に持続する身体の存在ではなく、永遠の存在としての身体の本質を考えることによって可能になるのだ。しかし、この永遠の存在とは、様態として産出される限りでの物の本質の存在のことである。同様に、この永遠の本質とは、様態として産出される限りでの物の存在の本質のことである[10]。われわれは、物の本質は永遠であるが、その物の存在は有限で可滅的である、などと一般的に理解してはならない。永遠の相とは、有限性のもとでの物の存在との対比で考えられる物の本質のことではない。永遠の相とは、様態として産出される物の〈本質の存在〉とその物の〈存在の本質〉との相互反転性のことである。したがって、永遠の相のもとでの認識は、産出される物の本質の存在とその物の存在の本質との間の相互反転の実在的知覚であり、その強度的情動である。この反転性は脱領土化の運動として知覚されるが、情動は脱領土化の速度による触発である。決定的な言い方をすれば、有機的な身体以前の〈感覚の存在〉があるということである。それは、自己の有機的な身体が存在しない以上、或る種の自己触発の感覚である。それならば、そこには自己触発としての変様があり、それに対応する諸情動があるのではないか。共通感覚の感情に対する、逆-感覚の情動は存在するのだろうか。受動でも能動でもないような、原因性から離れた別の変様や情動があるのではないか。感覚可能な存在などではなく、感覚可能なものの存在——例えば、冷たいものではなく、冷たさの存在——、それはいったい何であろうか。それは、特性や構成以前に産出された存在の感覚なのではないか。言い換えると、それは、外部性の形相への信頼ではないのか。主体に内面化不可能な、身体における変様の運動と情動の速度——「諸情感は、「主体」の内部性から引きはがされて、純粋な外部性の環境へと強烈に投射されるのであり、この外部性の環境によってありえない速度と発出力を与えられるのである。愛であれ憎しみであれ、それらはもはや情感（サンチマン）ではなく、情動（アフェクト）である。（……）諸情動は、矢のように身体を射抜くのだ。それらは戦争の武器である。情動の脱領土化の速度」[11]。ドゥルーズ＝ガタリが言う「戦争機械」は、つねにこうした外部性の形相であり、〈外〉それ自体である。軍隊に対する気候変動、都市交通に対する異常気象、枯渇したダムに対する突然の豪雨、等々、自然は、つねにこうした強度空間に存在する戦争機械である。記憶や歴史、習慣は、すべてこうした自然から、あるいは多数多様な器官なき身体から理解される必要がある[12]。

無表情――〈身体の変様〉の記号化について

記号についての純粋記号学は、不可能である。何故なら、それは、必然的に〈記号の諸体制〉を前提とする限りでしか成立しえないからである。記号論は、記号の体制を含む限りでのみ可能となる。そして、この記号の体制がもはや存在しえないような、器官なき身体の平面があるのもたしかである。感情の幾何学は、因果系列を前提とする限りでの自然学に属している。しかし、それは、同様に〈感情の諸体制〉を前提とする限りでしか成立しえないのだ。さらに、感情の諸体制が存在しえないような地点での、身体の情動があるのもたしかである。というのも、身体は、たしかに個体的形態のもとでの有限体であるが、しかし様態としては無際限な有限性――言い換えると、身体の有限な流れの機械状化（ガタリが言う客観的脱領土化の過程（F→Φ））――のもとに存在しているからである。身体は、古代から精神を堕落させる不純な外部の存在であった。しかし、身体についてのこの理解は、或る意味でまったく正しいのではないだろうか。身体は、まさにそのために存在しているのだ。ここでは身体は、まさに精神が単独でおこなう愚鈍な展開を不能にするための永遠の存在だからである。

第一に、〈地層化‐習慣化〉のなかでの身体の変様を考えることにする。ここでの身体の変様は、つねに記号性を有したものとなる。何故なら、或る身体の変様は、必ず別の身体による触発であり、その痕跡（＝結果）だからである。こうした痕跡の知覚あるいは認識は、心身並行論においては、この身体の変様の観念（結果の表象）に完全に依拠している。観念によって認識され知覚された痕跡内容は、記号としてのいくつかの意味をもつことになる。ドゥルーズは、こうした変様の表現の形式を、〈身体の状態〉を示すものとして「スカラー記号」と呼んでいる。このスカラー記号は、さらに次の四つに区別される。すなわち、指示的記号（感覚的指標）、抽象的記号（論理的図像）、命令的記号（道徳的象徴）、解釈学的あるいは解釈的記号（形而上学的偶像）[13]。この記号の特徴は、本質的に非十全な観念の諸特質をすべて含んでいる。身体の変様は、精神と身体の並行論のもとでその変様の観念によって精神において表象される。言い換えると、それは、地層化における道徳的諸価値に、あるいは所産的自然における記号化に、要するに記号の体制に不可避的に関係づけられる限りでしか精神には理解されない。人間の精神を構成する諸観念の対象は、身体であり、その身体の変様である。身体の変様の観念とは、この変様を表象する観念の想念的存在のことである。観念のこの〈存在者性〉（entité）は言わば非身体性である。身体の変様の観念は、この観念の想念上の存在の仕方から捉えられたものである。この存在者性にとくに注目するならば、それは、たしかに非身体的なものであるが、しかしスカラー記号によって表象されるものである。これは、とりわけ記憶や習慣のもとで領土化した限りでの非身体性である。こうした非身体的なものの記号は、スピノザが言うキャンバスの上の無言の絵画のようなものである。それらは、与えられ表象化された痕跡としての意味や価値やイメージであり、これらの堆積物である。

身体の変様は、その原因となる外部の物体の本性と触発される自己の身体の本性とを同時に含んでいる。それゆえ、この変様の観念は、最低限二つの身体の本性が混合されたものについての観念とならざるをえない。これは、非十全な観念である。このように、自らの身体の変様の観念は、その変様に残された結果あるいは痕跡の観念である。それゆえそれは、本質的に「指示的なもの」を、つまり感覚的あるいは知覚的指標を含んでいるのだ。思惟の様態としての能動的な思考作用は、完全にこの指標に吸収されてしまっている。これらの記号は、身体の変様という身体を通した自己の現実存在の本性をその都度示している。抽象的記号は、人間身体の有限性ゆえに、つまり他の諸物体から受ける身体の変様の有限性ゆえに、それを超えた数の刺激を受けた場合、それら外部の諸物体の差異を無視して、一致する点だけを、つまり選択された或る特権的で典型的な性質をなるべく表象しようと努める。それが、「理性的動物」や「笑う動物」として表象される人間、ペットとして表象される犬や猫、全知や全能として表象される神（存在、一、真、善）、等々である。抽象的記号は、一般概念や超越概念を含んだ論理的あるいは言語的図像なのである。ここでは、思惟の様態としての能動的な思考作用は、完全に典型的な〈図像（イコン）〉に還元されてしまっている。命令的記号は、われわれが結果を目的と見なし、さらにそれを原因と見なすことで成立する道徳的なものである。さまざまな外部の物体から刺激されて形成されるわれわれの身体の変様の観念は、その都度の外部の物体の本性と同時に、自分自身の身体の本性を含んでいる。自然の美しい所産物を見て、それらがわれわれの眼を楽しませる「ために」できていると思ったりするような、普遍的な思考のタイプは、すべて何らかの目的論を前提としている。**指標は、図像の観点を成立させ、これらは象徴によって強化され、さらに偶像化を引き起**こす。人々は、こうした目的因を形而上学的に擬人化し偶像化するのである。僧侶や預言者になった人間だけでなく、説教や預言好きの人間は、記号の解釈を通して道徳化を推進する者たちである。身体の変様がつねに習慣や記憶のなかで把握されるのは、精神が習慣や記憶の秩序のもとでしか思惟の力能を使用しないことに由来している。欲望も、こうした秩序のなかでしか作動しないのだ。離接的総合としてのあのカオスモスは、風景化し、したがって世界化するのである。身体の変様は、無表情であるが、すでに顔化した限りでの変様である。これらの記号は、身体そのものを顔化して、〈顔〉一般をつくり上げるのである。

顔化――〈身体の情動〉の記号性について

地層化された実存的領土のなかの観念は、このようにして単なるキャンバスの上の無言の絵画のようになる。しかし、それは、外部の物体について中立的に形成された観念などではない。それは、きわめて偏った道徳的な特性を有した諸記号からなっている。観念の記号は、第一にスカラー記号（身体の変様）として形成される。それは、外部の原因の観念であると同時に、外部を道徳化する観念でもある。このスカラー記号を前提としつつ、さらに二つの異なる方向性を有したヴェクトル記号（身体の情動）が観念において成立する[14]。それは、言わば無表情が表情をもつことである。知覚の変様は、情動の変移に結びついていく。二つの異なる方向とは、情動が自然において有する二つの移行方向、上昇と下降という運動方向である。身体は、ときにその活動力能そのものの変様をともなった変化を示すことがある。それは、単なる身体の変様の観念ではなく、身体の活動力能の増大あるいは減少についての観念にかかわる。これをわれわれは、情動と呼んでいるのだ。というのも、それは、精神の思惟力能の増大あるいは減少についての内在的様態を決定しているからである。しかし、こうした内在的変化の様態は、身体の変様の観念（知覚）と同様に、習慣や記憶に依拠している。つまり、情動（アフェクト）は、感情（エモーション）や情感（ルサンチマン）に吸収される。情動のドラマ化は、ストーリーに付着した情緒に完全に還元されてしまうであろう。しかし、反地層化への逆行は、可能である。この増大と減少の方位は、対称的な二つの方向性を意味しない。何故なら、力能の減少は、その増大の欠如ではないからである。悲しみは、喜びの欠如ではなく、固有の実在性を有している。それゆえ、これは、二つの多様体についての思考に結びついている。人間の力能を増大させるものは〈よいもの〉であり、それを減少させるものは〈わるいもの〉である。身体を通してのみ精神は、自己にとって〈それがよいものなのか〉、あるいは〈それがわるいものなのか〉を理解するのである。多様体の思考は、哲学的思考の本質である。この思考には、精神の情動と身体の変様との間に穿たれた絶対的深淵がつねに意識されている。それは、この思考の存在根拠である。多様体の思考は、ここでは二つの水準をもつ。第一の水準は、精神に対して〈身体は何を為しうるのか〉という問いへの応答として出てくる。つまり、精神がそれだけで思考するものは、つねに〈個別性‐一般性〉だけではないのか。あるいは、〈真／偽〉、〈善／悪〉といった諸価値は、精神にのみ固有の対象にすぎないのではないか。しかし、第二の水準においてわれわれは、次のように言うことができるのだ。身体の変様についての観念から構成される精神は、特異性の法則――〈特異性‐普遍性〉――を理解するに至る。それは、〈十全／非十全〉、〈よい／わるい〉といった、身体なしにはけっして理解しえないような諸価値を理解することである。

　ヴェクトル記号は、身体の活動力能のその都度の差異的度合の表現であり、領土化された顔の表情に結びついている。人間身体の変様は、人間身体の受動的な〈顔〉の変化へと収束していくのだ。正確に言うと、顔は、人間身体の変様の意味作用をもつようになる。それは、顔が身体の頭部から分離していく過程でもある。それは、同時に身体がまったく別の何かに統一化されることを意味している。身体は、明らかに〈顔〉化するのである。「顔が生産されるのは、もはや頭部が身体に所属しないとき、身体によってコード化されないとき、頭部自体が多次元的で複義的な身体的コードをもたないときだけである――これは、頭部も含めて、身体が或るものによって脱コード化され、超コード化されなければならないときであり、この或るものが〈顔〉と呼ばれるのだ」[15]。しかし、身体は、脳も含めて、或る特権的な器官によって統一化されるようなものではない。〈身体〉の意味は、無意識が存在することを示している。それは、言わば無様相の機械状無意識である。この限りで身体は、それ自体でまさに機械状の分裂的総合なのである。顔の問題は、実はこうした身体の情動の問題として構成されなければならない。情動が感情へと領土化されるのは、その無垢の諸身体（＝多数多様な器官なき身体）が巨大な顔へと、その表情の変化へと還元されることを意味している。形式化されえない〈観念‐機能〉と〈身体‐物質〉は、一方で形而上学的に顔化され、他方で唯物論的に脳化される。古代から現代まで、有機的身体についての意識が、実は多義性の思考の発生的要素なのである。スピノザは、この点を明確に思考しえた哲学者である。これに反して、多数多様な器官なき身体は、一義性と多様体の思考の発生的要素である。一つの身体は、それ自体で多数多様な器官なき身体でありうる。多数多様な器官なき身体は、現在の身体に系譜学的に先行する身体である。それゆえスピノザは、「身体以前」（**ante corpus**）と言うのである。それは、持続する有機的な身体の時間上の以前を意味しない。この〈以前〉は、むしろ顔化した人間的形態としての身体以前のことである。それは、非人間的身体でも、超人間的身体でもありうる。言い換えると、それは、擬人化した人間の身体以前ということである。つまり、身体以前とは、地層化以前を本性的に含んでいるのだ。アルトーとスピノザだけがともに表出しえた「別の身体」とは、まさに擬人化し顔化した身体〈以前〉であり、またこうした身体〈以後〉でもある。不死あるいは永遠は、こうした意味で言われているのだ。この〈以前〉と〈以後〉は、クロノスの時間のなかで言われているわけではない。〈以前〉は系譜学的な分析過程を、〈以後〉は分裂症的な総合過程を意味している。この〈以前〉はこの〈以後〉を見出すことにあり、この〈以後〉はこの〈以前〉を総合することにある。それらは、ベルクソンが述べていたような、時空座標化された地層のなかからともに立ちあがる非人間的なものと超人間的なものの〈持続〉である。多数多様な器官なき身体は、この層位学的時間のうちに生起する触発のあるいは感覚の身体であり、それらの総合である。ニーチェは言う。「力能の意志は原始的な情動形式であり、その他の情動は単にその発展である」[16]。意志は、情動である。しかし、意志は、知性と同じである。つまり、人間の知性は、人間の身体に対応した情動の形式の一つなのである。身体は、つねに外部からの顔化作用によってきわめてコード化されやすい存在である。身体以前とは、この限りで顔化以前の身体という意味をもつ。したがって、例えば、顔を歪ませることは、顔化以前の身体がもつ変様の現われであると考えられる。要するに、器官なき身体の情動は、脱顔化の二つの倫理的速度——至福へと残酷へ——をもつということである。一方の至福の沈黙と他方の残酷の叫びは、それぞれに固有の脱顔化の速度を有しているのだ。

欲望は知覚に何をもたらすのか

スピノザの知覚の一般的条件は、次のようなものである。「人間精神の現働的有を構成する最初のものは、現実に存在する或る個物の観念にほかならない」。「ここから、人間精神は神の無限知性の一部である、ということが帰結する。したがって、〈人間精神がこのこと、あるいはあのことを知覚する〉とわれわれが言うとき、それは、〈神が無限である限りにおいてではなく、神が人間精神の本性によって説明される限りにおいて、あるいは神が人間精神の本質を構成する限りにおいて、神がこの観念あるいはあの観念をもつ〉と言うのにほかならない」[17]。精神は諸観念から構成されるが、観念はつねに何かについての観念である。そして、それは現実に存在する或る〈個物（レース・シングラーリス）〉についての観念であり、この個物とは何よりも自己の人間身体のことである。神が人間精神の本性を構成するという場合、それは、人間精神を構成する観念の対象が自己の身体以外の何ものでもないということを意味している。人間が何かを知覚する際のその知覚は、自然のさまざまな物についての単なる模写的認識でも構成的認識でもない。またその知覚の対象（＝被知覚態）は、単なる現象的対象でもなければ、一般的概念のもとで認識されるような〈個物（レース・パルティクラーレス）〉でもない。欲望が、様態の存在の本質であり、人間存在の本性なのである。つまり、欲望なしの知覚も被知覚態もありえないということである。「欲望は、そこにおいて知覚不可能なものが欲望そのものによって知覚された対象として、つまり「欲望の非具象的なもの」として現われるような、知覚の領野に直接的に備給するのである」[18]。欲望は、知覚をその経験的領域から引き離して、知覚に知覚不可能なものを備給するのである。欲望は、知覚を超越的に行使するのだ。ここでの問いは、次のようになる――欲望は、知覚に何をもたらすのか。欲望は、結果としての表象像や一般概念に対応した個別性とは異なる〈或るもの〉を知覚にもたらすのだ。それは、実在的区別であり、相互に実在的に区別される物である。欲望は、項に対して関係を外在化するという仕方で諸物の結びつきを不在にする。それは、実在的区別の増大である。しかし、これは、まだ事柄の一側面にすぎない。というのも、欲望によるこの切断は、同時に結合だからである。何故なら、結びつきの不在は、単に無関係を意味しているのではなく、機械の作動を示しているからである。こうした欲望の先端は、驚くべきことに、様相をもたない。そこには、つまりこの〈切断‐結合〉には、可能性も蓋然性も、必然性も偶然性も、潜在性も現働性もないのだ。欲望機械は、構成平面における「結びつきなき関連」(liaison sans lien) あるいは「不定関係」の作動態である以上[19]、そこに様相はない。様相は、人間的、あまりに人間的である。もう一度問う。欲望は、知覚に何をもたらすか。それは、まさに実在的区別を知覚にもたらすのだ。しかし、それと同時に次のように問う必要もある。つまり、欲望は、知覚から何を減算するのか、と。欲望は、知覚から様相を一掃するのである(このように考えると、スピノザの第二種の認識は、知覚から必然性以外の様相を減算する認識である)。実体の特性としての原因と様相は、唯一の器官なき身体における特性としての欲望にとって代わられる。それだけではない。ヒュームにおける「関係の外在性」によって、人間本性のもとで連合の諸原理が関係の論理学として考えられたが、しかしこの人間本性も多数多様な器官なき身体の欲望に完全にとって代わられることになる。器官なき身体においては、原因という連結の特性は切断され、様相は完全に無化される。

　われわれの知覚は、たしかに社会的・歴史的に規定されている。そして、これは、知覚が言語を介して規定されているという事実を示してもいる。人間の知覚は、実はその限りで社会的・歴史的な諸条件によって規定された、人間本性としての欲望に媒介されているのである。あるいは、社会的・歴史的領野が〈欲望‐情念〉の体制として展開され記憶される限りにおいて、この欲望は、すでに知覚の領野に直接的に何かを備給しているというわけではない。ところが、欲望が知覚の領野に直接的に備給するという場合、そこにはまったく異なった事態が示されている。欲望は、諸感情の幾何学的関係を〈切断‐結合〉すると同時に、知覚の領野に実在的に区別された諸物の機械状作動配列を与えるのである。つまり、「純粋情動が脱主体化の企てを内含しているのと同様、存立平面上に現われるような、微粒子の間の純粋な速さと遅さの諸関係＝比（ラポール）は、脱領土化の諸運動を内含している」[20]。精神の強度的情動の脱主体化の実験は、つねに身体を構成する多様な純粋諸形相の脱領土化の運動に並行論的に対応している。まず脱主体化の知覚に関して言い換えると、それは、実在的区別のもとで知覚における或る〈被知覚態（ペルセプト）〉を知覚不可能なものにするということである。そこでは、むしろ被知覚態の脱属性化の運動が知覚されるのである。それは、単に体験する者や経験する者を超え出ているというだけではない。それは、主体性を形成していると考えられる人間のすべての諸能力を外部性の被膜にするのだ。この外部性の被膜こそ、古代から言われているような、理解することとそれ自体である。「全〈自然〉の脱地層化」を構成的に言い換えるならば、それは、自然の脱属性化以外の何ものでもない。言い換えると、〈潜在性〉とは、実は無限身体における別の或る属性を意味しているのである。したがって、潜在的なものの現働化という運動が、ここでもっとも明確に理解できるようになるだろう。つまり、それは、無限身体における別の属性のなかの現働的な様態が脱属性化の速度をともなって知覚されるということである。われわれは、強度の原則論をさらに考えることができる。つまり、欲望が備給する「知覚の予料」をわれわれは改めて規定することができる。すなわち、〈いかなる物の属性も、その物の本質を構成するものとして感覚されるような強度をもつ〉という規定をわれわれはそれに与えた。欲望は、知覚の予料として感覚の度合を与えるが、それ以上に実在的に区別される別の属性の様態を潜在的に備給するのだ。欲望は、器官なき身体の構成平面の特性である。しかし、地図作成法がそこに必要である。概念と情動と被知覚態についての外部性のあるいは外の地図が必要なのだ。つまり、欲望機械から抽象機械への、器官なき身体における特性から構成への転換が必要なのだ。

第九章　脱記号過程——身体の非記号的変様について

〈脱領土化の機能素〉批判

われわれは、器官なき身体のエチカをとりわけスピノザの哲学から構成してきた。それは、一つにはスピノザにおける能産的自然を出発点として、さらなる無仮説の原理への分析的過程を経巡ることによって達成されるものである。それによって、第一にスピノザにおける自然は分裂症化され、第二に分裂分析的地図作成法は批判されることになる。スピノザには、神の二つの力能から始まって個物における身体と精神までの徹底した並行論があるが、そこに解釈（遠近法）なしに脱領土化の機能素、脱属性化の運動といった地図作成法を導入することは不可能であった。分裂分析的地図作成法には、脱領土化の機能素とそれらの間の横断性はあるが、実は脱領土性の並行論が想定されていないがゆえに、経験論的領域と超越論的領域との間の古い関係性が想定されてしまう。ガタリの存在論的機能素を用いると、それは、第一に現働性の領域〈ΦとF〉と潜在性の領域〈UとT〉との間の現働化と潜在化の関係にあり、また第二に有限性の領域〈FとT〉と無限性の領域〈ΦとU〉との間の優劣性の関係にある。第一の関係は現働化（あるいは潜在化）というよりもむしろ結晶化であり、第二の関係は優劣性の関係ではなく、まさに脱領土化の関係である。「多様な存在者の背後にあるのは、一義的な存在論的土台などではなく、諸々の機械状の界面（アンテルファース）からなる一つの平面である。存在は、現働化した言説的な構成要素（物質的で信号的な〈流れ〉（F）、機械状〈系統流〉（Φ））を、非言説的な潜在的構成要素（非身体的〈領界〉（U）と実存的〈領土〉（T））に結びつけるような、無数の言表行為の作動配列（アジャンスマン）を通して結晶化する」[21]。二つの潜在的な領野（UとT）と二つの現働的な領野（ΦとF）は、それぞれが現働化（言説化）の関係にあるが、しかし、こうした潜在的なものを現働的なものに対する超越論的領域であるとか、あるいは根源的領野であるなどと考えてはならない。というのも、それらはむしろ〈内容〉と〈表現〉との相互前提の関係、まったく新しい並行論的な強度的反転の関係にあるからである。それは、潜在的なものと現働的なものとの間の結晶化である。また、これに対する優越性の関係は、むしろ物質的で信号的な流れ（F）に対する機械状系統流（Φ）との間に、実存的領土（T）に対する非身体的領界（U）との間にあると、ガタリは考えている。「客観的で主観的な脱領土化の座標に従って記載される、間-存在者性の前提関係は、実在的なものの〈流れ〉や〈領土〉と、可能的なものの〈系統流〉や〈領界〉とをまったく対等に保持しないであろう。後者は前者を包含し包摂しており、その結果、可能的なものの実在的なものは、実在的なものの可能的なものに対してつねに優越している」[22]。しかし、この二つのもっとも重要な横断性について、並行論から批判を加えなければならない。ガタリは、きわめて古典的な思考を展開している。それは、実在性よりも可能性の領域を広いものと見なしているからである。そこでは無限に多くの流れの可能的な機械状作動配列が考えられているのだ。この限りで、可能的なものから実在的なものへの横断性が脱領土

図C　ガタリにおける四つの存在論的機能素の作動配列（アジャンスマン）

	表現 現働的 （言説的）	**内容** 潜在的な言表行為の源泉 （非言説的）
可能的 無限的	**Φ＝機械状の言説性** （現働的で可能的なものの系統流）	**U＝非物体的複合性** （潜在的で可能的なものの領界）
実在的 有限的	**F＝エネルギー的で時空的な言説性** （現働的で実在的なものの流れ）	**T＝カオスモーズ的受肉** （潜在的で実在的なものの領土）

化の二つの運動（主観的と客観的）として規定されるのも、或る意味で当然であろう。脱領土化の諸機能素の間には、スピノザの諸属性の間に存在したような〈対等性〉はまったくない。それらは相互に不等であり、また並行性は存在しない。分裂分析的地図作成法における脱領土化は、四つの機能素の不等性によってこそ可能になるのである（**図C**）。

ガタリは、これらの機能素に、潜在的あるいは現働的、可能的あるいは実在的という四つの様相概念を配分して、それらを用いている。しかし、それらが各領域の特性——他にも、アリストテレス的な四つの原因性、二つの時間（クロノスとアイオーン）、等々[23]——として配分される限り、そこには、内在平面上に未だ漂う或る残滓が、すなわち道徳的な超越性の匂いがあるのだ。例えば、実在態の二つの領域（TとF）から可能態の二つの領域（ΦとU）への脱領土化は、外延的な時空的座標から内包的な強度的縦座標への運動を有している。言い換えると、この脱領土化は、本来であれば、様相に依拠した領域から無様相の領域への移行でなければならない。ガタリのように、様相概念を大いに用いて、これらの機能素を特性化する必要はまったくないであろう。この存在論的機能素は、地図作成法のカテゴリーである。しかし、それらは、カテゴリーの間の実質的移行（横断性）を思考可能にするためのカテゴリーである。したがって、地図作成法の機能素は、本性的に脱カテゴリー的である。古典的な弁証法である量から質への転化という考え方にも、わずかな脱領土化の思考があったのかもしれない。しかし、カテゴリーは、本質的に領土的、非対等的、非並行論的である。カテゴリーは、条理化された思考のもとでの表現の形式である。これに対して、地図作成法の存在論的機能素は、〈結晶化〉と〈脱領土化〉という二つの運動について思考するための道具である。地図作成法における四つの領域は、器官なき身体上の図表なのである。それらは、地層を形成する反転不可能な表現と内容、表現と内容のそれぞれの脱領土化の運動、表現と内容の間の脱地層化の反転速度を的確に捉えている。それらのすべてが、抽象機械の作動配列であり、図表の機能である。器官なき身体を構成する平面は、ここでは機械状系統流（Φ）と非身体的領界（U）との間の脱地層化の速度をもった反転性からなる。抽象機械は、このように器官なき身体を構成する平面として作動するのである。この意味で、抽象機械は、まったく欲望機械に機能上先立っている。何故なら、欲望機械は、ここでは二つの脱領土化の運動を実現することにとどまるからである。流れ（F）と実存的領土（T）は、地層化を形成する内容と表現であり、たしかに相互前提の関係にあるが、しかしけっして反転可能な関係にはない[24]。それらは、むしろ主観性と客観性、シニフィアンとシニフィエ、超越論と経験論、実在論と観念論、等々、といったような、適用と従属をめぐる古典的な諸関係に素材を提供し続けていた二つの土台なのである。存在論的機能素は、実体のカテゴリーでもなければ、器官なき身体の属性でもない。それらは、器官なき身体における地層化と脱地層化の地図作成法の諸要素である（**図D**）。

図D　器官なき身体上の一つの平面図

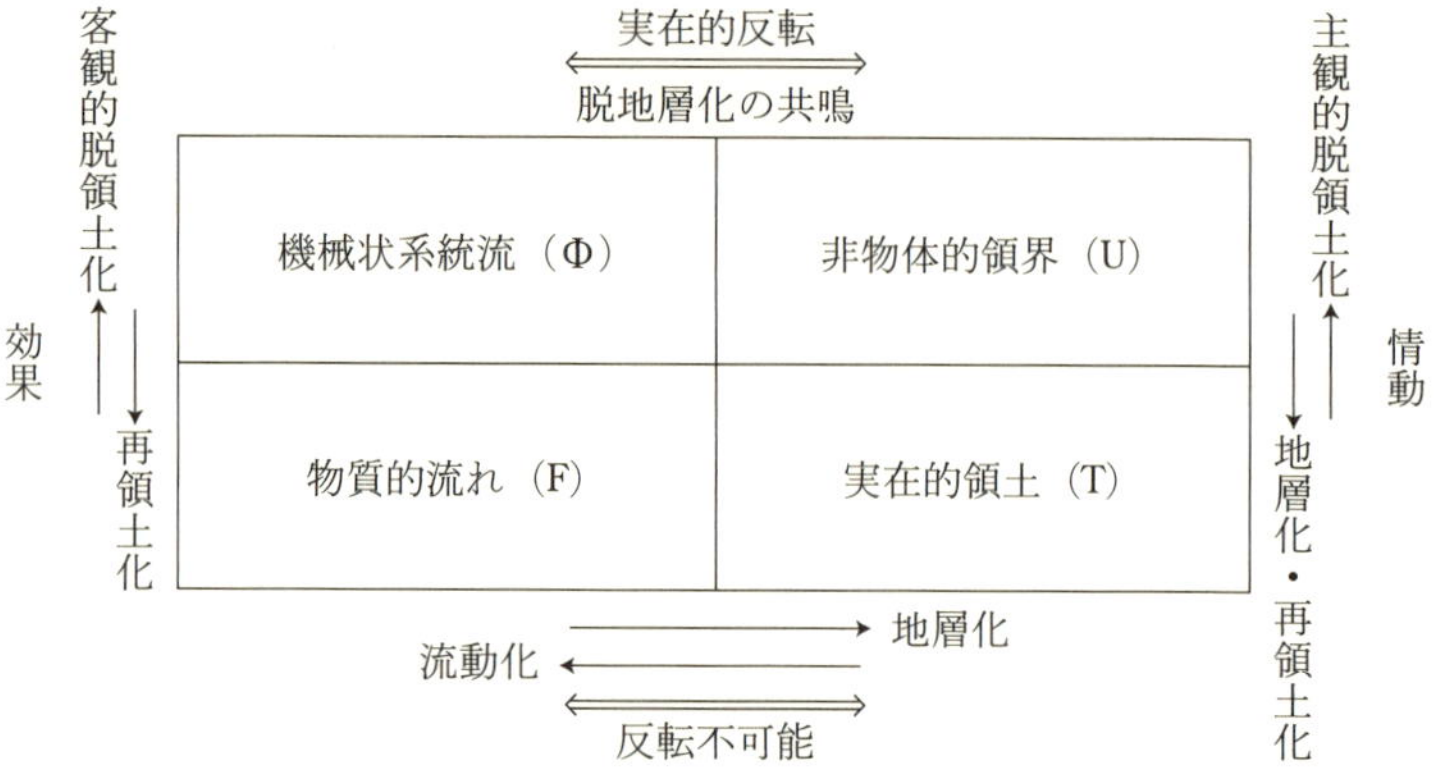

原因から欲望へ——諸感情なき欲望（＝理性）

唯一の器官なき身体は、脱地層化の原理であり、形相化されない〈質料（マチエール）＝素材〉である。それはまた、「神即自然」以前の自然である以上、属性によって形質化される以前の〈質料‐系統流〉であり、神の観念のもとではけっして理解されえない〈機能‐図表〉である。ここでの器官なき身体は、無限に多くの属性に代わって一つの存立平面のもとで脱属性化する無限身体となり、また分裂症化する無限知性となる。器官なき身体においては、無限知性は神の観念に先立って分裂症化するのであり、無限身体は属性に先立って脱属性化するのである。分裂症化する無限知性は、言表作用の集団状作動配列の〈機能‐力能〉である。また脱属性化する無限身体は、諸身体の機械状作動配列の〈質料‐力能〉となる。無限身体は、無限に多くの属性における諸様態の脱タイプ化の運動と速度からなるであろう。そこでの諸身体の変様は、情動の強度的な非記号化の過程を本質的に含んでいる。そこには、いかなる記号の諸体制も存在しない。したがって、無限知性がもつ〈形相‐想念〉という複雑な存在の仕方は、〈記号‐微粒子〉群となるであろう。器官なき身体上のあるいは存立平面上のこの二つの脱化の無限速度――分裂症化と脱属性化――は、いかなる統一の原理もなしに、実在的に反転する。この内在的様相は、あたかも一元論の基礎となるような唯一の無限実体のようである。しかし、これが、スピノザの実体の素材上の発生である。ここから、存在力能と思惟力能という二つのタイプの力能が発生し、また身体系属性と思惟系属性という二つのタイプの属性が形成されるのである。しかしながら、ここにおいても、まだ「思惟的」あるいは「延長的」といった或る特定の属性は、実は存立しえないのだ。原因性は実体の特性であり、欲望は器官なき身体を構成する平面の特性である。ここでの一連の言説を構成するのは、抽象機械である。言い換えると、抽象機械は、非物体的変形を含んだ言説性であり、言説による非物体的変形性の構成である。この限りで機械は、唯一の器官なき身体の構成する平面を組成する力能を有している。それは、強度の地図としての存立平面を構成する力能である。

さて、現在の自己の有機的身体と同様、それらに潜在する多数多様な器官なき身体の変様は、その原因を自己の外部にもつのだろうか。あるいは反対に、多数多様な器官なき身体の変様は、自己変様をその能動性としてもつのだろうか。〈きみの器官なき身体はどのように変様するのか〉。ニヒリズムのなかでの人間、あるいは擬人化された「最後の人間」のうちでは、たしかに情動(アフェクト)は、変様(アフェクシオン)のうちに収まらないであろう。しかし、器官なき身体そのものの変様については、事態はまったく異なる。器官なき身体においては、情動は、変様と不可識別的に一つのものとなる。というのも、そこには身体の時空的座標も内包的縦座標も、経度も緯度も、存在しないからである。それは、受動から能動への移行ではないし、外部の原因の多義性から自己原因と作用原因の原因の一義性への移行でもない。

あらゆる受動感情をそのまま器官なき身体の情動へと生成変化させることは可能であろうか。そこには、まったく別の移行がある。欲望は、原因の根源的特性にとって代わる構成平面の特性である。欲望は、言い換えると、人間がもつあらゆる受動感情を因果性から解放する、〈結びつきの不在による結びつき〉それ自体である。欲望は、原因の彼方である。原因は、欲望の分裂症的総合を属性という形相的原理のうちに条理化する。原因は、特性である以上、実体の構成の位相に直接かかわることはない。というのも、すべての特性は、構成するものの性質だからである。これに反して、欲望は、原因とは異なる特性であるが、原因を脱化の運動へともたらすことで平面を分裂分析的に地図作成するような特性である。実在的区別は、属性の間の構成的な差異の論理を有している。原因は、こうした実在的区別にけっしてかかわらない。しかし、欲望は、まさに実在的区別の増大を、第一に原因と結果の〈関係＝比(ラポール)〉を切断することと、第二に脱属性化の諸要素を結合することとの一つの二重的運動のもとで実現するのである。この欲望機械を無限知性から理解するならば、切断されるのは観念の観念における〈関係＝比(ラポール)〉であり、結合されるのは〈想念的‐形相的〉に区別される諸観念、つまり属性を異にする各様態についての諸観念（非物体的変形）である。この欲望機械を無限身体の側面から考えるならば、切断されるのは各属性における原因と結果の〈関係＝比(ラポール)〉であり、結合されるのは〈実在的‐形相的〉に区別される諸様態（脱属性化の流れ）である。

　身体の活動力能の増大あるいは減少は、〈地層‐習慣〉においては、精神の思惟する力能の増大あるいは減少の記号として、つまり二つのヴェクトル記号として必然的にわれわれに表示される。たしかに、身体の情動は、一方では身体の変様とともに外延化された情感という経度上の存在になる。しかし、身体の情動は、他方では身体の脱タイプ的な変様とともに強度の地図を緯度のうちに書き込むのである。さて、喜びの増大（共通概念の形成の秩序）と欲望による実在的区別の増大とは、同じ秩序のもとにあるのだろうか。あるいは喜びの増大から共通概念の形成への実践的移行は、実在的区別の増大と何らかの関係を有しているのだろうか。そこには、一つの反比例の関係があるように思われる。それによってわれわれは、或る逆（パラ）－感覚（サンス）の存在の仕方を習得するであろう。すなわち、欲望による実在的区別の増大は、精神の活動力能の増大あるいは減少の秩序そのものにより少なく依存することであり、この精神の活動力能の増大あるいは減少の秩序そのもののうちにより多く存在することは、情動における実在的区別の減少にかかわることである、と。人間の活動や感情を単に線や面や立体と同様の仕方で論究するだけでなく、その線が生きた線であるのか死んだ線であるのか、その平面が平滑平面であるのか条理平面であるのか、あるいはその立体が時空的座標にあるのか強度的縦座標にあるのか、と問わなければならないのと同様に、その愛が生きた愛であるのか、死んだ愛であるのか、その嫉妬が生きた嫉妬であるのか、死んだ嫉妬であるのか……、をわれわれは問うことができなければならないのだ。こうした問題は、ドゥルーズ＝ガタリが提起したような、実は麻薬なしに麻薬の力能を体現すること、真水で酔っ払うこと、あるいは、スピノザが述べたような、受動感情によって決定される活動へと、感情なしに理性のみによって同じ活動へと決定されうること、といった一連の問題と同じ事柄を示しているのである。これらはすべて、器官なき身体における実在的区別の問題であり、その増大に関するプラグマティックな実験である。例えば、愛の一つの帰結ではないような嫉妬、あるいは妬みと結合していないような嫉妬がある[25]。言い換えると、愛の不幸な結果としての嫉妬ではなく、生ける嫉妬があるのだ――すなわち、愛を前提としない嫉妬、愛が先立っていない嫉妬、それはまさに〈生きた嫉妬〉であろう。言い換えると、愛と嫉妬という二つの感情の間に、様態的区別ではなく、実在的区別がもたらされたのである。何によってもたらされたのか。それは、欲望が感情のうちにもたらした新たな感じ方である。それは、感情の幾何学を超えると同時に、感情の体制から逃走することでもある。脱タイプ化の変様は、こうした欲望以外の何ものでもない。この欲望は、情感ではなく、情動そのものである。言い換えると、欲望は、脱感情化の速度を有しているのだ。ここから、次のような帰結が得られるだろう。〈欲望‐情動〉は、受動感情なしに作用する理性でもある。受動感情の能動への相転移──これがスピノザの「理性」である。「われわれは、受動（パッシオ）という感情によって決定されるすべての活動へと、その感情なしにも理性によって決定されることができる」[26]。理性は、受動感情の決定という肯定を肯定する働きである。人間の本性がこうした変様によって規定された状態、それはきわめて理性的である。その限りで理性とは、別の決定をわれわれに与える審級ではなく、受動感情の無意志的決定を肯定する〈欲望‐概念〉である（肯定の肯定）。理性は、感情の無意志的決定（例えば、遠近法）を非意志主義的決定（例えば、遠近法主義）へと非物体的に変形する作用である。理性は、無意志的決定を肯定する精神の概念である。それは、出来事のあるいは此性の観念である。理性は、抽象機械の部分意識である限り、分裂症化した無限知性をなす諸観念の集合状作動配列である。

欲望から抽象へ──脱領土性並行論

並行論は、多様体の思考とともに哲学における〈外部性の形相〉や〈外の思考〉を形成し構成する。並行論は、二元論でも、単純な二項対立論でもない。それは、多様体の思考である。多様体の思考は、つねに〈二〉からしか出発しえない。二つの多様体という場合のこの〈二〉は、二元論や二項対立を形成しないのである。多様体の思考は、つねに脱領土化の運動であり、それとともに一つの内在平面を描き出すような概念形成と不可分である。

（1）精神と身体の対応性並行論——並行論は、つねに批判と創造が総合された思考を形成する。精神と身体の並行論は、この両者の単なる自然学的対応関係や倫理学的一致を意味しているわけではない。真の並行論は、むしろ精神と身体が〈生成のブロック〉をなしていることにある。精神は、観念の集合体である。観念は、何かについての観念である。しかし、観念の対象は、われわれの外部に現実に存在する諸様態ではない。人間精神は、必ず自己の身体の変様を通してその対象を認識するのである。精神は、身体あるいは身体の変様なしには何も認識することができない。したがって、われわれの人間精神を構成する観念は、自己の人間身体の変様についての観念である。観念は、この身体の変様の観念以外の何ものでもない。こうした人間の受動性の領域では、精神と身体の並行論は、身体を指導的モデルとせざるをえない。言い換えると、受動性における精神と身体の並行論は、一致なき対応関係にあるだけである。身体の変様における諸様態の流れはつねに混合した状態にあり、したがって自己の身体の変様はつねに諸様態の本性を含んだ変化である。こうした変様の観念は、それゆえ非妥当な観念としてしか存立しえないのだ。この事態を幾何学が描く地図作成法のなかで言い換えることができる。つまり、精神の潜在的で主観的な〈実存的領土（T）〉と、自己の身体と無数の他の身体とによって形成された〈物質的流れ（F）〉とは、けっして反転しないということである。精神と身体、主観と客観、それらのどちらを表現の形式としても内容の形式としてもいいが、しかし重要なのは、それらは相互にけっして反転しないということである——〈あれか、これか〉。というのは、イェルムスレウが言うように、それは、習慣によって固定化され領土化されている証しだからである。

まさに習慣と記憶の秩序のもとでの並行論がここにある。
（2）それらの一致性並行論——存在する力能と思考する力能は、自然の二つの力能である。これらは、絶対的に異なっているが完全に対等である。これは、真理の内在性のもとで定義されるような並行論である。これら二つの力能は、単に一致するのではない。内在平面を構成するもの（諸属性）によってその一致が表現されるのである。この表現は、それ自体で構成的である（存在論的並行論と認識論的並行論）。われわれの精神と身体は、この構成の平面のもとで産出される二つの様態である。ここにおいて、対応から一致への並行論それ自体の生成変化が生起する（共通概念の形成の秩序）。それは、スピノザにおいては、習慣や記憶の秩序から知性の秩序への強度的移行を意味している。これに対応した身体は、その現在的存在の自己変様を意味している。スピノザの表象批判は、脱結果論としての作用原因論である。この論点は、地図作成法のもとで次のように言い換えることができる。或る精神を構成する諸観念のうちの一つあるいはいくつかの観念が非身体的変形を含んでいるならば、それは、精神あるいは主観性についての脱領土化の線である（精神の〈実存的領土（T）〉から〈非身体的領界（U）〉へ）。これに対応した他方の身体の変様の流れは、実在的に区別される物の連関、すなわち結びつきの不在によって結びついた物の結合の存在を含んでいるならば、それは、身体あるいは客観性についての脱領土化の線である（身体の〈物質的流れ（F）〉から〈機械状系統流（Φ）〉へ）。これらは、二つの並行論的な脱領土化という生成のブロックをなしている。
（3）それらの脱領土性並行論——何をシニフィアンと呼び、何をシニフィエと呼ぶのか。何を精神と呼び、何を身体と呼ぶのか。何を延長と呼び、何を思惟と呼ぶのか。何を潜在的と呼び、何を現働的と呼ぶのか。何を内容と呼び、何を表現と呼ぶのか。それらは、もっぱら習慣と歴史において、一方と他方の相互前提のもとでそれぞれを或るものに対応させて、そう呼ばれているにすぎない。しかし、それらが、相互に可能的にではなく、実在的に反転する場合がある。そこでは、内容と表現は、相互に実在的に区別されながらも不可識別になる。これは、われわれの人間精神と人間身体との間で生起する離接的総合の在り方――〈あれであれ、これであれ、これであれ〉――である。これは、脱属性化する無限身体における〈機械状系統流（Φ）〉と分裂症化する無限知性における〈非身体的領界（U）〉とが不可識別的に反転し、あるいは脱領土性並行論を形成することに存している。内容と表現は、反転し、脱領土化し、不可識別になる[27]。つまり、分裂分析的地図作成法における主観的脱領土化（T→U）と客観的脱領土化（F→Φ）は、内容と表現の相互反転の諸度合の問題なのである。〈実存的領土（T）〉と〈物質的流れ（F）〉は、けっして反転することなく、領土化された領域として相互に適用と従属を繰り返している。そこにあるのは、地層を形成する現働化（T→F）と再領土化（F→T）の運動である。しかし、この二つの領域がそれぞれに固有の脱領土化の線を描き始めるとき、つまり脱領土化のもとで並行論を展開するとき、まさにそれと連動して、内容と表現の間の実在的反転がさまざまな強度のもとで生起するのである。反転のもっとも高い度合、すなわち〈Φ⇄⇄U〉を形質的に実体化すれば、それは、スピノザの絶対に無限な実体が素材として存立することになる。すなわち、〈機械状系統流（Φ）〉は無限に多くの身体系属性からなる無限身体となり、〈非身体的領界（U）〉は思惟系属性からなる無限知性となる。受動感情に基づく表象知（第一種の認識）は、単に精神と身体の対応性並行論にかかわるだけである。しかし、ここには〈善／悪〉の彼岸における〈よい／わるい〉のプラグマティックがある。これは、共通概念の形成（第二種の認識）とともに次第に実践哲学へと変形される。精神と身体の対応性並行論が領土化の度合を意味しているとすれば、それらの一致性並行論は脱領土化の度合を表現していると言える。しかし、そのもっとも高い度合においては、直観知（第三種の認識）のもとに別の機械、受動的欲望でも能動的欲望でもない、抽象機械が作動することになる。それは、永遠の相のもとでの身体の本質と精神の直観知との間の反転である。これは、精神と身体の間のまったくの反転を意味する脱領土性並行論である。すべての属性をこの並行論のもとで考えるならば、それは、分裂症化した無限知性と脱属性化した無限身体との間の並行論であり、自然の思惟力能も活動力能も不可識別となる〈機能 - 質料〉である。

身体の機械状作動配列（アジャンスマン）——〈多数多様な〉器官なき身体の結合

精神を有しているのに、ひとは、どうしてその身体の存在が本質的な要素となった哲学的思考を形成しえないのであろうか。身体を有しているのに、ひとは、どうしてそれを無視して精神の自律のなかでの思考に安住してしまうのか。ここでは、とりわけ諸身体の結合あるいは諸精神の連関を別の在り方で示すことにしたい。しかし、これらの結合や連関はいかなる様相も含まない以上、われわれは、この〈別の在り方〉を従来のあらゆる在り方に付け加わるようなものとして理解することはできない。もう一度、問うことにしよう。身体は、精神と何が違うのか。言い換えると、これは、精神の無能力が明らかになるような、身体の有能性とは何か、と問うことでもある。あるいは、精神と精神は、それぞれどのように領土化されるのか。精神と身体の領土化や地層化は、果たして同じ事柄なのか。すでに述べたように、身体は、時空的座標と内包的縦座標をもつ。精神も、やはり同じようにこの二つの座標をもつのだ。これらは、地図作成法の観点から言い換えると、それぞれ経度と緯度として規定されうる。問題は、身体の時空的座標は、これに対応した内包的縦座標（情動、概念、被知覚態）とはまったく別の強度空間を有するということである。身体それ自体の存在上の変様における緯度あるいは強度空間も存在するのである。身体の情動だけが、緯度における強度の地図を有しているわけではない。身体の変様は、それだけで情動とは別の固有の強度空間を有しているのだ。無限身体とは何か。それは、無限知性と認識論的並行論を形成しうるような、無限に多くの属性から形相的に構成される身体である。言い換えると、それは、分裂症化した無限知性に対応する、脱属性化する無限身体である。これら二つの側面は、欲望機械ではなく、抽象機械の二つの側面、〈機能‐質料〉あるいは〈図表‐系統流〉に存している。しかし、注意する必要がある。内在平面を構成するこうした抽象機械と産出の原理としての器官なき身体とは、けっして同じものではない。抽象機械がこうした二つの側面を有するのも、器官なき身体が産出の原理として、絶対的な脱地層化の速度を有しているからである。抽象機械は、むしろ多数多様な器官なき身体が帰属する平面において具体的な作動配列をも有している。延長属性のうちには、その様態としての無限に多くの身体が存在する。しかし、こうした多数多様な器官なき身体は、それらの各々のうちに予め想定されうるような別の身体ではない。多数多様な器官なき身体の問題は、〈経験的‐超越論的〉あるいは〈現働的‐潜在的〉といった二重体の構図に収まりうるようなものではない。何故なら、多数多様な器官なき身体――「別の身体へ」（スピノザ、アルトー）――とは、言わば脱属性化する諸様態と結合する身体のことだからである。これが、諸身体の変様とその流れによって地図作成されるような内包的な強度的縦座標である。

さて、受動感情の幾何学を用いるのは、本性上反動的な人間である。ここには、ニヒリズムがある。人間的本質は、最初から擬人化されたものとしてしか、すなわち、人間的、あまりに人間的なものとしてしか規定されえない。人間は、諸能力の反動的生成を自らの本質とする動物である。そして人間の本質は、何よりも自己保存としての欲望である。この人間の本質の変様はもっぱら反動的生成としての諸感情によって充たされており、またそれらによって人間は或る活動へと決定されるのである。その限りで人間の本質の変様は、人間の反動的生成の原理であり、また反動的人間の個体化の原理である[28]。しかし、われわれは、こうした一種の受動的生成から能動的生成への経路を探ろうとしているのではない。そうではなく、ここでの問いは、むしろ次のようなものになる。「別の身体へ」の移行過程は、機能的‐質料的な意味での身体の流れに何をもたらすのであろうか。産出された様態は、実体の属性の変様であり、実体の属性を一定の仕方で表現する度合である。しかし、器官なき身体は、形相化されない〈質料＝素材(マチエール)〉であり、属性によって構成的に形質化されるような実体ではない。それ以上に、器官なき身体は、脱地層化の大地であり、脱属性化の身体である。器官なき身体と実体との最大の差異は、前者が特性（原因性、必然性、永遠性、無限性、等々）と構成（属性と神の観念）に先立つ、産出の原理だということにある。では、〈多数多様な〉器官なき身体は、こうした〈唯一の〉器官なき身体の変様であると言えるであろうか。〈多数多様な〉器官なき身体は、実体の様態ではない。〈多数多様〉は、複数性も数的区別も意味しない。したがって、それは、実在的に区別される身体である。多数多様な器官なき身体とは、属性化した実体の各様態のうちではじめて具体的になる、脱属性的な実在的反転のことである。いかなる具体的な系列であれ、その構成要素のうちに一つでもこうした属性間の反転があれば、それは、諸身体の機械状作動配列が含まれているのである。言い換えると、それは、脱属性化する無限身体の実験的な諸様態である。しかし、〈結びつきの不在による結びつき〉は、不定関係として実在的に区別される物の結合である。しかし、これは、端的に言うと、対応する別の属性における様態が脱属性的に反転することである。潜在的なものの現働化も、実はこうした反転の強度に依拠した運動なのである。愛の不幸の帰結ではないような〈生ける嫉妬〉も、第三種の認識の〈生ける永遠性〉も、麻薬がもつ〈生ける非因果性〉も……、すべてはこうした実験の様態に関する身体が本性的に含まれているのである。〈外〉と〈外部性〉とは、いったいどのように区別されるのか。外部性の形相は、地層のうちで形成される存立平面がもつ抽象機械の〈機能‐質料〉につねに由来している。そして、〈外〉とは、この抽象機械が強度という絶対的な脱地層化の速度によって作動する仕方で、それ自体が発生するときのこの機械そのもののことである。〈外〉の思考は、その限りで神の観念に代わる器官なき身体の観念を、抽象機械の二重性——〈機能‐質料〉あるいは〈図表‐系統流〉あるいは〈記号‐微粒子〉群——として含むのである。〈外〉とは、地層のなかにおいてであれ地層の外部においてであれ、器官なき身体を平面において構成しようとする抽象機械それ自体のことである。外部性も〈外〉も、それらは、すべて〈外〉の思考にかかわっている。それは、まさに多様体の思考である。抽象機械は、こうした意味での多様体機械である。

Ⅳ-2 情動――〈強度＝0〉における強度

第一〇章　プラグマティック - 実践哲学

アンチ・モラリアについての備考（5）——意志と認識

アンチ・モラリアは、多様体の思考のもとでしか成立しえない。ニーチェは、〈善／悪〉の多様体とは別の〈よい／わるい〉の多様体を、まさに〈善／悪〉の多様体に「抗して」、あるいは「相互に対面して」、あるいは「背中を向けあって」という仕方で形成した。つまり、二つの多様体は、〈与えられるもの〉と〈形成されるもの〉とからなる。「多様体、それはまさに二つのものの間で生起するのである」[29]。所与に対するこの〈形成〉は、適用と従属に抵抗することとからなる。二つの多様体は、単に与えられた或る重要な二要素からなる二元論をなすものではない。精神と身体の並行論は、精神と身体という二つの多様体の思考を含んでいるのだ。身体の導入は、精神がつねに単独で陥る意識主義と自由意志に抗して思考されるべき無意識の意義と同じである。これによって、〈精神／身体〉の二元論は、両者の絶対的差異と存在論的対等性からなる並行論になるのだ。この限りでスピノザは、多様体の思考者である。精神を身体よりも優越的な存在として捉え、また精神の本質は認識よりもむしろ意志にあると考えて、精神の本質を自由意志に置く思考法に抗して、非意志主義の多様体を形成しようとする。この多様体の思考が、エチカの全思想を構成するのである。多様体の思考は、とくに経験論や多元論について倫理的強度を与える。ドゥルーズが、スピノザの哲学を合理論よりも経験論として規定するのはそのためである。意志は、感情や理性と異なる能力ではない。つまり、意志は、存在しないのではなく、感情や知性から自律した能力として存在しているのではないということである。これが非意志主義の宣言である。では、意志とは何か。それは、何よりも〈肯定する〉あるいは〈否定する〉能力のことである。しかしながら、それは、けっして認識能力と別の能力ではないのだ。言い換えると、人間精神を構成する観念は、まさにそれ自体で肯定・否定の作用をもつのである。自由意志を想定することは、感性的であれ知性的であれ、実はその認識が人間精神を構成するとは考えていないことの結果だということがわかるだろう。こうした意味で、意志を知性から区別することは、スピノザが言うように、まさに「夢」にすぎないのだ。それは、意志が認識よりも上位の自律的な能力として存在するという〈意識 - 仮象〉に支えられた夢である。人間にもっとも本質的な幻想、それゆえ厄介な夢は、この自由意志についての意識、あるいはこれを肯定しようとする意識である。〈意志〉という言葉を用いて何事かを積極的に語っているような言説は、まさに目を開けながら見ている夢の続きである[30]。

意志は、けっして人間の自律的な能力としては存在しない。「意志と知性は、同一である」[31]。ニーチェが〈力能の意志〉と言う場合の意志は、自由意志や意志一般とは何の関係もない。それは、むしろスピノザのように、意志と認識（解釈）との同一性を述べているのである。意志は、つねに人間の自由と関係づけられてきた。しかし、自由意志は、人間の特権性や、あまりに人間的な動物の発生のために用いられてきたのである。自由意志は、無知性と無能力と無感性の象徴である。非意志的記憶、非意志的知覚、等々、これらは意志‐意識の問題や解に回収されえない諸能力の行使にかかわっている。それらは、認識と実践における諸能力の非意志的力能の様態である。自由を自由意志とは別の仕方で提起すること。「自由活動」（action libre）は、自由意志による行為とは何の関係もない。自由意志は、ニーチェが言うように、たしかに神学者たちによって捏造されたものである。自由意志とは、人間を人間自身に依存させるためのものである。それは、人間の道徳がつくり出した単なる思惟の様態にすぎない。意志は、精神の本質と考えられてきた。しかし、この愚鈍な考えは、むしろ精神を疲労させ消尽させるような労働へともたらしているようなものである。そこには、意志と欲求の内的連関がある。自由活動は、感情の幾何学とは無関係に、欲望を意志から切断して、〈結びつきの不在〉と〈その不在のなかでの結びつき〉を実現する。自由意志は、つねに様相についての意識に取りつかれている。これに対して、自由活動は、たとえ時間のうちにあっても、非様相であり無様相である。したがって、自由活動は、あたかも永遠性を有しているかのようである――「その尺度や度合がどんなものであれ、速度は、第一〔労働〕の場合は相対的であり、第二〔自由活動〕の場合は絶対的である（永久運動体（perpetuum mobile）の観念）」[32]。それは、実在的に区別される諸物の〈切断‐結合〉としての欲望機械の活動である。したがって、欲望は、意識のうちから〈様相‐特性〉を無化する副作用を有している。これが、ニーチェが言いたかった超人の働き、自由活動である。

概念と強度

感情は、〈身体の情動〉である。概念は、〈身体の観念〉である。知覚は、〈身体の被知覚態〉である。したがって、それらは、出来事であり、此性である。言い換えると、それらは、非物体的変形であり、強度である。これらは、身体のとくに緯度のもとで強度の地図を作成する。内在平面は一つの問いであり、概念はその多様な解であり、思考する概念的人物は諸問題である。内在平面は一つの問いの力能であり、概念はその問題提起的応答であり、概念的人物は問題構成者である。概念とは別の仕方で思考するなかでの〈理解の様式〉であり、情動とは別の仕方で感じるなかでの〈強度の様態〉であり、被知覚態とは別の仕方で知覚するなかでの〈感覚の存在〉である。さて、こうした三つの次元に共通の形相が、デカルトやスピノザが把握していた〈観念〉なのである。ドゥルーズ＝ガタリは、この点を明確に理解して次のように述べている。「概念は、身体のなかで受肉されあるいは実現されるにもかかわらず、一つの非身体的なものである。しかし、だからこそ、概念は、それがそこにおいて実現される〈物の状態〉と混じり合っていない。概念は、時空的座標をもたず、ただ内包的縦座標だけをもつ。概念は、エネルギーをもたず、ただ強度だけをもつ。概念は、非エネルギー的なものである（エネルギーは、強度ではなく、強度が外延的な物の状態において広げられたり消去されたりするような仕方である）。概念は、出来事であって、本質あるいは物ではない。それは、純粋な〈出来事〉、此性、存在者性（entité）である」[33]。概念は、身体の変様の観念である。概念は、けっして一般的概念ではない。経験に関して言う限り、一般的概念は、無差異な典型的イメージ以外の何ものでもない。身体を無視して、物についての認識や知覚や理解を論究すること、それこそが道徳的なのである。われわれは、その限りできわめて非道徳的であり、反道徳的である。概念は、外部の物体＝身体によって触発された、自己の身体の変様部分についての観念である。その限りでその概念は、此性であり、存在者性を有している。観念は、〈何か〉についての観念である。その〈何か〉とは、自己の身体の外部に存在する或る物体＝身体を原因としたその身体の変様のことである。それゆえ、この身体の変様には、外部の物体＝身体の本性が必然的に含まれている。この外部の物体＝身体は、その限りで自己の身体の変様にとって此性（このもの性）を有している。概念は、観念なのである。観念は、概念的差異を表象しているのではなく、それ自体がまさに差異の概念である。観念は、同一性の概念とは別の差異の概念なのである。観念は、言語的作用などもっていない。観念の機能素は、意識のもとで身体の変様を再領土化することではなく、統覚の主体性から概念と知覚と感情を脱領土化することにある。

　諸観念、あるいは哲学における諸概念は、多様体の思考のもとで形成される身体の観念である。概念とは、器官なき身体の構成平面上の観念である。概念は、強度であり、強度の様態である。しかし、概念がそうであるのは、概念が、身体の観念であり、非身体的変形それ自体を含む限りにおいてである。この非身体的変形こそ、ニーチェが問題提起した〈あらゆる価値の価値転換〉の潜在的目標である。それは、新たな主観性の産出の潜在的目標でもある。それは、とりわけ情動である。ニーチェが言うように、日常の価値感情に反して感じ、知覚し、思考することは、道徳に反しているが、きわめて倫理的である。それは、感覚可能な〈情動‐情感〉に対する問題提起的な〈情動‐強度〉である[34]。しかしながら、日常的な感情の動きは、まったく外延化されている。この外延化は、感情の動きが主体性のうちにまったく内面化されているという意味である。何故なら、身体の変様の観念が、ほとんど表象化されて、諸記号で充たされているからである。ここでは、非身体的領界としての内包的縦座標を開いて、その図表としての地図を作成する身体の〈情動‐強度〉は、意識中心主義（意志化された記憶と習慣）のもとで、あるいは身体の外延的な時空的座標のもとで表象化（領土化あるいは典型化）されているのだ。身体を起点とした二つの座標は、複合的な関係性のうちにある。これは、人間身体と人間精神の耐えがたい実存的領土に、あるいはそれらの混合した二つの座標系――例えば、ガタリの言う、「外在的な非対称化の過程」と「内在的な対称化の過程」――にかかわっている（ただし、この問題は、すべてスピノザの哲学のうちにあるとも言える）。いずれにせよ、人間の内部の神となった受動感情についての再考が必要となるであろう。

感情系――受動感情の可換的な地層空間

感情とは、受動感情のことである。人間は、その一生のすべてをほぼこの感情のもとで生きることになる。あらゆる感情が、ほぼ〈受動感情〉である。したがって、〈能動感情〉という表現は、ほぼ形容矛盾であろう。しかし、それにもかかわらずスピノザは、こうした受動から能動への、あるいは非妥当から妥当への、時間から永遠への現実的移行あるいは実質的転換をつねに最大の倫理的課題として提起していたのだ。ここでは、これらの課題を〈可換的地層空間〉から〈非可換的強度空間〉への転換として捉えていきたい。スピノザの感情の幾何学は、「内包的縦座標」のもとでの地図作成法の一つである。このように考えると、スピノザにおける受動感情から能動感情へのこうした倫理的課題は、実は一つの脱領土化の試みとして理解されうる。受動感情においては、この内包的地図は、身体の時空的座標のもとで表現される諸変様として形成される感情の地図である。この地図は、多くの部分において可換的な対称性を有している。それは、原因の観念に基づく言わば受動的な対称性である。喜びや愛が後に悲しみや憎しみに転じた場合であれ、その逆の場合であれ、先行する感情の強弱に応じた強弱を反対感情が有するのである。しかし、これによって、実はどれほどの悲しみの状態にあったとしても、精神と身体の力能によってその存在は肯定されているのである。それらは、諸感情の可換的な地層空間を形成しているのだ。スピノザの感情論は、領土化された受動的で可換的な地層空間を形成するものであり、その諸特性は、身体の変様とその観念の表象とを通して複数の様態の間に流れをつくり出すものである。この観点から、受動感情の諸特性をもう一度考えてみよう。身体の変様はつねに他の身体との近接性のもとで生じるが、しかしこうした他の身体との〈近接性〉によっては実現されえないような、活動能力の増大あるいは減少を観念の表象は、想像力（偽なるものの力能）によって与えられることができる（これは、先の近接性に付け加わる〈遠隔性〉である）。

さて、コナトゥスは、現働的本質である。それは、コナトゥスが各々の個物の現働的存在の本質だという意味である。したがって、それこそが特異性である。特異性は、此性としてしか存在しえないのである。コナトゥスによって感情は、特異な強度空間を形成し、またその空間における運動として把握されるであろう。ドゥルーズは、次の三つの規定をスピノザにおけるコナトゥスの基本的な規定として挙げている[35]。「人間身体の諸部分が相互にもつ運動と静止の割合（＝関係）を維持させるようなものは、〈よい〉ものである。これに反して、人間身体の諸部分が相互に運動と静止の異なった割合をとるようにさせるものは、〈わるい〉ものである」（コナトゥスの第一の規定）。「人間身体を多くの仕方で刺激されうるように配分するもの、あるいは人間身体をして外部の物体を多くの仕方で刺激するのに適するようにさせるものは、人間にとって〈有益〉である。そしてそれは、身体が多くの仕方で刺激されることに、また他の物体を刺激することにより適するようにされればされるだけ〈有益〉である。これに反して、身体のそうした適性を減少させるものは〈有害〉である」（第二の規定）。「われわれは、〈喜び〉をもたらすとわれわれの表象するすべてのものを実現しようと努める。しかし、これに反対する、あるいは〈悲しみ〉をもたらすとわれわれの表象するすべてのものを遠ざけ、あるいは破壊しようと努める」（第三の規定）[36]。さて、この三つの規定は、いかなる側面から捉えられるべきであろうか。〈よい〉と〈わるい〉、〈利益〉と〈有害〉、〈喜び〉と〈悲しみ〉、これらは、人間身体の活動力能があるいは人間精神の思惟力能がもつ自然における内包的な縦座標の二つの実質的な移行方向（内容の形式）――増大と減少――に対応したいくつかの〈表現の形式〉である。これらは、身体の変様という結果あるいは身体の情動という効果である。これは、〈真／偽〉の判断基準を身体の変様と情動のもとで〈十全／非十全〉として理解することにある。この考え方は、明らかにプラグマティックである。しかし、〈考える仕方〉には、〈感じる仕方〉と〈知覚する仕方〉の二つの次元が含まれていなければならない。哲学にこの後者の二つの次元が含まれていないとしたら、今日、その哲学的活動の意味はほとんどないように思われる。つまり、このプラグマティックは、記号の体制（言語が依拠せざるをえないもの）だけでなく、感情の体制（動物としての人間本性、共通感覚、受動性の絶対的位相）や認識の様式（習慣と記憶の秩序、人間の超越論体質）にかかわるのである。現働的本質としてのコナトゥスは、きわめてプラグマティックな要素である。それは、とりわけ感情の体制にかかわる。概念は、このプラグマティックに実践哲学の意味を与えることになるだろう。スピノザは、身体をつねに実在的移行あるいは流れのなかで捉えている。身体は、絶えず外部の或る物体＝身体から変様を受けている。言い換えると、身体はつねに自己の活動力能の増大あるいは減少という移行過程のうちにのみ存在していて、また精神はつねに自己の思惟力能の増大あるいは減少という移行過程のうちにのみ存在しているということである。感情の幾何学空間は、諸感情が受動的である限り、可換的である。われわれ人間がもつ感情は、そのほとんどが受動感情である。例えば、「愛とは、外部の原因の観念をともなった喜びである」。また同様に、「憎しみとは、外部の原因の観念をともなった悲しみである」。一般的に受動感情は、その原因となる観念をともなっている。ここから感情と知覚あるいは認識との間に、きわめて重要な関係を二つ考えることができるだろう。すなわち、第一に感情の最近原因は、精神における知覚あるいは認識である。したがって、第二に知覚あるいは認識は、感情がなくとも存在することができる[37]。つまり、われわれが〈このこと〉あるいは〈あのこと〉を知覚することなしに、感情はけっして生じないということである。認識も感情も、あるいは概念も情動も、つねに個物の此性についての実在性が含まれている。或る身体の活動力能の増大あるいは減少は、必ず強度空間における特定の局所的領域において強度的部分を有している。しかしながら、感情は、地層のなかでの身体の変様を表示するものである。それは言わば、記憶と習慣によって諸事物の表象あるいは痕跡を身体のうちで秩序づけることである。記憶、習慣、歴史は、こうした意味において地層的である。それらは、互いに強固な組織平面を形成している。こうした受動性の総合は、身体の外延的な時空的座標がもつ、ア・ポステリオリな経験的総合そのものである。しかし、この経験は、きわめて多くの先行する諸体制のもとにある。

〈情動 - 情感〉の幾何学的な記号空間の諸特徴

様態としての身体は、一瞬たりとも外部の別の様態なしには存在しえない。一つの身体は、つねに複数であり、絶えず多様である。こうした諸身体の流れは、時空的座標のもとで諸変様の総体をなしている。それは、地図作成法における身体の経度である。それは、運動と静止の、あるいは速さと遅さの関係＝比によって表現される身体の外延的諸部分である。このような身体に帰属する物質的要素にかかわる、原因と結果の実在的な〈流れ（F）〉に対応して、身体の内包的縦座標において感情の幾何学（実存的領土（T））が形成されるのである。（1）類似と動揺――身体の現働的存在は、つねに他の様態に触発され続ける存在である。そして、そこでは身体の活動力能が増大するあるいは減少するような変様によって、喜びあるいは悲しみの感情が発生する。その身体にとって何が喜びのあるいは悲しみの原因になるかは、予め明確に理解することはできない。「何であろうと物は、偶然によって喜びの、悲しみの、あるいは欲望の原因となりうる」[38]。われわれは、経験のなかの知覚の対象が多様な様相をともなって現出すればするほど、それだけその人生や経験も豊かになると思っている。人間は、偶然の対象に対して、次第に必然性を付与したり、そこから別の可能性を求めようとしたり、不可能性を嘆いたり、現働的であることに歓喜したりする。精神は、無数の観念の非因果的な集合状作動配列からなる。精神を構成するとは、それら観念の対象が自己の身体であると規定することにある。身体の変様と身体の情動を考える限り、人間の諸感情の原因は、偶然性に完全に依拠している。そして、外部の原因となった或る物に多少類似しているというだけで、われわれは、その類似物によって同じような感情に刺戟される。しかし、それと同時に、その類似した物からまったく反対の感情が生起する場合が多々ある。相反する感情が同時に生起すること、それは、動揺であり、疑念である。類似性は、必然的に動揺あるいは疑惑につながっている。ここには、個物の存在上の特異性の法則（具体的規則）がある。（2）模倣と感染――感情は、間‐人間的な諸形態を有している[39]。感情の社会性は、感染からなる。感情は、次々と模倣される。感情は、人間の間を感染していくのだ。身体の変様は外延化され、身体の情動がもつ近接的な特異性の法則や具体的規則に対して、遠隔的に内面化された一般性の現働的規則や潜在的契約が浮上してくるのである。すべては、われわれの諸能力の想像性によって可能となるのである。人間の二項関係からなる感情の表象的運動は、すでに人間の三項関係の潜在的流れを前提としてしか成立しない。感情の幾何学における近接性の地図は、実は感情の諸体制という遠隔性を前提とするのである。受動感情は、時間のうちでしか存在しえない。したがって、受動感情の幾何学は、幾何学である限り無時間性のもとにあるが、しかし受動感情である限り持続の相のうちでしか具体化しえないのだ。この後者にかかわって、前者の前提となるのが感情の体制である。もっとも重要な体制は、〈希望 - 恐怖〉の体制である。この体制は、時間という無限定な持続に、模倣という内的な感染性を通して時間の諸様態──過去、現在、未来──を与えるのである。

(3) 基本感情の差延性──喜びと悲しみは、自然における内包的な縦座標がもつ二つの移行方向性に対応している。そして、欲望は、この二つの方向性に含まれた潜在性を現働化する力能である。スピノザにおけるこの三つの基本感情は、しかしながら直接に現前することはない。というのも、この基本感情は、どんな場合であっても、或る派生感情のうちに含まれるだけだからである。そこには、受動相ゆえの差延が存在している。喜びは特定の愛や好感や好意のうちにしか現われず、また悲しみは特定の憎しみや反感や敵意のうちにしか現われない。というのも、受動性は、つねに領土化された精神のうちに生起する限り、習慣と記憶の秩序あるいは恐怖と希望の体制を前提としているからである。それは、絶対的な遅延である。それは、遠隔性に基づく差延である。これは、時間の様態をその過程としているのではなく、地層をその過程としている。言い換えると、身体の存在のもとで明らかになる特異性の法則は、身体の存在を覆う一般性の規則と契約のもとで地層化しているからである。基本感情のこうした差延は、人間の受動性に含まれた一種の永遠性を意味しているかのようである。

(4) 共通感覚と逆 - 感覚──感覚が身体の変様であるとすれば、観念は、この変様についての精神における知覚である。受動感情の体制の一つに共通感覚があるのはたしかである。しかし、果たして共通感覚と受動感情は、真に親和的であるだろうか。あるいは受動感情は、本当に共通感覚を定義することができるだろうか。身体の変様は、（a）視覚的、聴覚的、触覚的、味覚的、嗅覚的といった外感の空間形式のもとでの〈異他‐触発〉として存在するだけでなく、それ以上に、（b）人間身体の全体あるいはその部分の量的で質的な刺激としても存在する。それと同時に、身体の変様は、この（a）と相関的な、（c）そのすべてが内感の時間形式のもとでの〈自己‐触発〉としても存立しているが、それ以上に、この（b）と相関的な、（d）人間身体の全体あるいはその部分についての内包的な強度的縦座標のもとで存立してもいるのだ。カントは、カテゴリーという悟性認識の領土化の原理を整理したが、それ以上に、このカテゴリーを時間化したのである。外感と内感の形式を明確に区別したことはきわめて偉大であるが、しかし、そのすべては共通感覚を前提とする限りで可能となったのではないか。共通感覚は、何よりも人間本性の体制化であり、その限りで他の諸体制の実質的な基盤である。端的に言うと、共通感覚とは、あらゆる体制に共通の或る内的な感覚を与え続けているものである。しかし、これに対して、逆‐感覚という脱領土化あるいは脱属性化の変様が存在することを明記しなければならない。逆‐感覚は、（α）諸能力の共通感覚的一致のもとでの感覚が少なければ、それだけより多く諸能力の不協和的一致のもとで存在するような諸感覚であり、（β）諸能力の間の結びつきがより不在になれば、それだけより多く諸能力の間の連絡が十全になる感覚であり、（γ）〈内容〉と規定されれば、それだけより多く〈表現〉と規定される感覚である。これによって、まさに多様体の思考に対応したその内在性の感覚存在についての概念形成と言表作用が確保されるのである——二つの多様体の感覚。スピノザもニーチェもこの感覚を有していた。反道徳主義的エチカは、こうした逆‐感覚に概念——出来事、此性、存在者性——を与えることにある。対象が異なるだけ、つまり対象の実在性が異なるだけ、それに対する欲望も同様に異なっている。欲望は、人間に具体的規則を与える特異性の原理そのものである。しかし、人々は、欲望の仕方はすべての人間において同一ではないのか、と考えている。これに対してわれわれは、次のように言わなければならない。同一の欲望は、欲求や快楽である、と。何故なら、欲望は、欠如や否定を介して作用する主体性をまったく前提としないからである。主体は、欲望の前提ではなく、その効果にすぎないからである。では、喜びの増大ではなく、実在的区別の増大は、いかなる情動あるいは欲望につながっているのか。欲望は、主体を前提とするような、あるいは主体を欠如や否定の相関者として形成するような相対的な脱領土化の要素なのではない。それは、絶対的な脱地層化の特性である[40]。

感情の諸体制について

感情の幾何学は、幾何学である限り、無時間的でなければならない。感情の幾何学が無時間的であるというのは、それが、人間感情の受動性における普遍的な法則性を意味している。これに対して、その幾何学の対象が人間感情についてである限り、感情の幾何学には、必然的に時間形式（それ以前とそれ以後）と時間様態（過去、現在、未来）が含まれていなければならない。人間感情が時間のうちで規定される限り、感情の幾何学は、感情の体制を前提とせざるをえない。感情は、思惟の様態、つまり観念である。正確に言うと、感情の形相は、観念であり、その表現の形式である。しかし、感情は、同じ個体のうちにその感情の対象——愛される物、望まれる物、等々——となる物の観念がなければ存在しえない。言い換えると、感情ではない観念——身体の変様の観念——は、他の思惟の様態がなくても存在することができる。何故なら、感情は、単なる身体の変様の観念ではなく、その変様による身体の活動力能の増大あるいは減少を精神に表示する観念だからである。したがって、身体の変様の原因が外部的であれ内部的であれ、これなしに感情は存在しえない。それゆえスピノザは、例えば、「愛とは外部の原因の観念をともなった喜びである」と定義するのである。この場合の「外部の原因の観念」が或る感情に先立つ観念、すなわち身体の変様の観念である。自己の身体の変様の観念が外部の原因の観念を含む限り、この変様の観念は、自己の身体の変様とその原因との間の諸力能の関係を内含している。ここには、単なる指示機能ではない、或る図表機能が含まれている。それは、幾何学的ではなく、もっと体制的なものである。感情は、こうした意味で内在性の諸々の質であり、それについての記号である。つまり、感情は、〈記号〉という意味では蜘蛛の巣をつくる糸であり、〈質〉という意味ではその糸が伝える多様な振動である。さて、人間は、ほとんど〈希望‐恐怖〉を中心とした感情の体制――感情系――のもとで生きている。何故か。人間は、他の様態と同様、人間身体の外部に現実に存在する他の事物に絶えず刺激されているからであり、言い換えると、このことは、人間がつねに不安定な状態にあるということを意味している。希望と恐怖は、相互に様態的に区別されるが、しかし不可分な関係にある。要するに、恐怖なき希望も、希望なき恐怖も存在しないということである。何故なら、恐怖は「不安定な悲しみ」であり、希望は「不安定な喜び」だからである。これによって、喜びと悲しみを感情の体制のもとで定義できるようになる。すなわち、一方で喜びとは、それがつねに悲しみへの反転可能性（恐怖）のなかでの刺激である限り、不安定な喜びとしての希望である。他方で悲しみとは、それがつねに喜びへの反転可能性（希望）のなかでの刺激である限り、不安定な悲しみとしての恐怖である。この不安が払拭された感情が安堵と絶望であり、また、とりわけ過去の表象像に関して生じる感情が歓喜と落胆である[41]。この感情の体制は、基本的に時間的総合のなかで諸感情の運動とその関係性のコード化とからなる。言い換えると、この体制のうちで、基本感情からその派生感情までのすべてが、まさに表象的な受動性の諸特徴（模倣性、感染性、過剰性、動揺性、反転可能性……）を帯びることになるのである。要するに、感情の幾何学において基本感情からその派生感情を演繹することができるのは、すべてこの感情の体制の潜在的なコード化を前提としているからである。感情の体制は、時間上の総合と不可分なのである。

これに対して、われわれは、まったく別の感情系を、すなわち〈至福と残酷〉の情動の体制を考えることができる。しかし、この二つの情動は、希望と恐怖の関係とは違って、まったく実在的に区別される。というのも、この二つの情動は、けっして時間のうちで関係し合うことがないからである。至福と残酷は、まったくの非情感的な感情である。至福は絶対的な能動感情であり、残酷は絶対的な受動感情、あらゆる受動感情よりも受動的な感情である。しかし、この二つの感情は、それぞれの側面から〈希望と恐怖〉の感情の体制にかかわることになる。至福は、喜びの感情の増大を用いて、恐怖と希望の体制からの解放（スピノザの実践哲学）のなかでこそわれわれに所有されるべき能動感情である。これに対して、残酷は、喜びへの反転が不可能な悲しみの感情を経ることで、恐怖と希望の存在の体制から逃れることとの極限（アルトーの残酷演劇）に現われる絶対的な受動感情である。この二つの情動の間には、受動感情の特徴の一つである、動揺しつつ反転するというような相関的な感情の関係性はまったくない。ここでの身体あるいは身体の変様は、どのように考えられるのであろうか。至福も残酷も、自己の有機的身体から〈別の身体〉への移行とともに生起する絶対的な感情である。それは、自己の有限な身体の存在が帰属する〈流れ（F）〉を、自己の非実存的な身体へ、つまり諸身体の〈機械状系統流（Φ）〉へと、言い換えるとあの〈非身体的領界（U）〉へと関係づけることである。しかし、至福に対応するのは、身体の存在上の刺激ではなく、身体の本質の触発であり、残酷に対応するのは、身体の存在上の変化ではなく、それ自体が身体の本質の変形である。人間の本質である欲望は、つねに感情の体制のうちで欲求や快楽に転換されていたが、こうした〈別の身体〉への実在的移行とともに、この〈触発と変形〉を含むパトス的作用素へと生成するであろう。これは、言わば欲望の仕方を変えることとである。ここには、いかなる感情の体制ももはや存在しえない。或る身体の〈別の身体〉への実在的な移行過程にあるような触発と変形は、すべて器官なき身体の〈強度‐情動〉と一つのものとなる。パトスは、器官なき身体上の論理なのである[42]。脱タイプ化の速度を、こうした情動は有している。

人間は本性上、多様な感情に突き動かされる様態である。しかしながら、人間の感情も、それが自然のうちに存在する限り、本質的に感情の幾何学によって説明されることになる。このことは同時に、人間自身がこの感情の本性から逃れることの絶対的な困難さや不可能性を示していることになる。感情は、理性の働きをしのぐ力をもち、行為の合理性を圧倒するような、行動の非‐合理性をもつように思われる。人間は、多くの場合、外的な諸条件のもとで盲目的に自己のうちに生起する感情に従うように見える。そのように考える限り、感情は、言わば〈指令‐観念〉である。またその限りで、感情――〈情動‐情感〉――は、あたかも人間にとって〈内部の神〉のごときものとなるであろう（人間の無能力と隷属状態）。あるいは、人間自身がこの〈感情‐神〉の直接様態である、とさえ言えるほどである。言い換えると、人間の感情ほど、自然の地層化を示しているものはないであろう。スピノザは、この地層化を、人間精神の受動に由来する非十全な諸観念あるいは「混乱した観念」の幾何学的体系として論証しようとしたのだ。〈合理／不合理〉の二元性は、単に「人間の利益」に基づいてのみ言われるような非十全な相関概念である。行為の合理性に感情が悪影響を及ぼすと考えるなら、そもそもその行為それ自体が合理的ではないということである。要するに、合理主義や自然主義は、超越論的擬人化を前提しているのである。しかし、見解(オピニオン)は、これ以上必要ないだろう。スピノザにおいては、感情は、線や面や立体といった幾何学的対象を考察する場合と同様の仕方で考えられなければならなかった。何故なら、自然はどこでも同一であり、その力あるいは活動力能は至るところで同一であると考えられる以上、物の本性についての認識も、同一の様式——幾何学的方法——を以って理解されるべきだからである[43]。しかしながら、このことは、実は線一般、面一般、立体一般に対応するような感情一般ではなかったのか。受動感情がもつ受動性を肯定するだけではなく、各個の受動感情の特異性からそれを肯定することが必要なのではないか。線一般ではなく逃走線を、面一般ではなく存立平面を、立体一般ではなく平滑空間を描き出すような生活法を創出する必要がある——穴居民の、自由人の、遊牧民の生活法……。「線が逃避する可動性によって幾何学を逃れるのと、生がその場で交替し続ける渦によって有機的なものから身を引き離すのとは、同時である。〈抽象作用〉に固有のこうした生の力こそが、平滑空間を描くのだ。有機的表象作用が条理空間をつかさどる情感であったのと同様、抽象線は、平滑空間の情動である」[44]。これらは、幾何学的なものとも有機的なものとも異なった、非幾何学的な図表である。図形を作図することではなく、問題は、図表を地図作成することである。

だがスピノザの偉大さは、彼がまさにこの点を理解していることにあった——「人間の諸感情は、人間の力能や技巧を示すものではないが、われわれを驚嘆させ、またそれを観想することで楽しませる他の多くのものと同じように、少なくとも自然の力能と技巧を示すものである」[45]。では、人間の力能や技巧は、どのように考えられるのか。スピノザはここで、自然にはけっして生じないような力能や技巧を、人間自身が言わば非自然的に、つまり人工的に形成しうることを示しているかのように見える。しかし、そうではない。われわれを驚嘆させたり、われわれの目を楽しませたりする物は、つねに所産的自然のなかの諸事物である。つまり、人間に固有の力能や技巧は、非自然的なものではなく、所産的自然のうちに含まれた能産的自然の力能や技巧を展開するものだということである。言い換えると、外延的な幾何学的図形は、強度的な非幾何学的図表を内包しているのである。感情の幾何学が感情の体制に代わり、またそれが脱地層化するのは、実はプラグマティックの問題なのである。

感情の幾何学においては、第一に、基本感情から多数の派生感情が発生してくるが、これは、言わば「混合した諸記号の複写をつくること」である。第二に、時間における感情の体制から非時間的な情動の体制が発芽してくるが、これは、言わば存在する感情の基本体制から「諸体制の変形的地図をつくること」である。第三に、幾何学的図形としての諸感情は必然的に非幾何学的図表を含んでいるが、これは、言わば感情の体制のうちで形相化されえない「抽象機械の図表をつくること」である。第四に、受動性のプラグマティックから能動性の実践哲学への移行があるが、これは、受動感情の幾何学的運動のうちに非幾何学的な機械状「作動配列のプログラムをつくること」である[46]。これらは、自由意志とはまったく異なる、非意志主義としての自由活動にかかわるプラグマティックである。例えば、或る感情は、別の感情によってしか排除されえない。それは、ただ入れ代わるだけである。しかし、この入れ代わりには、差異の度合あるいは強度の差異が存在する。これは、自然における何らかの脱所産的な事態を意味しているのではないか。地層化された諸感情、すなわち受動的な諸感情は、表象や見解を支えるものであって、それらを積極的に破壊するものではない。つまり、それは、日常における価値感情を支持し続けているもっとも重要な要素の一つである。受動感情の地層からいかにして絶対的な〈脱〉化の運動を引き起こすことができるであろうか。例えば、スピノザの実践哲学、つまり共通概念の形成の秩序とは、この運動を描き出すことであり、さらにはその有限な運動に或る絶対的速度を与えようとする反体制的な特異化の秩序である。諸感情の一つである欲望は、受動感情の体制を変えることを欲望し、能動感情に至ることを欲望するのだ。しかし、注意されたい。これは、単に欲望の対象を変えることではなく、欲望の仕方そのものを変えることなのである。前者は数的区別と複数性にかかわるが、後者は実在的区別と多様体にかかわる。多様体とは、欲望に関する限り、あらゆる受動感情をその形相である観念の因果的連結から解放することなのである（例えば、プルーストは、嫉妬が他のあらゆる感情から実在的に区別されることを示そうとしたのである）。

プラグマティック‐実践哲学

身体の変様は、頭部の変様をその部分として有している。脳が一つの器官として特権化されるのは、それが非身体的変形にもっとも反転可能な器官だからである。それゆえ、顔は、頭部から分離して表面化しやすいのである。脳の科学と顔の道徳は、表裏一体化した人間の営みである。しかしながら、人間の頭部からその顔が自律性を獲得して、その身体全体を超コード化して統一化するようなことはできないであろう。というのも、身体の変様には、未だその身体全体の顔化も、頭部から顔が自律することも含まれていないからである。すべての精神と身体には、属性の変様に先立って、器官なき身体を構成する抽象機械の〈図表‐機能〉と〈系統流‐質料〉という二つの要素が含まれている。スピノザにおいては、たしかに身体（コルプス）は、延長属性の様態である。しかし、われわれが考えてきた身体は、それとはそもそもまったく異なるものであったのだろうか。第一に、延長属性であれ別の属性であれ、それが身体系の属性であるならば、それらは、けっして一つの属性ではなく、無限に多くの属性が相互に各属性のうちに折り込まれるような無限身体をなしている。この身体は、唯一の内在平面、すなわち〈自然〉に存している。したがって、諸身体の機械状作動配列は、この脱属性化した〈自然〉の様態化である。〈別の身体〉への移行という横断性の自由活動が、無限に多くの実在的区別を一つの平面に折り込むような、器官なき身体の構成平面（＝無限身体）上の身体活動であるならば、われわれは、現に存在する自己の有機的身体を実際にどのように考えたらよいのであろうか。この身体は、本性上脱属性的な様態である。それは、諸属性によって形質化された実体の様態的変様を本質とする様態ではない。それは、器官なき身体を構成する平面上の経度と緯度からなる身体である。この構成平面は、器官なき身体を組成する平面である。この産出の原理を構成する平面には、実在的に区別される無限に多くの身体が存在する。言い換えると、この平面には、脱タイプ化した無限身体の強度的度合としての多数多様な身体が存在し、またこれに対応する分裂症化した無限知性の〈記号‐微粒子〉群が存立する。ここでの諸身体の具体的結合は脱因果的な組合せ、つまり機械状作動配列をなし、またここでの観念の連結は非因果的な集合状作動配列をなす。前者が〈内容〉であるなら、後者は〈表現〉である。しかし、器官なき身体を構成する平面上では、無限身体と無限知性は相互に反転し、不可識別となる。これは、無限身体がもはやスピノザ的な構成から理解することのできない〈機械状系統流〉になることであり、また無限知性が同様に〈非身体的変形の多様体〉になることを示している。

さて、身体は、単なる物の状態とは異なる。しかしながら、身体が悲しみのもとで一つの物の状態のようになることはありうる。身体と物の状態とを区別することは、非物体的な出来事についてだけでなく、外部の諸物との関係性について批判することに存している。実践哲学は、きわめてスピノザ的な意味において倫理的でなければならない。というのも、倫理的な非意志的決定は、けっして自由意志を前提とするような道徳的行為ではないからである。自由意志に依拠した実践哲学は、主体性と意味性についての空虚な形式主義に陥るか、あるいは有機化した何らかの組織の論理に従属するからである。しかし、身体の変様あるいは身体の情動を多様体の思考モデルとしての〈十全/非十全〉あるいは〈よい/わるい〉という側面から考察することは、物の状態あるいはその理解の様式に還元されえない非意志主義の諸問題を明確に規定することになる。スピノザの実践哲学とともにドゥルーズの超越論的経験論も、非意志的なものの観念機能と力能機械とを明確にすることであった。それらは、記号の諸体制に対する抵抗とその実践以外の何ものでもない。きわめて強い意味での理性のプラグマティックが、エチカには存在している。それは、感情系や記号系のなかで為しうることは、それらの系なしでも理性に従って為しうるというプラグマティックである。これが、スピノザの理性であり、概念の力能である。身体の変様と身体の情動から精神の共通概念の形成へという倫理的移行には、実はプラグマティックから実践哲学への内的推移があるのだ。言い換えると、それは、プラグマティックの諸要素を身体に残された変様の結果から解放することである。実践哲学は、必ず動詞によって問題を提起する。したがってそれは、出来事、此性についての概念に必然的にかかわるのである。言い換えると、分裂的総合は実践哲学であり、分裂的分析はプラグマティックである。この二つのさらなる総合へとエチカの課題を展開しなければならない。プラグマティックは、倫理的である。理性は、こうしたプラグマティックの強度を引き受けることになる。諸身体の間の近接性は、精神の近接性を並行論的にともなっているが、感情の体制のうちに精神が存している限り、精神は、遠隔性のもとでの受動性を運命的に有することになる（遠隔性とは、言い換えると、与えられた他者性あるいは〈他者‐構造〉のことである）。理性は、こうした遠隔性なしに、すなわち時間のうちで作用する感情の体制なしに近接性を強度にまで高めるのである。麻薬の問題とは、存立平面において相互に実在的に区別される物の結合を端的に意味する脱タイプ化の一つの有効な事例である。真水で酔っ払うこと、分裂症者なき分裂症、等々、も同様である。われわれは、人間の理性をまったく新たな遠近法のもとで捉える必要がある。というのも、実は理性は、こうした麻薬と同じ問題を提起しているからである。理性は、抽象機械に依拠した限りで、非意志主義的決定の力能である。

情動の形態（1）——様態的に区別される〈情動‐強度〉

情動が強度空間において生起する限り、つまり、器官なき身体上の強度の感覚である限り、情動は、非記号的である。言い換えると、強度とは、非記号的情動のことでもある。したがって、〈情動‐強度〉は、つねに地層の外であり、脱地層的なものである。これに対して地層化とともに記号となった感情、すなわち〈情動‐情緒〉は、顔のもとで身体の諸部分を再組織化し、身体を超コード化する。記号とは、或るものの結果＝効果であり、いくつかの意味＝方向をもつものである。その物質的側面を示す経度のもとで、身体は、外部に存在する別の身体から触発される。それは、自己の身体に残された痕跡であるが、その内包的側面には特異性の法則がある。すなわち、それは、第一に同じ身体の現働的本質とその身体の現在的存在とが一致する方向への変様（＝喜び）であるのか、あるいは分離する方向への変様（＝悲しみ）であるのかということである。われわれのきわめて日常的な現実においては、喜びと悲しみは、愛や好感や共感、あるいは憎しみや反感や嫌悪感といった諸感情のもとに差延的に現われる。喜びと悲しみは、人間のその都度の個体化する生成変化の様態である。われわれの身体の活動力能を増大あるいは減少させるものの観念は、われわれの精神の思惟力能を増大あるいは減少させるものである。したがって、精神は、身体の活動力能を増大するものをできるだけ表象しようと努める。そして、これによって精神の思惟力能も増大し、喜びの感情が生起することになる。しかし、注意しなければならない。この力能の増大あるいは減少は、受動相のもとで規定される限り、無際限な運動として考えられる。しかし、本当にそうであろうか。この無際限性は、増大が増大し続けたり、減少が減少し続けたりすることを意味しているわけではない。何故なら、そうでないとしたら、精神が単に身体の活動能力を増大するものを表象し続けるだけで、身体の活動力能はその最大限の増大に至ると同時に、精神の思惟力能もその最大限の喜びに達することになるからである。身体の活動力能の増大あるいは減少は、ほとんどの場合において一定の強さの領域を超えて増大あるいは減少することはない。個物の力能は、すべて或る一定の閾を有しているからである。ここから、様態あるいは個物の力能について言われる増大あるいは減少が第一に何を示しているのかがわかるだろう。つまり、こうした増大あるいは減少は、その移行方向の反復なのである。受動感情の可換的空間は、その諸特徴のこうした反復から構成されている。

欲望は、感情の因果的連鎖を切断し、実在的区別のもとで結合する特性原理である。欲望は、言い換えると、この可換的反復を消尽して、情動の非可換的な強度空間を構成することができる。様態的に区別される諸感情は、身体の活動力能の増大あるいは減少というその力能の度合に対応した、精神における質的表現である。身体の活動力能の内包的運動量に固有の質的表現が、感情なのである。しかし、感情は、こうした内包量を超えた強度を系譜としている。それゆえにわれわれは、感情についての産出論を展開しているのである。これらのことは、情動が革命的な外部性の形相、すなわち戦争機械を構成する武器になると言われていることと同じである。情動は武器であり、あらゆる武器は戦争機械をその形相的原因としている[47]。この外部性は、地層の〈外〉という意味であって、けっして別の地層ということではない。感情は、〈情動‐強度〉のもとでのみ非可換的に投射されるのである。さて、地層のなかでの身体の変様は、精神においては非十全な観念として表現される。また、地層のなかでの身体の活動力能の増大あるいは減少は、精神においては喜びあるいは悲しみの受動感情として、すなわち〈情動‐情感〉(affect-sentiment)として表示される。あらゆる感情は、こうした複合形態のもとに存在する。言い換えると、身体の変様とこの変様の観念は、身体を触発した外部の別の物体＝身体の本性を含んだ変様であり、またこの変様の観念であるが、これに対して〈情動‐情感〉は、その身体あるいは精神の活動力能の増大あるいは減少を含んだ観念であり、また或ることを為すように決定するような観念である[48](私はここで、この〈情動‐情感〉を「感情」と称することにする。それゆえ、私がここで「情動(アフェクト)」という言葉を用いた場合、それは一切の「情感(サンチマン)」から切り離された脱地層化の要素を意味することになる。注意されたい[49])。特定の感情は、その都度の欲望の仕方を発生させるのだ。欲望は、その限りで自己の身体力能の特異な運動を表現するものである。したがって、それは、各個の人間の〈本質‐特異性〉と言われるのである。

デカルトは基本感情として六つを挙げた——驚き、愛、憎しみ、欲望、喜び、悲しみ。この数は、不自然である。スピノザは、身体の活動力能の変化を肯定する観念として感情を定義した。この身体の変化は、自然においては増大と減少、促進と阻害、上昇と下降という二つの方向性しかない。したがって、人間の基本的感情は、喜び、悲しみ、欲望という三つになるわけである（欲望は、この上昇を肯定し、この下降を否定する力能である）。様態としての身体は、様態的に区別される他の諸々の身体や事物から多様な仕方で刺激を受けている。それゆえ、人間の精神が、その刺激の原因である外側の事物について何らかの表象像をもたないことは不可能である。身体の変様は、その原因を絶えず自らの外部にもつという意味において、つねに〈異他‐変様〉（hétéro-affection）である。この身体の変様は、つねに感覚をともなっている。また、この身体の変様の観念こそが、受動状態のもとでの人間精神を具体的に構成しているものである。では、身体あるいは精神の〈自己‐変様〉（auto-affection）は、いかにして実現されうるのか。スピノザの場合、それは、その様態の本性に由来するような変様、つまり能動的変様のことである。しかし、こうした〈異他‐変様〉と〈自己‐変様〉という二つの変様の間で表面の解体と再生が、あるいは死の解釈が生じるのである。様態の本質は、その様態の現実存在の原因ではない。その様態の現実存在の原因は、その外部に——例えば、数的に区別されるという意味で——現実存在する他の様態の存在である。様態あるいは個物である各個の人間存在は、それゆえ必然的に外部の原因によって生まれ、それゆえ必然的に外部の原因によって死を迎えるのだ。「いかなる物も、外部の原因によってでなければ破壊されることができない」[50]。死は、つねに外部から到来し、それゆえその様態に生起する一つの究極の〈異他‐変様〉である。しかし、ここで奇妙な事態が生じる。外部からの死を内部からの死に変換できるとすれば、それは、自己変様としての能動的な死が、すなわち死の本能が存在するからではないのかという問いが生じる。しかし、能動的な死は、絶対に不可能である。すべての産出されたものは、自己の本性に反するものから構成されることはできないからである。しかしながら、われわれは、とりわけ原因の一義性〈自己原因と作用原因は同じ意味で言われる〉にとって代わるものとして、〈欲望 - 機械〉の一義性〈欲望と機械は同じ意味で言われる〉をすでに規定した。受動性と能動性は、一つの様相概念であり、またそこには因果性の概念が有り余っている。

情動（2）――〈情動 - 強度〉の非可換的な強度空間

諸感情は、相互に様態的に区別される。それゆえ、諸感情のあらゆる関係は、受動性と因果性という特性のもとで完全に規定されている。しかし、欲望は、知覚に実在的区別をもたらし、またその被知覚態から様相を減算する機械である。つまり、器官なき身体の変様である脱タイプ的な様態においては、〈自己 - 変様〉は能動ではなく、欲望はこの変様の観念ではない。何故なら、そこには、能動相も受動相も、あるいは中動相もないからである。諸感情の組成要素である〈情動 - 強度〉は、様態的区別の発生的要素である。したがって、実体の変様が様態的区別を産出するのではなく、むしろ実在的区別が強度の差異として様態的区別の間に産出されるのである。情動は、感情の幾何学とその体制に対する外部性の形相である。というのも、理性は、非意志的な感情の決定を肯定するために人間に与えられた能力だからである。したがって、欲望機械としての理性は、むしろ外部性の形相を積極的に獲得することにあるのだ。いくつかの感情の因果関係を切断し、別の仕方で縫合すること、それは、情動のもとにある限り、実在的区別の強度である。実在的区別は、不定関係として実現される限り、〈多数多様な〉度合を有している。それらは、また情動の非可換的な強度空間を形成する。この空間を占有するのは、分裂症化した無限知性の自己触発であると言ってもよいが、むしろわれわれの人間知性のうちで知覚されることしかできないような〈情動‐強度〉である。「情動はまさに人間の非人間的な生成であり、同様に被知覚態は自然の非人間的な風景である」[51]。求められているのは、主観性でも主体性でもないような、或る脱領土的観念であり、或る発生的要素になることである。私が、風景を見るのではない。風景が、見るのだ。しかし、風景が、主体となって私を見るのでもない。風景が、ただ見るのである。見るのは、われわれ人間でも人間の主体性でもない。自然が、見るのである。もし見る主体性があるとすれば、それは、自然以外にはない。

実在的に区別される情動（アフェクト）——反習慣のもとでの身体の変様があり、反記憶のもとでの身体の情動がある。スピノザは、それを能動感情として規定した。この情動と被知覚態は、たしかに能動感情と直観知の問題圏のもとで考えることができる。しかし、これらを器官なき身体の構成平面のもとで考えなければならない。諸々の〈情動‐強度〉が相互に実在的に区別され、また強度的であるのは、何故か。抽象機械によって、われわれは、器官なき身体を組成する平面態として、相互前提の関係にある無限知性と無限身体についての概念を形成した。〈情動‐強度〉は、非身体的変形の連続体（表現の実質）であり、また形相的に分裂症化した無限知性（表現の形式）のもとにある。それは、脱属性化する諸様態における強度の差異（内容の実質）からなる無限身体（内容の形式）の変様に対応する。つまり、諸々の〈情動‐強度〉が相互に実在的に区別されるのは、それに対応する無限身体の変様が実在的区別の増大によって充たされているからである。実在的区別の増大とは何か。それは、単に延長属性のうちに他の属性があるいは他の属性の諸様態が折り込まれることではない。それは、属性を異にする諸様態相互の反転の増大のことである。無限身体は、このような意味で〈結びつきの不在による結びつき〉の増大からなる機械状系統流なのである。端的に言うと、〈情動‐強度〉は、無限身体の変身の力能の増大を表現しているのである。たしかに延長属性はカオスモスとなるが、しかしその様態である有機的身体は、無限身体の脱属性化の様態ではなく、依然として特定の身体系属性の一つに領土化された様態である。無限身体が脱属性化の機械状の流れであるのは、身体系の無限に多くの属性相互のうちで実在的反転の存在によってそのように言われるのである。欲望機械は、抽象機械の力能の一部として、無限知性の分裂症化と無限身体の脱属性化を構成するのである。

結論　器官なき身体の諸相

多様体機械――〈欲望 - 分裂症〉が依拠する〈抽象 - 強度〉

力能の意志は、原始的な情動の形式であり、欲望機械である。力能の意志は、非意志主義のもっとも本質的な要素である。コナトゥスは、すべての様態の本質であり、欲望機械は、非意志主義者であり、無様相主義者という概念的人物を有している。欲望機械は、あくまでも器官なき身体の〈特性〉にとどまる。この機械がその一部となっている抽象機械は、欲望よりも大きな特性なのではなく、器官なき身体を直接に構成する組成機械（machine composante）である。こうした構成は、多様体の思考に従ってなされる。器官なき身体は、抽象機械あるいは多様体機械によってしか構成されないのだ。抽象機械は多様体機械以外の何ものでもなく、欲望機械はこれらに依拠している。抽象機械は、つねに相互前提となり、また二つの多様体をなす〈一方〉と〈他方〉を見出す必要がある。「どんな場合でも、〈一方〉と〈他方〉を見出さなければならない。すなわち、何をしているか、何を言っているか」[52]。抽象機械は、多様体機械として、第一に〈表現〉と〈内容〉という側面をもつ。抽象機械は、非形式的な機能と形式化されない質料、言表作用の集団状作動配列と諸身体の機械状作動配列（内容）、非身体的変形と機械状系統、分裂症化した無限知性と脱属性化する無限身体、神の二つの力能、精神と身体、等々、を次々と発生させ、変形し、図表化し、機械状化するのである。抽象機械は、器官なき身体を構成する限りで、存立平面そのものである。

しかし、抽象機械あるいは作動配列には、もう一つ別の側面——領土化と脱領土化——がある。抽象機械は、多様体機械として、二つの多様体を別の仕方で規定するのだ。それは、きわめて批判的で創造的な仕方である。これに対して、第一の側面は、きわめて構成的で産出的である。しかし、この二つの側面は、相互に不可欠である。器官なき身体は、脱地層化の原理であると同時に、その表面が必然的に地層化し領土化する。つまり、この事態は、表現と内容の関係にも本質的にかかわってくる。領土化とは、単に或る一群の諸要素が特定の領域にとどまることではない。領土化とは、表現と内容が反転不可能になる度合のことである。脱領土化とは、単に或る領土化された領域に存在する諸要素が別の領域へと移行することではない。それは、定住民と共可能的な移民の発想である。そうではなく、脱領土化とは、それゆえ表現と内容が実在的に反転する度合のことである。表現と内容の実在的反転が強度の差異になればなるほど、それは、絶対的に脱領土化することである。これに対して、領土化と脱領土化の間には、表現と内容との間の反転不可能性と実在的反転がもつ無限に多くの度合が存在する。脱領土化の遊牧性とは、こうした反転から発生する器官なき身体の諸特性のうちの一つである。ここにおいて、様態的区別も、実在的区別も存在しないような身体の諸情動を考えるべきであろうか。それらの区別に差異的な欲望は、器官なき身体の特性であり、この身体を構成する平面において原因にとって代わる特性である。それは、さらに諸様相を徹底的に減算するような特異な欲望である。欲望は、したがってあたかも砂漠のようである。こうした欲望は、二元論を二つの多様体へともたらす機械である。われわれ人間精神の分裂症、あるいは精神分析に代わる分裂的分析、あるいはこの分裂的分析を単なる手段とする分裂的総合は、分裂症化した無限知性の強度的部分である。様態的にも実在的にも区別されない強度は、抽象機械の二重性である表現と内容――〈機能‐質料〉あるいは〈非身体的変形‐機械状系統流〉――との間の絶対的流動性を意味しているのだ。諸強度は、〈強度＝0〉という産出の原理によって生産された、器官なき身体上を流れる、非身体的変形群と機械状系統流の真の発生的要素である。器官なき身体における強度は、産出の母胎である〈強度＝0〉へと絶対的に落下する非様相の〈機能‐質料〉という二重性を有している。強度の〈強度＝0〉への落下こそが、こうした一つの二重性の、あるいは二つの多様体の、さらにはいくつもの抽象機械の発生的要素なのである。われわれがもつ情動は、まさにこうした系譜のもとに存在する強度そのものである。〈情動‐強度〉は、器官なき身体上を落下する〈感覚‐度合〉である。

絶対的無神論の原理――器官なき身体

われわれは、スピノザ主義者である。しかし、われわれは、スピノザの哲学に対する批判と、スピノザ主義の再創造とを忘れてはならない。実体の本性を構成する無限に多くの属性は、能産的自然の存在力能に対応するア・プリオリな形相的原理である。このように実在的に区別される無限に多くの属性によってその本性が構成される実体についての観念、すなわち神の観念は、能産的自然の思惟力能に対応するア・プリオリな想念的原理である。この二つの絶対的力能の対等性は、とりわけ認識論的並行論のもとで明らかになる〈存在論的並行論は、諸属性の対等性にのみかかわっていた。観念は、それが想念的存在だけでなく、形相的存在をも有している以上、その限りで存在論的並行論に依拠している)。無限に多くの属性は、二つのタイプの属性――思惟系と身体系――に区別される。思惟系属性と身体系属性は、それぞれ表現の形式と内容の形式として理解されうる。この二つの形式は、相互に前提関係にあるが、完全な反転性を有している。神の二つの力能は、内在平面を構成する無限知性と無限身体のもとで完全に実在的に反転する。二つの力能は、不可識別となって、抽象機械の〈機能 - 質料〉となるのだ。分裂症化した無限知性においては、〈観念の観念〉の系列は、因果性から切断されて、非身体的変形と非形式的機能との分裂的総合になる。これとの完全な等価性をもった無限身体においては、諸身体の連結は、同様に完全に因果性から解放されて、無限に多くの身体系属性の間の脱属性的な反転性に開かれることになる。ここではじめてわれわれは、〈身体の身体〉という表現が成立するのを知るのだ。何故、〈観念の観念〉は存在するのに〈身体の身体〉は存在しないのか、とひとは問うべきなのである。そして、その結果として、〈身体の身体〉という表現は、まさに脱属性的な意味をもっていたことがわかるのである。無限知性の観念(あるいは〈観念の観念〉)と脱属性化した無限身体の様態(あるいは〈身体の身体〉)は、抽象機械における〈一方〉と〈他方〉の並行論を形成している。しかしそれだけでなく、それらは、実在的な強度的反転として存在するのである。あるいは、この観念とその身体は、抽象機械のもとでそれぞれの属性系を不可識別にする〈記号 - 微粒子〉群である。それらは、器官なき身体の産出を構成する限りで、存立平面に属している。器官なき身体は、実体のように形相化も形質化もされえない。何故なら、器官なき身体は、特性と構成以前の産出的自然であり、〈強度 = 0〉という産出の原理だからである。器官なき身体は、強度を産出する。したがって、強度は、いかなる構成も特性もなしに産出するような器官なき身体それ自体の変様である。強度は存在する。これは、〈強度は差異である〉という意味である。というのも、存在は、たしかに差異だからである。

器官なき身体は、欲望をその基本特性とするが、抽象機械を構成的原理としてもつ。しかし、器官なき身体それ自体は、こうした諸機械に、あるいはこうした特性と構成に先立つ絶対的な産出の原理（強度＝0）である。スピノザの神の二つの力能（存在力能と思惟力能）と二つの原理（形相的原理としての属性と想念的原理としての神の観念）は、器官なき身体が平面において構成された後に発生する能産的自然の諸要素である。器官なき身体は、〈強度＝0〉である。このことだけが、器官なき身体を産出の原理あるいは産出の母胎とするのである。器官なき身体は、こうした〈強度＝0〉である以上、強度しか産出しない。強度は無限に多くある、あるいは一つである、あるいは多数多様であるという言い方は、強度に特性を与える言説以外の何ものでもない。むしろ重要なことは、強度が産出されたものあるいは産出されるものであるという点にある。言い換えると、産出されたあるいは産出される強度は、存在するということである。存在は差異である。強度は、それゆえ差異なのである。ここから器官なき身体を構成する平面が、あるいは抽象機械が生起するのである。抽象機械の組成原理は、相互に前提となる〈一方〉と〈他方〉である。それは、実在的反転のもとに存在する〈表現〉と〈内容〉であり、その限りで一方は非形式的な機能であり、他方は形式化されない質料である。抽象機械は、器官なき身体の強度からの最初の抽出、選択、傾向、変偏として平面を構成する機械である。それは、一つの平面を絶対的二重性――〈一方〉と〈他方〉――のもとに、つまり実在的な強度的反転のもとに存立させる機械である。地層化とは、第一にこの反転が不可能となる位相のもとで成立する道徳的事象である。実在的反転と反転不可能性との間にあるのは、反転の強度がもつ無数の度合の差異である。分裂総合的地図作成法は、こうした度合の差異の〈機能‐質料〉のもとで成立する抽象機械のプラグマティックである。器官なき身体は、経験論的には、たしかに或る精神と身体に関する無仮説の原理である。しかしながら、器官なき身体は、それが非有機的な仕方で人間身体に直接に現前するような原理でないとしたら、その無仮説性はほとんど意味がないように思われる。器官なき身体は、地球という脱地層化の大地であると同時に、この大地を被覆する非地層化の大気――気候と気象――でもある。大気と大地、ここにも相互前提の関係にある〈一方〉と〈他方〉が存在するのだ。器官なき身体は、特性と構成なしの絶対的な産出性を有している。人間あるいは人類の未来は、形質化され構成化された後の生産のうちには存在しない。すべてのものは、自然のうちに存在するだけである。産出は、自然の絶対的な第一次性である。特性も構成もなしに産出するものを徹底的に考えてみなければならない。われわれは、それを、唯一であれ多数多様であれ、〈器官なき身体〉と呼ぶのである。〈一〉と〈多〉の設置やその関係についての思考は、諸思想の間で典型化されているだけでなく、日常のうちでも反復されている。しかし、ここで明確に提起されたのは、〈零〉と〈二〉である。これらは、〈一〉と〈多〉の思考がけっして考えられないような問題を提起するのである。〈一〉と〈多〉は、〈零〉と〈二〉に依拠しつつ、後から生じてくる相関項にほかならない。器官なき身体は、〈強度＝0〉という産出の原理である。これは、けっして〈多〉に相関するような〈一〉ではない。それは、むしろ〈零〉と言われるべき無様相の産出の原理である。強度は、この〈零〉の差異である。しかし、この〈零〉を構成するのは、まさに抽象機械がもつ二つの側面、〈一方〉と〈他方〉である。それは、器官なき身体〈＝零〉を多様体の〈二〉として、しかし実在的反転の強度のもとに構成するということである。器官なき身体の構成あるいは組成は、まず〈一方〉と〈他方〉の不可識別的な反転である。器官なき身体は、唯一の実体ではない。この〈二〉は、実在的反転のなかで〈一〉――スピノザの神もここに含まれる――を発生させるのである。器官なき身体は、それゆえ〈一〉ではなく、〈零〉である。何故なら、器官なき身体は、〈強度＝0〉だからである。この器官なき身体の〈強度＝0〉を構成するのが、抽象機械の〈一方〉（＝非形式的な機能）と〈他方〉（＝形式化されない質料）である。前者は表現であり、後者は内容である。この〈一方〉と〈他方〉が実在的反転の強度のうちにある限り、それらは脱地層化の速度として存在する。しかし、それらが反転不可能な地層化された諸領土となるなら、〈一方〉と〈他方〉は、あらゆる二元論や二項対立の要素へと還元されることになるだろう。器官なき身体の〈強度＝0〉は、これを構成する抽象機械の〈機能－質料〉という仕方で、一つの二重性のもとで組成されるのである。

注（Ⅳ）

1　私がここで用いている〈位相〉あるいは〈位相差〉は、スピノザが『エチカ』のとりわけ第二部に頻出する表現に、すなわち「神が……である限りにおいて（quatenus）」という言葉で表現しようとした事柄に対応するものと考えられたい。「神が無限である限りにおいてではなく」、「神が人間精神の本性を構成する限りにおいて」、「神が人間身体の観念を有する限りにおいて」、「神が人間精神に変様したと考えられる限りにおいて」、「神がきわめて多くの個物の観念に変様した限りにおいて」、等々。これによって理解されるべきは、「構成」と「変様」の、「所有」と「還元」の位相差、これらの位相にかかわる「十全な認識」と「非十全な認識」、人間の有限知性が神の無限知性の一部であることの積極的側面と消極的側面、といった事柄である。例えば、「神が無限である限りにおいてではなく、また、神がきわめて多くの個物の観念に変様した限りにおいてでもなく、神が単に人間精神を構成する限りにおいて（……）」（Spinoza, *Ethica*, II, prop. 40, dem.）と言われる場合を考えてみよう。「神が無限である限りにおいてではなく」は、〈神が無限であること〉を否定しているわけではなく、また同様に、「神がきわめて多くの個物の観念に変様した限りにおいてでもなく」も、〈神が無限に多くの個物の観念に変様すること〉を否定しているわけではない。神は絶対に無限な実有であり、また自己の本性の必然性から無限に多くのものが無限に多くの仕方で生じてくることに変わりない。つまり、神がすべての様態に変様し、すべての物の精神を構成していることに変わりない。これと同様に、例えば、〈器官なき身体が単に地層化において考えられる限りにおいて〉と言った場合、器官なき身体が存立平面をもたなかったり、あるいは産出の原理でなかったりするということではまったくない。平面の稠密化は、単に地層が積み重なるだけでなく、スピノザの場合であれば、特性から構成へ、構成から産出へ、つまり属性化から地層化へという仕方で展開する領土化の度合でもある。「限りにおいて」は、地層の断面的表現である。

2　「主体の公理系」（axiomatique subjectale）という言葉は、デリダから借りた。「責任、意識、志向性、所有からなる主体の公理系は、現行の支配的な法的言説に命令を発する」（Jacques Derrida, *Force de loi*, Galilée, 1994, p.55（『法の力』堅田研一訳、法政大学出版局、一九九九年、六二頁））。また、ここで述べた器官なき身体の癌化、地層化は、それ自体では誤謬でも悪でもない。問題は、これを排除する思考を欠いている場合である。しかし、この排除は、別の可能性を想定することと異なる仕方でなされない限り、意味をもたないであろう。

3　Cf. *MP*, pp.325-333（中・二一八－二三二頁）。ここでとくに興味深いのは、この存立平面が「固定平面」（plan fixe）と言い換えられる点である。「それ［存立平面］は、もはや心的図面にではなく、抽象的素描にかかわるような、幾何学的平面である。それは、生起するものとともに、その次元数が増大し続けるが、しかしながらその平面性を何も失わないような平面である。（……）それは一つの固定平面、すなわち音や視覚や文字などの固定平面である。〈固定〉は、ここでは不動を意味しない。固定は、そこにおいてただあらゆる相対的な速さと遅さだけが描かれるような、静止の絶対的状態であるのと同様に運動の絶対的状態でもある」（*MP*, p. 326（中・二二二頁））。

4 *MP*, p.73（上・一二六頁）。

5 *MP*, p.314（中・一九九頁）。

6 Cf. M. Gueroult, *Spinoza, II*, pp.146-189; Pierre Macherey, *Introduction à l'Éthique de Spinoza, La seconde partie —— la réalité mentale*, PUF, 1997, pp.130-156. ネグリは、この物体論の前にある定理一三――「人間精神を構成する観念の対象は身体である。あるいは現実に存在する或る延長の様態であり、またそれ以外の何ものでもない」――を、スピノザにおける形而上学（観念論的地平）から自然学（様態の唯物論）への決定的な転換点と見なしている（A. Negri, *AS*, p.126（一七三‐一七四頁））。

7 「すべてのものに共通であり（これについては補助定理二を見よ）、そして等しく部分のなかにも全体のなかにも存在するものは、けっして個物の本質を構成しない」（Spinoza, *Ethica*, II, prop. 37）。

8 Spinoza, *Ethica*, II, prop. 13, lem. 7, schol. ここで言われる全自然としての一つの個体は、延長属性における間接無限様態としての「全宇宙の姿」以外の何ものでもない。またこの点に関してネグリは次のように言う。「世界を創設する〔様態の〕緊張における）その能力は、個体的なミクロコスモスからマクロコスモスへの運動のうちにある」（A. Negri, *AS*, p.128（一七六頁））。

9 Cf. Spinoza, *Ethica*, II, prop. 29, corol.

10 Cf. Spinoza, *Ethica*, V, prop. 21-23.

11 *MP*, p.440（下・二二頁）。

12 「一つの器官でさえ、再認された、それゆえ有益な一つの習慣以外のものではない。したがって、有機体（オルガニザシオン）=組織体は器官なき身体にかかわり、そこでは、諸器官は働きかけられる以前に感覚しており、その諸機能はことごとくそれらの周期的で再生産的な働きのもとで構成し個体化する諸感覚となっている。この「強度的身体」は、諸器官に対立するのではなく、構成された諸形態の配置としての有機体（オルガニザシオン）=組織体に対立するのだ。この身体は、現われては消え去る諸器官の絶え間ない誕生のうちにある」（François Zourabichvili, *Deleuze. Une philosophie de l'événement*, Minuit, 1994, p.98（フランソワ・ズーラビクヴィリ『ドゥルーズ・ひとつの出

来事の哲学』小沢秋広訳、河出書房新社、一九九七年、一七三－一七四頁）。

13 Cf. G. Deleuze *CC*, pp.172-176（二八五－二九二頁）。

14 スピノザは、「身体の情動」、「身体の構成あるいは情動」と言う（Cf. Spinoza, *Ethica*, III, prop. 14, dem., prop. 18, dem.）。

15 *MP*, p.208（中・一八頁）。「頭部とその諸要素が顔化されるのは、不可避的な過程のなかで、身体全体が顔化され、顔化へと導かれざるをえないような場合である」（*MP*, p.209（中・一八頁））。

16 Nitzsche, *KSA 13: Nachgelassene Fragmente 1887-1899*, 14［121］（『ニーチェ全集第一一巻（第Ⅱ期）遺された断想（一八八八年初頭－一八八八年夏）』氷上英廣訳、白水社、一九八三年）。

17 Cf. Spinoza, *Ethica*, II, prop. 11 et corol. この系は、神の無限知性と人間の有限知性との間の関係が地図作成法的に規定されている。それは、われわれがもつ十全な知覚と非十全な知覚の条件面と、精神の構成と身体の変様の側面とからなる。

18 *MP*, p.348［強調、引用者］（中・二五九頁）。

19 *AŒ*, p.477（下・三三二頁）。

20 *MP*, p.330（中・二二八頁）。

21 F. Guattari, *C*, p.86（九六頁）。

22 F. Guattari, *CS*, p.41（五一頁）。

23 Cf. F. Guattari, *CS*, pp.210-218（二六三－二七三頁）。

24 「〔1〕或る側面のもとでは、――イェルムスレウが樹立したように、E（表現（Expression））とC（内容（Contenu））の間の置換がつねに潜在的に可能である限りで――反転可能であるような関係＝比に従って、〔2〕また別の側面のもとでは、その関係＝比が実存的機能において「具現される」限りで、反転不可能であるような関係＝比に従って」（F. Guattari, *CS*, p.195, n.1（二五六頁））。

25 「プルーストが嫉妬を大変細かく描写しているように見えるとき、彼は、一つの情動を考案しているのだ。というのも、彼は、見解（オピニオン）が諸変様のうちに前提している秩序を、すなわちそれに従えば嫉妬が愛の不幸な帰結になるような秩序を、絶えずひっくり返しているからである。プルーストにとっては、反対に、嫉妬は目的、使命であり、また、嫉妬が諸々の兆候の意味であり、症候学としての情動である以上、愛する必要があるのは、嫉妬深くありうるためである」（*QP*, p.165（二九四－二九五頁））。ドゥルーズ

＝ガタリはここで、偉大な芸術家あるいは文学者がどんな創造的情動をどんな仕方で生み出したのかを論じている。ドゥルーズの『プルーストとシーニュ』については、たしかにわれわれが現に展開している〈アンチ・モラリア〉の哲学的観点から多くの注釈を加えたい欲望に駆られる。しかし、ここではより本質的だと思われる点だけを指摘したい。何故、ドゥルーズは二度にわたってこの書物を増補し、最終的に二部構成にしたのか。そこには、ドゥルーズ自身が『失われた時を求めて』を、〈思考のイマージュ〉と〈イマージュなき身体〉とが総合された書物と考えるに至ったということが深くかかわっている。超越論的経験論は、その背後に非意志主義的思考の形成を前提としている。自由意志を前提として与えられたイマージュではなく、自由意志なしに形成されるイマージュ、それが〈思考のイマージュ〉である。また、思考を自由意志から解放する方法、それが超越論的経験論である。さらに言うと、『失われた時を求めて』の語り手には器官がない。読者は、プルーストがこの語り手を「見ることも、知覚することも、思い出すことも、理解することも……できないものとして執拗に提示していることに驚愕するのである」（Cf. *PS*, pp.217-219（二一八-二二〇頁））。内在性の世界——すなわち、蜘蛛。それは、無数の〈関係＝比（ラポール）〉を自らの巣とする。蜘蛛は、記号によって振動する巣を一つの内在平面として描き出すのである。語り手はこうした蜘蛛であり、内在平面を構成する非意志主義の機械である。

26 **Spinoza, *Ethica*, IV, prop. 59.**

27 ドゥルーズ＝ガタリにおいては、「機械状系統流」は〈内容〉として規定されているが（*MP*, p.518（下・一三七頁））、ガタリは、これを〈表現〉に配分している（F. Guattari, *C*, p.88（九八頁））。これは、単なる矛盾でも、内容と表現の恣意的な反転可能性でもなく、抽象機械における実在的反転を示しているのだ。

28 人間の本質の変様については、Spinoza, *Ethica*, III, affectuum definitiones, 1, ex. を、また、諸力の反動的生成を自らの本質とする人間については、*NP*, pp.191-194（三二三-三二八頁）をそれぞれ参照せよ。

29 *QP*, p.144（二五七頁）。

30 「だから、精神の自由な決意で話をしたり、黙っていたり、その他いろいろなことを為すと信じる者は、目を開けながら夢を見ているのである」（Spinoza, *Ethica*, III, prop. 2, corol.）。

31 **Spinoza, *Ethica*, II, prop. 49, corol.**

32 *MP*, p.494（下・一〇二頁）。われわれの観点から言うと、自由活動は、武器としての「欲望の調性」を用いて、諸感情を意志の労働から解放して、それらを身体の情動へともたらすのである。

33 *QP*, p.26（三九‐四〇頁）。時空的座標と内包的縦座標という二つの座標は、地図作成法の存在論的機能素の関係＝比に置き換えることができる。「――モジュール的、系列的、有限的な関係＝比（関係＝比FT）。――フラクタル的、非近接的、無限な別の関係＝比（関係＝比TU）。両者とも、自己‐実存化の諸様態にかかわっている。前者は外在的に領土化されているが、後者は内在的に脱領土化されている（あるいは脱領土化され‐脱領土化する）。この第二の形態の実存化は、もはや外在的な座標に領土的に隷属せず、過程的な縦座標に依拠している」（F. Guattari, *CS*, p.228（二八四‐二八五頁））。われわれの課題から言えば、身体は、その変様と情動という二つの異質発生のそれぞれに二つの関係を有しているのである。すなわち、身体の変様と身体の情動は、そのそれぞれに外在的な時空的座標と内包的な強度的縦座標を有しているということである。

34 「しかしながら、私の考えは、問題提起的な情動は感覚可能な情動の基礎にあるのであって、その逆ではない」（F. Guattari, *CS*, p.255（三一七頁））。

35 Cf. G. Deleuze, *SPP*, pp.134-143（一八四‐一九七頁）。

36 Spinoza, *Ethica*, IV, prop. 39, prop. 38; III, prop. 28.

37 Cf. Spinoza, *Ethica*, II, ax., 3.「愛、欲望のような思惟の様態、その他の感情の名で呼ばれるすべてのものは、同じ個体のなかに、愛され、欲望される物の観念がなければ存在しない。しかし、観念は、他の思惟の様態がなくても存在することができる」。言い換えると、これは、認識を、すなわち身体の変様の観念を、精神におけるあらゆる感情の最近原因と考えることである。

38 感情の原因がもつ偶然性と類似性によって引き起こされる、精神の動揺、疑惑については、Spinoza, *Ethica*, III, prop. 15-18 を参照されたい。

39 人間の感情に基づく社会性――感情の模倣や感染――については、Spinoza, *Ethica*, III, prop. 21-34 を参照されたい。

40 ドゥルーズ＝ガタリの情動論は、絶対的な脱地層化の特性として欲望を規定している。「作動配列は情念的であり、欲望の合成である。欲望は、自然的あるいは自生的決定とは何の関係もなく、存在するのはただ作動配列し、作動配列され、機械状となった欲望だけである」（*MP*, p.497（下・一〇六頁））。

41 Cf. Spinoza, *Ethica*, III, prop. 18, schol. 2, prop. 50, schol., affectuum definitiones, 12-17.

42 「横断性‐脱領土化の作用素は、したがってわれわれを器官なき諸身体の論理にかかわらせるような、準拠の〈宇宙〉の〈配置〉に対して開かれている（TU）」（F. Guattari, *CS*, p.95（一一六頁））。

43 Cf. Spinoza, *Ethica*, III, praef.

44 *MP*, pp.623-624（下・二九六頁）。

45 Spinoza, *Ethica*, IV, prop. 57, schol.

46 Cf. *MP*, pp.182-183（上・二九九－三〇一頁）。

47 Cf. *MP*, pp.495-498（下・一〇三－一〇八頁）。

48 Cf. Spinoza, *Ethica*, II, ax., 2; III, def.

49 スピノザにおける〈情動－情感〉について——「したがって、〈情動－情感〉が観念のあるいは変様の特殊なタイプとして提示されることはありうるにしても、〈変様－像〉あるいは観念と〈情動－情感〉との間には本性の差異がある」（*SPP*, p.69（一六七頁））。また、もはやいかなる情感性ももたない情動そのものについて——「愛であれ憎しみであれ、それらは、もはや情感ではなく、情動である。（……）諸々の情動は矢のように身体を貫き、それらは戦争の武器である。情動の脱領土化の速度」（*MP*, p.440（下・二二頁））、「情動は、もはや情感あるいは変様ではない。情動は、それを経験する者の力をはみだしている」（*QP*, p.154（二七五頁））。

50 Spinoza, *Ethica*, III, prop. 4; cf. I, prop. 8, schol. 2.

51 *QP*, p.160（二四〇頁）。「情動（アフェクト）は、或る生きられた状態から別の生きられた状態への移行ではなく、人間の非人間的な生成である」（*QP*, p.163（二八五頁））。「風景が見るのである。（……）被知覚態（ペルセプト）、それは、人間の不在における人間以前の風景である」（*QP*, p.159（二八三－二八四頁））。「被知覚態（ペルセプト）は、もはや知覚ではない。被知覚態は、これを体験する者の状態から独立している。情動は、もはや情緒あるいは変様でもない。情動は、これを経験する者の力をはみだしている。感覚、すなわち被知覚態と情動は、それ自身で妥当性をもち、あらゆる体験を超えた存在である」（*QP*, pp.154-155（二七五頁））。

52 *MP*, p.629（下・三〇五頁）。

あとがき

本書のタイトルである〈アンチ・モラリア〉は、私自身がその哲学研究を通じて、自然に心のなかに浮かび上がってきた言葉である。一一年前の、私の最初の著作である『存在と差異——ドゥルーズの超越論的経験論』（二〇〇三年）の序論のなかでも、この言葉を用いていることに最近気づいた。〈反道徳的に〉という副詞は、私にとって〈思考すること〉という動詞につねにともなう「超越論的副詞性」のようなものである。本書を実際に書き始めたのは、八年ほど前からである。この間の私はいつも本書のなかの諸問題と寝起きを共にして、それらと格闘していたが、今はそのことに喜びさえ感じることができる。

本書は、「結論」部分から読むこともできる。というのも、それは、真の結論だからである。つまり、それは、「本論」の真の結論となっているからである。「本論」のすべてを書き上げたうえで、はじめて明確に得られたパースペクティヴがそこにあるからだ。この一冊の哲学書が〈書かれることしかできないもの〉からなるような、そんな書物であることを願って、私は、この著作を読者の皆さんのもとに届けたい。

本書では、既発表論文のなかから、「分裂的総合について――ドゥルーズ＝ガタリ論」（『思想』、二〇〇七年五月号［第九九七号］所収、岩波書店）、「器官なき身体とは何か――実在的区別の観点から」（『ドゥルーズ／ガタリの現在』所収、小泉義之・鈴木泉・檜垣立哉編、平凡社、二〇〇八年）、「脱地層化のエチカ――ドゥルーズ＝ガタリ論（二）」（『思想』、二〇一〇年二月号［第一〇三〇号］所収、岩波書店）の三篇を大幅に加筆したうえで用いた。

最後に、河出書房新社の阿部晴政氏に感謝を申し上げたい。私は、本書のなかにもっと多くの論点やテーマを詰め込もうとしていたために、完成の見通しが立たなくなるような状況につねに陥った。そんなときに氏のアドヴァイスや励ましが、そうした状況を打開してくれた。阿部氏の本書の出版への情熱なしに、本書は成立しなかったであろう。改めて氏に心から感謝したい。

二〇一四年五月

江川隆男

江川隆男（えがわ・たかお）
1958年生まれ。東京都立大学大学院博士課程単位取得退学。現在、立教大学教授。博士（文学）。著書『存在と差異—ドゥルーズの超越論的経験論』。『死の哲学』、『超人の倫理—〈哲学すること〉入門』、訳書、ドゥルーズ『ニーチェと哲学』、ドゥルーズ／パルネ『ディアローグ』（共訳）、ブレイエ『初期ストア哲学における非物体的なものの理論』他がある。

アンチ・モラリア〈器官なき身体〉の哲学

2014年6月20日　初版印刷
2014年6月30日　初版発行

著　者　江川隆男
発行者　小野寺優
発行所　河出書房新社
〒151-0051　東京都渋谷区千駄ヶ谷2-32-2
電話　(03)3404-1201（営業）　(03)3404-8611（編集）
http://www.kawade.co.jp/

装　幀　ミルキィ・イソベ

組版　株式会社キャップス
印刷　モリモト印刷株式会社
製本　小高製本工業株式会社

Printed in Japan
ISBN978-4-309-24662-8

死の哲学

江川隆男

スピノザ、アルトー、ドゥルーズが渦巻く大地から死を折り曲げ、死を分裂症化し、ひとつの死を構成する。来るべき哲学への宣言。

超人の倫理〈哲学すること〉入門

江川隆男

哲学することは道徳を拒絶して、超人になることだ。新たな思考と身体をつくりだす新・哲学入門。

ディアローグ

ドゥルーズ／パルネ　江川隆男・増田靖彦訳

『アンチ・オイディプス』と『千のプラトー』のはざまで書かれて、それらのエッセンスを凝縮した不滅の名著。